U0574908

本書屬於教育部人文社會科學項目“漢代簡牘文字研究”(10XJC740002)，並獲西北大學學術著作出版基金資助出版

居延新簡詞語文字研究

JUYAN XINJIAN CIYU WENZI YANJIU

葛紅麗◎著

人民出版社

中國語言文學“一流學科”建設項目成果

教育部人文社科重點研究（培育）基地“中國社會主義文學研究中心”成果

馬克思主義文藝理論與批評建設工程重點研究基地“延安文藝與中國社會主義文藝話語體系建設”成果

目　　錄

第一章　緒　論

壹、研究材料和已有研究狀況概述

一、《居延新簡——甲渠候官》的出土及整理情況

居延在今内蒙古自治區西部額濟納旗，據《漢書·地理志》記載，居延屬張掖郡，"張掖郡，……居延澤在東北，古文以為流沙。都尉治。莽曰居成。"據《後漢書·郡國志》記載，東漢時候於此地設張掖居延屬國，是漢王朝與匈奴互相爭奪的邊境。1972—1976年，甘肅文物考古工作者對居延漢代遺址進行了清理發掘，共發現漢代簡牘2萬枚，其中甲渠候官所獲簡牘數量為7933枚；第四燧所獲簡牘數量為195枚。相較於1930—1931年由中國、瑞典學者組成的西北科學考察團首次發現的1萬餘枚居延漢簡，這次發掘出來的漢簡為新的居延漢簡。《居延新簡》殘損得不是太厲害，由於是有系統的科學發掘，其語料價值要遠遠高於1930—1931年西北科學考察團發掘的居延漢簡，《居延新簡》本身字數多達10萬字左右，更為可貴的是

其中包含了不少比較完整的冊子，如《候粟君所責寇恩事》、《塞上烽火品約》、《相利善劍刀》等。

《居延新簡》最早的有全部釋文的版本是由甘肅省文物考古研究所、甘肅省博物館、文化部古文獻研究室、中國社會科學院曆史研究所主編，由文物出版社於1990年出版的《居延新簡》，内容包括上述甲渠候官和第四燧兩處遺址所獲的全部簡牘以及1972年居延地區調查採集的地點不明散簡14枚。隨後甘肅省文物考古研究所、甘肅省博物館、中國文物研究所、中國社會科學院曆史研究所主編，中華書局1994年出版了《居延新簡——甲渠候官》（以下簡稱《居延新簡》，由於本書研究内容以此書為底本，未特別指明者，均指此書）一書，共分上下兩冊，上冊為釋文，下冊為圖版。書中收錄的簡牘與文物出版社出版的《居延新簡》相比，又多了以下四個部分的内容："（一）一九八二年在甲渠候官治所採集散簡二〇枚。（二）甲渠塞第四燧採集散簡六七枚。（三）一九七六年在居延都尉三十井塞次東燧獲簡一七三枚。（四）一九七二年居延地區所採集散簡七枚。"①2001年中國簡牘集成編輯委員會主編，敦煌文藝出版社又出版了《中國簡牘集成》（9—12冊），收錄的簡牘與中華書局出版的《居延新簡》相同，由初師賓、張德芳主編，不同的是其中大部分釋文增加了句讀。

二、《居延新簡》研究情況介紹

自1978年在《文物》上發表《居延漢代遺址的發掘和新出土的

① 《居延新簡——甲渠候官·出版說明》，甘肅省文物考古研究所、甘肅省博物館、中國文物研究所、中國社會科學院曆史研究所編，中華書局，1994年。

簡册文物》[①]一文以來,《居延新簡》一直是學界研究熱點,尤其是1994年中華書局出版了附有圖版的《居延新簡——甲渠候官》一書後,大批國外學者也加入了《居延新簡》的研究隊伍。

專著除上面提到的幾本釋文外,還有甘肅文物考古研究所編,薛英羣、何雙全和李永良注的《居延新簡釋粹》[②],綜論性著作有薛英羣的《居延漢簡通論》[③];李振宏的《居延漢簡與漢代社會》[④];李振宏、孫英民的《居延漢簡人名編年》[⑤];[日]大庭脩著、徐世虹譯《漢簡研究》[⑥];何雙全的《簡牘》[⑦]。經濟方面的研究有李天虹的《居延漢簡簿籍分類研究》[⑧];語言方面的研究有吉仕梅的《秦漢簡帛語言研究》[⑨]等。

論文方面,總體性介紹以及對《居延新簡》本體進行研究的文章有張春樹的《八十年來漢簡的發現、整理與研究》[⑩];何雙全的《甘肅簡牘的發掘與整理》[⑪];徐苹芳的《居延考古發掘的新收穫》[⑫];余堯的《甘肅漢簡概述》[⑬];裘錫圭的《新發現的居延漢簡的幾個問題》[⑭];

---

① 《文物》1978年第1期,第1—29、34页。
② 《居延新簡釋粹》,蘭州大學出版社,1988年。
③ 《居延漢簡通論》,甘肅教育出版社,1991年。
④ 《居延漢簡與漢代社會》,中華書局,2003年。
⑤ 《居延漢簡人名編年》,中國社會科學出版社,1997年。
⑥ 《漢簡研究》,廣西師範大學出版社,2001年。
⑦ 《簡牘》,敦煌文藝出版社,2004年。
⑧ 《居延漢簡簿籍分類研究》,科學出版社,2003年。
⑨ 《秦漢簡帛語言研究》,巴蜀書社,2004年。
⑩ 《簡帛研究》(第三輯),廣西教育出版社,1998年,第481—507页。
⑪ 《中國典籍與文化》1997年第3期。
⑫ 《文物》1978年第1期。
⑬ 《甘肅師大學報(哲學社會科學版)》1981年第2期。
⑭ 《中國史研究》1979年第4期。

[日]永田英正的《論新出居延漢簡中的若干冊書》[①]。甘肅居延漢簡整理小組的《"建武三年候粟君所責寇恩事"釋文》[②];《居延漢簡"候史廣德坐罪行罰檄"》[③]和《塞上烽火品約釋文》;[④];薛英羣的《居延〈塞上烽火品約〉冊》[⑤];肖亢達的《"粟君所責寇恩事"簡冊略考》[⑥];徐元邦、曹延尊的《居延出土的"候史廣德坐不循行部"檄》[⑦];甘肅省博物館居延漢簡整理小組的《居延漢簡〈相劍刀〉冊釋文》[⑧];馬明達的《居延漢簡〈相劍刀〉冊初探》[⑨];張俊民的《〈居延新簡〉釋文例補》[⑩];劉金華的《試論〈居延新簡〉"相劍刀冊"》[⑪]和《漢"相劍刀冊"略說》[⑫];謝桂華的《漢簡草書辨正舉隅》[⑬];陳仲安的《關於"粟君責寇恩簡"的一處釋文》[⑭];初仕賓的《居延漢簡〈責寇恩事〉的幾個問題》[⑮];楊劍虹的《從居延漢簡〈建武三年候粟君所責寇恩事〉看東漢的雇傭勞動》[⑯];孔祥軍的《居延新簡"建武三年十二月候粟君所責寇恩事"冊書復原與研究》[⑰];王子今的《關于居延"車父"簡》[⑱];

---

① 《秦漢簡牘論文集》,甘肅人民出版社,1989 年,第 236—255 页。
② 《文物》1978 年第 1 期。
③ 《文物》1979 年第 1 期。
④ 《考古》1979 年第 4 期。
⑤ 《考古》1979 年第 4 期。
⑥ 《文物》1978 年第 1 期。
⑦ 《考古》1979 年第 2 期。
⑧ 《敦煌學輯刊》1983 年第 3 期。
⑨ 《敦煌學輯刊》1983 年第 3 期。
⑩ 《西北史地》1991 年第 4 期。
⑪ 《陇右文博》2007 年第 2 期。
⑫ 《中国历史文物》2008 年第 3 期。
⑬ 《簡帛研究》(第三輯),廣西教育出版社,1998 年,第 357—381 页。
⑭ 《文史》(第七輯),中華書局,1979 年,第 285—287 页。
⑮ 《考古與文物》1981 年第 3 期。
⑯ 《西北史地》1986 年第 2 期。
⑰ 《西域研究》2012 年第 4 期
⑱ 《簡帛研究》(第二輯),法律出版社,1996 年,第 279—299 页。

以及［日］陳力的《〈居延新簡〉相利善刀劍諸簡選釋》[①]；何雙全的《〈塞上烽火品約〉詮釋》[②]；徐萍芳的《居延、敦煌發現的〈塞上烽火品約〉》[③]；傅振倫的《東漢建武塞上烽火品約考釋》[④]；［日］永田英正的《"候史廣德坐罪刑罰"檄考》[⑤]；方詩銘的《釋"秦胡"》[⑥]；胡小鵬、安梅梅的《"秦胡"研究評説》[⑦]；吳礽驤、餘堯的《居延新獲建武秦胡冊再析》[⑧]；邢義田的《"秦胡"小议》[⑨]；胡平生的《漢簡〈蒼頡篇〉新資料的研究》[⑩]；孫其斌、蘇建兵的《〈居延新簡〉中的醫藥簡》[⑪]；沈剛的《居延漢簡中的習字簡述略》[⑫]；尹華君的《淺談漢代的醫學證明——病書》[⑬]；特日格樂的《簡牘所見漢匈關係史料概述》[⑭]；孫其斌、楊瑞龍、張参軍的《從〈居延漢簡〉、〈居延新簡〉看〈傷寒論〉》[⑮]；［韓］韓延錫的《居延新簡釋文校補》[⑯]；謝桂華的《居延漢簡的斷簡綴合和冊書復原》[⑰]；［日］鷹取祐司的《居延漢簡劾狀冊書的復原》[⑱]；張

① 《考古與文物》2002 年第 6 期。
② 《考古》1985 年第 9 期。
③ 《考古》1979 年第 5 期。
④ 《考古與文物》1980 年第 2 期。
⑤ 《簡帛研究》(第一輯),法律出版社,1993 年。
⑥ 《中國曆史博物館館刊》1979 年第 1 期。
⑦ 《敦煌研究》2005 年第 1 期。
⑧ 《西北師範學院學報》1984 年第 4 期。
⑨ 《中國史新論》,臺灣學生書局,1985 年。
⑩ 《簡帛研究》(第二輯),法律出版社,1996 年,第 332—349 頁。
⑪ 《甘肅中醫》2002 年第 4 期。
⑫ 《古籍整理研究學刊》2006 年第 1 期。
⑬ 《秘書》2006 年第 1 期。
⑭ 《内蒙古大學學報(人文社會科學版)》2006 年第 4 期。
⑮ 《甘肅中醫》2006 年第 7 期。
⑯ 《重慶師範學院學報(哲學社會科學版)》1999 年第 3 期。
⑰ 《簡帛研究》(第二輯),法律出版社,1996 年,第 238—264 頁。
⑱ 《簡帛研究》(二〇〇一),廣西師範大學出版社,2001 年,第 730—753 頁。

忠煒的《〈居延新簡〉所見"購償科別"冊書復原及相關問題之研究——以〈額濟納漢簡〉"購賞科條"為切入點》[1];馬克冬、張顯成的《〈居延新簡〉軍備用語及其價值研究》[2]以及陳立正的《居延新簡所見"禽子"即墨家弟子禽滑厘試說》[3]等。

關于政治方面的論文有唐曉軍的《漢代居延地區的政權組織》[4];俞偉超的《略釋漢代獄辭文例》[5];連劭名的《西域木簡所見〈漢律〉中的"證不言請"律》[6];李均明的《簡牘所反映的王莽改制》[7];《簡牘所反映的漢代文書犯罪》[8]和《簡牘所反映的漢代訴訟關係》[9];薛英羣的《居延漢簡職官考》[10]和《說馳刑簡》[11];初仕賓、肖亢達的《居延新簡〈責寇恩事〉的幾個問題》[12]和《居延简中所见汉代〈囚律〉佚文考》[13];張建國的《粟君債寇恩簡冊新探》[14]和《居延新簡粟君責寇恩民事訴訟個案研究》;徐世虹的《居延新簡漢律佚文考》[15],《漢簡與漢代法制研究》[16]和《漢劾制管窺》[17],《居延漢簡中的

---

① 《文史哲》2007 年第 6 期。
② 《河北北方學院學報(社會科學版)》2013 年第 6 期。
③ 《蘭州大學學報(社會科學版)》2014 年第 2 期。
④ 《西北史地》1993 年第 3 期。
⑤ 《文物》1978 年第 1 期。
⑥ 《文物》1986 年第 11 期。
⑦ 《秦漢史論叢》第 4 輯,西北大學出版社,1989 年。
⑧ 《出土文獻研究》(第六輯),中華書局,1998 年,第 70—78 页。
⑨ 《文史》2002 年第 3 輯。
⑩ 《秦漢簡牘論文集》,甘肅人民出版社,1989 年,第 29—48 页。
⑪ 《西北史地》,1992 年,第 17—23 页。
⑫ 《考古與文物》1981 年第 3 期。
⑬ 《考古与文物》1984 年第 2 期。
⑭ 《考古與文物》2000 年第 1 期。
⑮ 《政法論壇》1992 年第 3 期。
⑯ 《內蒙古大學學報(哲學社會科學版)》1992 年第 2 期。
⑰ 《簡帛研究》(第二輯),法律出版社,1996 年,第 300—323 页。

"毋狀"和"狀辭"》[①]和《漢代民事訴訟程式考述》[②]；陳玲的《居延漢簡所見刑徒的輸送與管理》[③]；李振宏的《小議居延漢簡中的"私去署"問題》[④]；謝桂華的《漢簡所見律令拾遺》[⑤]；吳榮曾的《漢簡中所見的刑徒制》[⑥]；劭正坤的《漢代國有糧倉建置考略》[⑦]；汪貴海的《從漢簡看漢人逃亡匈奴之現象》[⑧]；高恆的《漢簡牘中所見令文輯考》[⑨]，《漢簡中所見法律論考》[⑩]和《漢簡中所見舉、劾、案、驗文書輯釋》[⑪]；何雙全的《〈漢簡·鄉里志〉及其研究》[⑫]；馮小琴的《居延敦煌漢簡所見漢代的"邑"》[⑬]；卜憲羣的《秦漢公文文書與國家行政管理》[⑭]；王廷洽的《居延漢簡印章資料研究》[⑮]；趙平安的《漢簡中有關印章的資料》[⑯]；汪桂海的《漢簡所見社與社祭》[⑰]；趙浴沛的《漢代居延地區社會治安初探》[⑱]；李均明的《簡牘法制史料概説》[⑲]；黃敬愚

① 《出土文獻研究》(第四輯)，中華書局，1998 年，第 52—56 页。
② 《政法論壇》2001 年第 6 期。
③ 《簡帛研究》，廣西師範大學出版社，2001 年，第 369—376 页。
④ 《鄭州大學學報(哲學社會科學版)》2001 年第 5 期。
⑤ 《記念林劍鳴教授史學論文集》，中國社會科學出版社，2002 年，第 253—264 页。
⑥ 《北京大學學報(哲學社會科學版)》1992 年第 2 期。
⑦ 《首都師範大學學報(社會科學版)》2005 年第 1 期。
⑧ 《史學月刊》1993 年第 6 期。
⑨ 《簡帛研究》(第三輯)，廣西教育出版社，1998 年，第 382—427 页。
⑩ 《簡帛研究》(第二輯)，法律出版社，1996 年，第 225—237 页。
⑪ 《簡帛研究》(二〇〇一)，廣西師範大學出版社，2001 年，第 292—303 页。
⑫ 《秦漢簡牘論文集》，甘肅人民出版社，1989 年，第 145—235 页。
⑬ 《敦煌研究》1999 年第 1 期。
⑭ 《曆史研究》1997 年第 8 期。
⑮ 《原學》(第六輯)，中國廣播電視出版社，1998 年，第 104—126 页。
⑯ 《簡帛研究》(第三輯)，廣西教育出版社，1998 年，第 339—356 页。
⑰ 《中國曆史文物》2005 年第 2 期。
⑱ 《河南省政法管理幹部學院學報》2005 年第 4 期。
⑲ 《中國史研究》2005 年增刊。

的《簡牘所見西漢馬政》①;劉德增、李珩的《"縣官"與秦漢皇帝財政》;方孝坤的《漢代候官的訴訟職能——基於居延新簡的考察》②;[日]大庭脩的《居延新出的〈候粟君所責寇恩事〉冊書》③;[日]藤田高夫的《秦漢罰金考》④等。

關於軍事方面的論文有吴礽驤的《漢代蓬火制度探索》⑤和《河西漢代驛道與沿綫古城小考》⑥;羅鎮嶽的《試析西漢男子"屯戍一歲"與"戍邊三日"》⑦;朱紹侯的《西漢的功勞閥閱制度》⑧;初仕賓的《漢邊塞守禦器備考略》⑨和《居延烽火考述》⑩;薛英羣的《居延漢簡中的"秋射"與"署"》⑪、《漢代西北屯田組織試探》⑫、《漢代符信考述》⑬和《漢代的符與傳》⑭;謝桂華的《漢簡和漢代的取庸代戍制度》⑮和《漢簡與漢代西北屯戍鹽政考述》⑯;蔣非非的《漢代功次制度初探》⑰;李均明的《漢代甲渠候官規模考》(上、下)⑱;李振宏的

① 《南都學壇》2006年第3期。
② 《武漢大學學報(哲學社會科學版)》2011年第1期。
③ 《簡牘研究譯叢》(第二輯),中國社會科學出版社,1987年,第387—417页。
④ 《簡帛研究》(二〇〇一),廣西師範大學出版社,2001年,第602—613页。
⑤ 《漢簡研究文集》,甘肅人民出版社,1984年,第223—257页。
⑥ 《簡帛研究》(二〇〇一),廣西師範大學出版社,2001年,第336—357页。
⑦ 《中國史研究》1984年第1期。
⑧ 《史學月刊》1984年第3期。
⑨ 《漢簡研究文集》,甘肅人民出版社,1984年,第142—222页。
⑩ 《漢簡研究文集》,甘肅人民出版社,1984年,第335—398页。
⑪ 《史林》1988年第1期。
⑫ 《西北史地》1989年第1期。
⑬ 《西北史地》1983年第3、4期。
⑭ 《中國史研究》1983年第4期。
⑮ 《秦漢簡牘論文集》,甘肅人民出版社,1989年,第77—112页。
⑯ 《秦漢史論叢》(第6輯),江西教育出版社,1994年,第71—85页。
⑰ 《中國史研究》1997年第1期。
⑱ 上:《文史》(第三十四輯),中華書局,1992年;下:《文史》(第三十五輯),中華書局,1992年,第81—92页。

《漢簡“省卒考”》①、《漢代居延屯戍吏卒的醫療衛生情況》②、《從居延漢簡看漢代的戍卒管理制度》③和《漢代屯戍生活中的古典人道精神》④;趙沛的《居延漢簡所見邊軍的服裝配給與買賣》⑤;趙沛、王寶萍的《西漢居延邊塞休吏制度》⑥;胡平生的《居延漢簡中的“功”與“勞”》⑦;徐樂堯的《居延漢簡所見的邊亭》⑧;何雙全的《兩漢時期西北郵政蠡測》⑨;李天虹的《居延漢簡吏卒“廩名籍”探析》⑩;于振波的《漢代官吏的考課時間與方式》⑪、《漢簡“得算”、“負算”考》⑫和《居延漢簡中的燧長與候長》⑬;李孝林、孔慶林的《簡牘中兵物管理史料研究》⑭;孟志成的《漢簡所見候長和燧長的待遇》⑮;方孝坤的《候官職能述補》⑯;魏燕利的《漢“塞天田”新探》⑰;吳超的《天田與土河》⑱;李炳泉的《漢代的“將屯”與“將田”小考》⑲;邢義田的《漢

① 《史學月刊》1993 年第 4 期。
② 《中原文物》1999 年第 4 期.
③ 《河南大學學報(社會科學版)》1995 年第 1 期。
④ 《曆史研究》2001 年第 5 期。
⑤ 《遼寧大學學報(哲學社會科學版)》2004 年第 5 期。
⑥ 《西北史地》1993 年第 3 期。
⑦ 《文物》1995 年第 4 期。
⑧ 《漢簡研究文集》,甘肅人民出版社,1984 年,第 298—334 页。
⑨ 《西北史地》1990 年第 2 期。
⑩ 《簡帛研究》(第三輯),廣西教育出版社,1998 年,第 328—338 页。
⑪ 《北京大學學報(哲學社會科學版)》1994 年第 5 期。
⑫ 《簡帛研究》(第二輯),法律出版社,1996 年,第 324—331 页。
⑬ 《簡帛研究》(二〇〇一),廣西師範大學出版社,2001 年,第 304—315 页。
⑭ 《重慶工學院學報》2003 年第 5 期。
⑮ 《西北成人教育學報》2002 年第 1 期。
⑯ 《敦煌研究》2004 年第 5 期。
⑰ 《池州師專學報》2003 年第 6 期。
⑱ 《敦煌研究》2004 年第 5 期。
⑲ 《史學月刊》2004 年第 4 期。

代邊塞吏卒的軍中教育[①];》;賈麗英的《從居延漢簡看漢代隨軍下層婦女生活》[②];王子今的《居延漢簡所見"戍卒行道物故現象"》[③];高榮的《漢代郵書管理制度初探》[④];高榮、張榮芳的《漢簡所見的"候史"》[⑤];劭正坤的《漢代邊郡軍糧廩給問題探討》[⑥];蘇衛國的《試論簡牘中所見穀物"付受"文書》[⑦];黃登茜的《漢簡兵簿與漢代兵器論考》[⑧];吳軍的《漢簡中河西邊郡的防禦組織研究》[⑨];張曉東的《居延漢簡所見南陽戍卒》[⑩];劉麗琴的《居延漢簡所見秋射制度》[⑪];王鴻國的《漢代居延的邊防設施》[⑫];趙沛的《居延漢簡所見邊軍的現金管理和軍官的俸金》[⑬];黃今言的《居延漢簡所見西北邊塞的財物"拘校"》[⑭];[日]永田英正的《試論居延漢簡中的侯官》[⑮]和《從簡牘看漢代邊郡的統治制度》[⑯];[日]大庭脩的《爰書考》[⑰];[日]市川任三的《論西漢的張掖郡都尉》[⑱];[日]吉村昌之的《居延甲渠塞的部隧

① 《簡帛研究》(第二輯),法律出版社,1996年,第2273—278页。
② 《石家莊師範專科學校學報》2004年第1期。
③ 《史學月刊》2004年第5期。
④ 《簡帛研究》(二〇〇二、二〇〇三),廣西師範大學出版社,2005年,第209—220页。
⑤ 《中國史研究》2004年第2期。
⑥ 《南都學壇》2005年第3期。
⑦ 《瀋陽師範大學學報(社會科學版)》2005年第4期。
⑧ 西北師範大學2001年碩士畢業論文。
⑨ 西北師範大學2001年碩士畢業論文。
⑩ 《和田師範專科學校學報(漢文綜合版)》2006年第2期。
⑪ 《和田師範專科學校學報(漢文綜合版)》2006年第2期。
⑫ 《陽關》2006年第4期。
⑬ 《甘肅社會科學》2006年第5期。
⑭ 《史學月刊》2006年第10期。
⑮ 《漢簡研究譯叢》(第一輯),中國社會科學出版社,1983年,第197—222页。
⑯ 《簡牘研究譯叢》(第二輯),中國社會科學出版社,1987年,第352—386页。
⑰ 《漢簡研究譯叢》(第一輯),中國社會科學出版社,1983年,第223—244页。
⑱ 《簡牘研究譯叢》(第二輯),中國社會科學出版社,1987年。

設置》[1];[日]鵜飼昌男的《〈始建國天鳳三年當食者案〉冊書之考察》[2],等等。

關於經濟方面的論文有李振宏的《兩漢地價初探》[3]和《居延漢簡中的勞績制度》[4];薛英羣的《居延漢簡的雇傭勞動者試析》[5];林甘泉的《漢簡所見西北邊塞的商品交換和買賣契約》[6];張俊民的《居延漢簡貰賣衣物芻議》[7]和《〈建武三年候粟君所責寇恩事〉冊經濟考略》[8];王子今的《漢代河西的"茭"》[9];王昭義的《居延漢簡中的"茭"》[10];羅慶康的《〈居延新簡〉中所記的西漢物價》[11]和《居延新簡所記的西漢物價研究》[12];謝桂華的《漢簡與漢代西北屯戍鹽政考述》[13];徐樂堯的《居延漢簡所見的市》[14];李均明的《居延漢簡債務文書述略》[15]、《漢簡簿籍與經濟管理述要》[16]和《漢簡"會計"考》(上、下)[17];曹遊佳的《居延新簡中糧倉的經濟監督》[18];陳乃華的《居延新

① 《簡帛研究》(二〇〇一),廣西師範大學出版社,2001 年,第 709—723 頁。
② 《簡帛研究》(二〇〇一),廣西師範大學出版社,2001 年,第 694—708 頁。
③ 《中國史研究》1981 年第 2 期。
④ 《中國史研究》1988 年第 2 期。
⑤ 《蘭州學刊》1986 年第 5 期。
⑥ 《文物》1989 年第 9 期。
⑦ 《西北史地》1990 年第 1 期。
⑧ 《秦漢簡牘論文集》,甘肅人民出版社,1989 年,第 136—144 頁。
⑨ 《甘肅社會科學》2004 年第 5 期。
⑩ 《西北史地》1999 年第 2 期。
⑪ 《鹽陽師專學報》1993 年第 2 期。
⑫ 《安徽史學》1994 年第 2 期。
⑬ 《鹽業史研究》1994 年第 1 期。
⑭ 《秦漢簡牘論文集》,甘肅人民出版社,1989 年,第 49—69 頁。
⑮ 《文物》1986 年第 11 期。
⑯ 《秦漢史論叢》(第六輯),江西教育出版社,1994 年,第 86—96 頁。
⑰ 《出土文獻研究》(第四輯),中華書局,1998 年,第 31—43 頁。
⑱ 《重慶理工大學學報(社會科學版)》2010 年第 3 期。

簡〈五鳳四年三月俸祿簿〉的年代學意義》[①];施偉青的《漢代居延戍邊官吏的俸錢及相關的一些問題》[②]、《漢代居延官俸發放的若干問題》[③]、《關于漢代官吏同官異俸的問題》[④]和《漢代居延隨軍戍卒家庭人口的若干問題》[⑤];王子今的《試論居延"酒""麴"簡:漢代河西社會生活的一個側面》[⑥];陳湧清的《居延漢簡新解一則》[⑦];王慶憲的《從兩漢簡牘看匈奴與中原之間的經濟文化交流》[⑧];陳東旭、李國慶的《從居延漢簡看漢代居延地區社會經濟》[⑨];朱穎華的《居延新簡之會計管理制度》[⑩]以及[日]佐原康夫的《居延漢簡月俸考》[⑪],等等。

科技文化方面的論文有任步雲的《甲渠候官漢簡年號朔閏表》[⑫];胡文輝的《居延新簡中的〈日書〉殘簡》[⑬]和《居延新簡中的〈日書〉殘文》[⑭];何雙全的《漢簡〈日書〉叢釋》[⑮];羅見今的《〈居延新

① 《山東師大學報(社會科學版)》1997年第6期。

② 《中國古代史論叢》,嶽麓書社,2004年,第193—204頁,原載《中國社會經濟史研究》1996年第2期

③ 《中國古代史論叢》,嶽麓書社,2004年,第205—224頁,原載《中國社會經濟史研究》1997年第1期

④ 《中國古代史論叢》,嶽麓書社,2004年,第225—235頁,原載《中國社會經濟史研究》1997年第2期

⑤ 《中國古代史論叢》,嶽麓書社,2004年,第226—247頁,原載《中國社會經濟史研究》1998年第3期

⑥ 《簡帛研究》(第三輯),廣西教育出版社,1998年,第438—447頁。

⑦ 《中國史研究》1999年第2期。

⑧ 《中央民族大學學報(哲學社會科學版)》2004年第3期。

⑨ 《內蒙古文物考古》2005年第2期。

⑩ 《重慶理工大學學報(社會科學版)》2010年第3期。

⑪ 《秦漢史論叢》(第四輯),西北大學出版社,1989年。

⑫ 《漢簡研究文集》,甘肅人民出版社,1984年,第418—463頁。

⑬ 《中國文化研究》,2000年春之卷,第65—70頁。

⑭ 《文物》1995年第4期。

⑮ 《簡牘學研究》(第三輯),甘肅人民出版社,2002年。

簡——甲渠候官〉中的月朔簡年代考釋》[①]、《關於居延新簡及其曆譜年代的對話》[②]和《居延漢簡中的“無朔簡”年代考釋》[③]；羅見今、關守義的《〈居延新簡——甲渠候官〉六年曆譜散簡年代考釋》[④]和《〈居延新簡——甲渠候官〉中與朔閏表不合諸簡考釋》[⑤]；魏德勝的《居延新簡、敦煌漢簡中的“日書”殘簡》[⑥]；邢鋼、石云里的《〈漢簡曆譜〉補釋》[⑦]；李解民的《秦漢時期的一日十六時制》[⑧]；張德芳的《簡論漢唐時期河西及敦煌地區的十二時制和十六時制》[⑨]；黄琳的《居延漢簡紀時研究》[⑩]；劉昭瑞的《居延新出漢簡所見方術考釋》[⑪]；李均明、劉軍的《居延漢簡居延都尉與甲渠侯人物志》[⑫]；陳偉武的《從簡帛文獻看古代生態意識》[⑬]；周宇的《從〈甲渠言部吏勿嫁娶過令者〉文書看漢代社會中的婚姻奢靡問題》[⑭]；曾憲通的《居延漢簡研究二題》[⑮]；吴容曾的《漢簡中所見的鬼神迷信》[⑯]；安忠義的《从汉简等资料看汉代的食品加工技术》[⑰]；馬怡的

---

① 《中國科技史料》1997 年第 3 期。

② 《内蒙古師大學報(哲學社會科學版)》2000 年第 1 期。

③ 《簡帛研究》(二〇〇二、二〇〇三)，廣西師範大學出版社，2005 年，第 232—243 頁。

④ 《文史》(第四十六輯)，中華書局，1998 年，第 47—56 頁。

⑤ 《簡帛研究》(二〇〇一)，廣西師範大學出版社，2001 年，第 316—335 頁。

⑥ 《中國文化研究》，2000 年春之卷(総第 27 期)，第 65—70 頁。

⑦ 《中國科技史料》2004 年第 3 期。

⑧ 《簡帛研究》(第二輯)，法律出版社，1996 年，第 80—88 頁。

⑨ 《考古與文物》2005 年第 2 期。

⑩ 《居延漢簡紀時研究》，華東師範大學 2004 年碩士論文。

⑪ 《文史》(第四十三輯)，中華書局，1997 年。

⑫ 《文史》(第三十六輯)，中華書局，1992 年。

⑬ 《簡帛研究》(第三輯)，廣西教育出版社，1998 年，第 134—140 頁。

⑭ 《中國社會經濟研究》2002 年第 4 期

⑮ 《簡帛研究》(第二輯)，法律出版社，1996 年，第 265—272 頁。

⑯ 《簡帛研究》(第三輯)，廣西教育出版社，1998 年，第 448—454 頁。

⑰ 《魯東大學學報》2006 年第 3 期。

《漢代的計時器及相關問題》①,等等。

醫學方面的論文有劉金華的《邊地漢簡醫方補錄》②和周祖亮、方懿林的《居延新簡所記醫藥資訊述略》③。

文書學方面的論文有邢義田的《從簡牘看漢代的行政文書範本——"式"》④;李均明的《簡牘文書稿本四則》⑤、《簡牘文書"刺"考述》⑥和《漢簡所見"行書"文書述略》⑦;汪貴海的《漢代文書的收發與啓封》⑧和[日]永田英正的《漢簡的古文書學研究》⑨,等等。

語言文字方面的論文有裘錫圭的《讀漢簡札記》⑩;汪桂海的《漢簡叢考(一)》⑪;[日]大西克也的《論"毋""無"》⑫;梁雪松的《從〈論衡〉與居延漢簡看漢代數詞量詞的發展》⑬;張國豔的《居延新簡詞彙札記》⑭、《居延漢簡的"乃"和"迺"》⑮和《居延漢簡虛詞研究》⑯;陳練軍的《試析〈居延新簡〉中的動量詞》⑰、《居延漢簡中名詞

---

① 《中國史研究》2006年第3期。
② 《隴右文博》2006年第1期。
③ 《中醫文獻雜誌》2011年第2期。
④ 《簡帛研究》(第三輯),廣西教育出版社,1998年,第295—309页。
⑤ 《簡帛研究》(第三輯),廣西教育出版社,1998年,第312—319页。
⑥ 《文物》1992年第9期。
⑦ 《秦漢簡牘論文集》,甘肅人民出版社,1989年,第113—135页。
⑧ 《簡帛研究》(第三輯),廣西教育出版社,1998年,第320—327页。
⑨ 《簡帛研究》(第三輯),廣西教育出版社,1998年,第339—356页。
⑩ 《簡帛研究》(第二輯),法律出版社,1996年,第211—224页。
⑪ 《簡帛研究》(二〇〇一),廣西師範大學出版社,2001年,第377—384页。
⑫ 《古漢語研究》1989年第4期。
⑬ 《語文論集》1999年第4輯。
⑭ 《青海師專學報(社會科學版)》2002年第2期。
⑮ 《中國文字研究》2004年第5輯。
⑯ 華東師範大學2005年博士畢業論文。
⑰ 《龍巖師專學報》2002年第5期。

與量詞組合的語義條件》[①]、《居延漢簡中的量詞詞義演變》[②]和《居延漢簡量詞的分布特徵》[③];陳近朱的《〈居延新簡〉中物量詞和稱數法探析》[④];安忠義的《漢簡〈守禦器簿〉詞彙例釋五則》[⑤];肖賢彬的《據居延漢簡討論漢代動補式問題》[⑥];肖從禮的《敦煌、居延漢簡中的數詞和數量表示法》[⑦];路方鴿的《〈居延新簡〉語詞劄記》[⑧]和《〈居延新簡〉詞語劄記四則》[⑨],等等。

貳、本課題的研究意義和研究目標

一、本課題的研究意義

在我國的漢語史研究中,詞彙學的研究較為薄弱。一來詞彙和一個民族的文化、曆史息息相關,研究起來難度較大;二來在文字、詞彙、語法三者中,詞彙相對來説不成系統,且是變化最快的一個,幾千年來,新詞新義不斷産生,舊詞舊義不斷消亡,可供研究的内容較多。以上兩個原因要求我們投入更多的時間、精力去進行詞彙學的研究。

① 《漳州師範學院學報(哲學社會科學版)》2004 年第 1 期。
② 《淮北煤炭師範學院學報(哲學社會科學版》)2004 年第 5 期。
③ 《伊犁師範學院學報》2005 年第 1 期。
④ 華東師範大學 2004 年碩士畢業論文。
⑤ 《南京師範大學文學院學報》2005 年第 2 期。
⑥ 《内蒙古大學學報(人文社會科學版)》2006 年第 2 期。
⑦ 《敦煌學輯刊》2006 年第 3 期。
⑧ 《西南交通大學學報(社會科學版)》2013 年第 1 期。
⑨ 《燕山大學學報(哲學社會科學版)》2013 年第 3 期。

20世紀以來,大批的古代文獻材料不斷出土,其內容既有各種典籍,也有法律、官府文書、檔案資料、醫方、書信等。這些材料由於大部分斷代明確,涉及面廣,且沒有在後世傳抄中失真的顧慮,為漢語史的研究提供了大批材料,對詞彙學的研究,尤其是斷代詞彙史的研究更是不可或缺。居延新簡主要是關於西北屯戍方面的檔案記載,從一定的角度反映了當時詞彙某一方面的面貌,做好《居延新簡》的專題、專領域研究是做好漢代詞彙斷代研究工作的基礎,祗有在做好這個基礎的前提下,我們才能更好地完成這一時期的詞彙的斷代研究工作。現在關於上古和中古的分期問題還有爭論,說到底就是兩漢的具體歸屬問題。作為過渡時期的詞彙研究,更有其不可忽視的重要性。祗有在充分研究斷代基本明確的大量漢代出土文獻的基礎上,我們才有可能具體論證漢代的歸屬問題,這樣也會比較切合曆史的實際。有鑒於此,筆者選擇了《居延新簡》的詞彙作為的研究對象。《居延新簡》本身具有的特點也使之成為詞彙斷代研究的較好的選擇:

1. 語料豐富完整,有很高的學術價值。1972年至1974年,甘肅省文物考古工作者在漢代居延甲渠候官所在地破城子和甲渠塞第四燧共出土漢簡七千多枚。《居延新簡》殘損得不是太厲害,由於是有系統的科學發掘,其語料價值要遠遠高於1930—1931年西北科學考察團發掘的居延漢簡,《居延新簡》釋文本身凝聚了很多研究學者的心血,有很高的學術價值,其字數多達十萬字左右,更為可貴的是《居延新簡》還包含了不少比較完整的簡冊,如《候粟君所責寇恩事》、《塞上烽火品約》、《相利善劍刀》等。以上原因使《居延新簡》成為很好的研究漢代詞彙的語料。

2. 斷代明確,且時間上有一定的跨度。《居延新簡》屬於太田辰夫所說的"同時資料"①,即資料的內容和它的外形(即文字)是同一時期產生的,所以資料斷代沒有疑慮。由於是出土資料,也不必擔心有後人在傳抄過程中造成的篡改的現象,是詞彙斷代研究比較理想的語料。出土的《居延新簡》中紀年簡大概有一千二百枚,最早為西漢昭帝始元五年(公元前 81 年),最晚為東漢安帝永初五年(公元 111 年)②,處於西漢中期到東漢初期,這一段時間,也是學術界關注的上古漢語向中古漢語過渡的敏感時期,詞彙作為語言發展變化中最活躍的因素,更能為這個轉變提供信息。這正是筆者選擇《居延新簡》作為研究對象、對該語料作全面詞語通釋的出發點。

3. 內容上有其獨特的價值,居延新簡的內容涉及法律、經濟、政治、屯戍、郵驛交通以及民族關係等各方面。傳世文獻中保存的屯戍、法律文書以及郵驛交通的內容很少,居延新簡關於這方面的內容則很豐富,正好可以彌補傳世文獻方面的不足,且可以從一定的角度反映當時詞彙某一方面的面貌。

4. 比較接近口語的語言風格。由於傳世文獻一般是經、史、子方面的典籍,使用的是比較典雅的書面語,而居延新簡大部分是當時的邊塞屯戍檔案,也有一部分是私人來往信件等。它的口語化的程度比較高,更貼近當時的實際語言,是我們研究漢代詞彙,尤其是與屯戍有關的詞彙的珍貴語料。

---

① 中譯本《中國語曆史文法・跋》,北京大學出版社,1987 年

② 1982 年又采集到一枚太康四年的纪年简,是西晋时在该地短暂戍务的遗留,由于没有其他同时代相关的简牍,仍然把《居延新简》的下限定为东汉安帝永初五年。另,《居延新簡》中還有少數的《蒼頡篇》、《晏子》異文,其內容產生的時代並不同於《居延新簡》產生的時代,但由於數量極少,故忽略不計。

5. 對《居延漢簡》詞彙的全面調查研究還有待于進一步完善。《居延新簡》自出土以來一直是學術界研究的熱點,取得了大量的研究成果,在疑難詞義的訓釋方面也有不少成果面世。但是,全面地調查研究《居延新簡》的詞語,在通過建立語料庫窮盡搜集全書詞語用法的基礎上,對《居延新簡》作詞語通釋,從而把《居延新簡》詞語的全貌呈現給學術界,為漢語詞彙史的研究提供直接資證,這項工作至今尚未見到有人完成。

有鑒于此,筆者以《居延新簡》中的所有詞語作為研究對象,盡可能全面地揭示《居延新簡》中詞語的全貌。

二、本課題的研究目標

1. 建立《居延新簡》語料庫,實現電子文本的可檢索性和語料收集的窮盡性。

2. 對《居延新簡》中的文字進行屬性標註,如根據紀年、內容、性質等標註具體年代或朝代,嘗試對《居延新簡》進行更具體的斷代研究。文字信息的標註主要包括通假字、讀為字、古今字、糾正字的確認以及以上文字和正體字的對應關係。

3. 通過逐字研究《居延新簡》中的文字使用情況,梳理《居延新簡》文字的實際使用面貌,確定簡牘中文字和詞彙的實際對應情況,以《漢語大詞典》為主要參考工具,訓釋《居延新簡》中經常出現的比較重要的詞語以及不見於傳世文獻或工具書的詞語。

4. 研究《居延新簡》中文字和詞彙的對應關係;語符用字的具體使用情況;比較《居延新簡》和《說文解字》用字的異同;分析《居延新

簡》的辭書學價值。

叁、本課題的研究方法及説明

一、本課題的基礎工作

(一)釋文核對和屬性標註

中華書局出版的《居延新簡》提供了整理者所作的全部釋文,本身凝聚了很多研究學者的心血,有很高的學術價值。後來的研究者在此基礎上,又對其中的某些釋文内容進行了考釋和修正。本課題依據的釋文以中華書局出版的《居延新簡》為底本,參考各家釋文以及後來的研究成果,並逐條與圖版進行核對,各家説法有不同之處,除與圖版核對外,另考之專類字典,如《簡牘帛書字典》、《隸書大字典》和《漢代簡牘草字編》,進行取捨。經過筆者考校整理後的釋文是本課題詞語通釋的基礎,釋文中出現的各項符號的含義如下:

1. "□":原簡簡文字迹模糊未能釋定者,每一個"□"代表一個字。

2. "◇"意義有二:(1)原簡簡文字迹模糊,字數亦未能確定者。(2)雖然原簡釋文完整且簡牘本身沒有殘斷現象,但是釋文内容不完整無法句讀者,筆者據己意另加"◇"後標以相應的標點符號。如EPT57.23A"◇正月盡三月祿用",句讀後釋文作"◇正月盡三月祿用◇。"

3.“☐”表示原簡殘斷,現根據內容完整與否,改為“◇”或徑省。

4.“=”為原簡中的重文符號,現根據上下文,改為其所代表的文字,如 EPT51.224B 釋文“謹會月廿四日=中毋忽”改為“謹會月廿四日日中毋忽”

5.省略了中華書局出版的《居延新簡》底本中出現的一些與釋文文本本身無關的符號。如“[”(代表原簡縱裂右缺)、“◎”代表封泥印匣槽等,因與筆者進行的研究無關,均予以省略。

6.每條簡文後面的“EPF16.43”等為原簡簡文編號,字母 EPF 等代表出土地點,所有簡文編號均予以保留。

(二)句讀

中華書局版的《居延新簡》沒有斷句句讀,為此,筆者參考《簡牘集成》及各家研究成果,給《居延新簡》釋文文本全部斷句和加以句讀。凡所採用句讀與已有研究成果不同者,隨文加注説明。

(三)與用字有關的信息標註

簡牘用字常見異體字、古今字、通假字和錯訛字。對這些用字現象的正確認識,是準確釋讀原文的前提。因此,筆者在數據庫標出每條簡文能夠判斷出的用字的相關信息,如異體字、讀為字、錯訛字,在釋文中隨文標出,並以“()”標明對應的正字。

(四)切詞

在引得的基礎上,為了進行詞語通釋,切詞是必不可少的。由於本課題主要是對《居延新簡》中的詞語進行通釋,而學術界對於詞和詞組的區別暫時還沒有達成一致意見,本書對詞語的切分採取從寬的原則,其中部分詞語有可能是詞組。

二、本書採用的方法和相關說明

（一）研究方法和說明

本書依托數據庫，對《居延新簡》中每個字的所有用例進行窮盡性的調查研究，歸納出其在《居延新簡》中所見義項和用法，並附以文證。除例句過多或為常見義項外，一般羅列全部文証。並與工具書和傳世文獻中的用例作横向比較。考證過程以按語的形式附在文証後面。如果義項見於工具書，義項後面附上該義項在工具書中出現的頁碼（書中附的主要是該義項在《漢語大詞典》中的頁碼）。同時對工具書（主要以《漢語大詞典》為標準）中無解釋者或釋義不同者試作詞義考釋。如能提前《漢語大詞典》始見書證者予以說明，若書證與《漢語大詞典》所見時間跨度較大者，另引傳世文獻以見其源流。

本書通釋部分按“以字領詞”的原則，以字頭統領詞和詞組。字頭列正體字，如果《居延新簡》中的寫法與正體不同，在正體後的“（）”中注明。字頭按拼音排序。同一字頭起首的詞和詞組，按第二字的拼音排序，第二字相同的，按第三字的拼音排序。餘者類推。一個字頭有兩個或兩個以上讀音的，則分列其不同讀音，詞和詞組的排列順序採取“以義相從”的原則。

對其中的一些有一定的研究價值的詞語嘗試進行詞義考釋。所謂有一定的研究價值的詞語，具體衡量標準是：（1）不見於工具書或傳世文獻的詞語或義項；（2）詞語或義項雖見於工具書，但義項的分合或確立有出入；（3）對義項的分合或確立沒有不同意見，但可以提前該義項的始見書年代，即工具書中所舉用例晚于《居延新簡》的時代。

（二）殘斷及待考處理

由於《居延新簡》是出土文獻，殘斷現象在所難免，對於因殘斷造成意義不明的文証本書均不作收錄；另外由於部分詞語僅有孤證以及筆者學力所限，亦闕而不論。

（三）例句處理

每一義項後均附有文例證明。但由於文例太多，如果全部附上會造成內容的臃腫不堪。凡常見義且有較多例句者，一般舉例不超過五個。如為罕見義項或作者自己考釋得出的結論，則盡可能的附上所有文例。

《居延新簡》篇幅較大，詞語眾多，本書大致完成了《居延新簡》400 個字頭的釋義和考釋工作，其中盡可能把高頻詞作為主要研究對象，錄而不存的一些詞或者因為意義簡單，沒有考釋的價值，或者是因為單篇孤證，加上簡文模糊不確，考釋的內容不具有充分的立論價值。限於篇幅和時間，本書僅摘取筆者完成工作的一部分成書，敬請專家指導。

第二章 《居延新簡》詞語通釋

A

案

àn

①器具名。(《漢語大詞典》P2573)

案四枚。EPT5.15

②指涉及法律的事件。(《漢語大詞典》P2573)

它案驗未竟,以此知而劾,毋(無)長吏使劾者,狀具此。EPF22.362

它案驗未□□□□□□□毋(無)長吏使劾者,狀◇。EPF22.363

③公文習慣用語。一般用來表示下面的內容是經過查驗或考核過的。不見于《漢語大詞典》。

案:嚴軟弱不任候望(望),吏◇。EPT48.8

案:忠盜臧二百。EPT50.58

謹案:部吏毋(無)鑄作錢者。EPF22.41

謹案:部吏毋(無)作使屬國秦胡盧水士民者,敢言之。EPF22.43

謹案:部吏毋(無)犯四時禁者。EPF22.50A

謹案:部吏毋(無)犯四時禁者。EPF22.51A

謹案:部吏毋(無)伐樹木◇。EPF22.53A

案:習典主行檄書不◇。EPF22.149

案:永以縣官事行警檄,恐負時,騎放馬行檄。EPF22.199

案:駿、誼、業取急,父死,駿等處缺◇掾常。EPF22.276

謹案:湯自言病,令子男殄北休,隊(燧)長詡自代乘隧(燧)。EPF22.340

按:此用法亦見於傳世文獻:《史記·儒林列傳》:"臣謹案:詔書律令下者,明天人分際,通古今之義,文章爾雅,訓辭深厚,恩施甚美。"《漢書·董仲舒傳》:"臣謹案春秋之中,視前世已行之事,以觀天人相與之際,甚可畏也。"《漢書·韋賢傳》:"謹案:上世帝王承祖禰之大義,皆不敢不自親。""案"有提領下文的作用,"案"后的內容一般是加按語者查考或考核後而得出的結論,認為是真實的或準確無誤的。

④通"按"。查考;考核。文例見【案問】【案致】

【案問】

審問。(《漢語大詞典》P2574)

建武六年七月己酉,居延都尉督蓬(烽)掾黨有案問。EPF22.402

【案致】

審查而確立。(《漢語大詞典》P2574)

移書驗問,案致,言會月十八日。EPT51.189A

◇功曹私僕使民及客子田茭不給公士上事者案致如法。EPT58.38

◇巳朔有輒捕案致◇。EPT51.709

B

拔

Bá

抽出;拽出。(《漢語大詞典》P3568)

拔劍入臨舍,閉(闔)戶,臨與男子◇紀駿欲出,眾以所持劍刺傷駿臂一所,◇。EPT65.414

尊謂良曰言◇所服,若拔劍。EPT68.170

起拔之。EPT40.202

罷

(一)**Bà**

①免去;解除。(《漢語大詞典》P5165)

◇今調守第七候長,真官到,若有代,罷。EPF22.481

第十守士吏李孝,今調守萬歲候長,有代,罷。EPF22.256

真官到,若有代,罷。EPF22.248

◇代罷如律令。EPT52.111

②遣走;遣散。(《漢語大詞典》P5165)文例見【罷休】

③服役期滿。不見于《漢語大詞典》。

◇一封,居延令印,詣廣地候官,◇者方遣罷卒,議徙劚處,毋悔後患□。EPT51.500

地節三年四月丁亥朔丁亥將兵護民田官、居延都尉◇□庫守丞漢書言,戍卒且罷,當豫繕治車,毋(無)材木◇。EPT58.43

令史音再拜言,令史厶寫罷卒籍,三月庚辰◇。EPT52.219

出錢二百買木一,長八尺五寸,大四韋,以治罷卒籍,令史護買,◇。EPT52.277

陽朔四年六月罷卒吏名及課。EPT52.377A

神爵二年鉼庭部吏卒被兵及留兵簿◇甲渠候官五鳳四年戍卒定罷、物故名籍。EPT53.37

迫卒罷日促,毋失期,如律。EPT56.115

◇罷卒留兵名籍。EPT57.94

故事候長將當罷卒詣官。EPT65.37

按:初仕賓在《簡牘集成》中認為"罷卒"是指賦役期滿的士兵,誠確。雖然服役期滿意味着被遣返回家,但"罷"于此處強調的是服役期結束而不是被遣走,所以"罷卒"之"罷"與"罷休"之"罷"意義是不同的,另文証中有"方遣罷卒"之語,也可以證明。

【罷休】

指離職。(《漢語大詞典》P5166)

第十隊(燧)長田宏貧寒罷休。EPF22.296

乘第廿、卅井隊(燧)長張翕貧寒罷休。EPF22.301A

◇□恭貧寒罷休。EPF22.303

按:在《居延新簡》中燧長見於記錄的月俸是六百錢,如:

第廿三隊(燧)長李忠,九月奉(俸)用錢六百◇。EPT50.156

甲渠第卅五隊(燧)長王常十一月奉(俸)錢六百,正月癸亥◇。EPT51.307

高沙隊(燧)長紀孝正月盡二月奉(俸)用錢千二百。EPT52.531

從《居延新簡》中的物價來看,六百錢的俸祿很低,一領練襦(絲製短衣)的價格都要比這高出很多。

責廣地次□隊(燧)長陶子賜練襦一領直(值)八百三十。EPT59.645

《居延新簡》常見燧長因經濟困難(贫寒)而辭去燧長的職務(罷休)。

(二)**Pí**

通"疲"。疲勞;衰弱。(《漢語大詞典》P5165)

四月九日,詣部到居延收降亭,馬罷(疲)。EPF22.189

駒素罷(疲)勞病死,放又不以死駒付永,永不當負駒。EPF22.199

尉放使士吏馮匡呼永曰,馬罷(疲),持永所騎驛馬來。EPF22.194

白

Bái

①像雪一般的顏色。(《漢語大詞典》P4794)又見【白堅】【白

◇等以縣官事,公白晝攻牢獄入殺故縣長,斷頭投人眾中,所◇敗俗傷□柰不可長,當以時□誅如惲言□可□臣請□◇。EPT59.551

按:《漢書・賈誼傳》:"白晝大都之中剽吏而奪之金。"颜师古注:"白晝,晝日也。言白者,謂不陰晦也。"

敗

Bài

①毀壞;敗壞。(《漢語大詞典》P2929)文例見【敗俗】

②失敗;失利。(《漢語大詞典》P2929)

出軍行將兩適相當,頗知其勝敗與有功,願得射覆什中七以上。EPT65.318

③腐爛,變質。(《漢語大詞典》P2929)文例見【腐敗】

【敗俗】

敗壞風俗。(《漢語大詞典》P2930)

等以縣官事,公白晝攻牢獄入殺故縣長,斷頭投人眾中,所◇敗俗傷□柰不可長,當以時□誅如惲言□可□臣請□◇。EPT59.551

按:《揚子法言・卷五》:"譊言敗俗,譊好敗則。"《詩經・鄘風・相鼠》:"相鼠有皮,人而無儀。"鄭箋:"人以有威儀為貴,今反無之。傷化敗俗不如其死無所害也。"《漢書・貨殖傳》:"傷化敗俗,大亂之道也。"《漢書・敍傳》:"侯服玉食,敗俗傷化。"《淮南子・人間訓》:"為國而無信,是敗俗也。"

但由以上例子也可以看出,"敗俗"由動賓詞組向詞演變是一個漸進的過程。至遲在揚雄所處的時期,"敗俗"還是一個和"敗則"並列的動賓詞組。同時,“敗俗”還和“傷化”連用,有形成“敗俗傷化”或“傷化敗俗”這一多音節詞的趨勢。

板

Bǎn

木板。指制作簡牘的木制書寫材料。(《漢語大詞典》P2510)據《居延新簡》出土的簡牘來看,加工好的木簡長度一般為漢代的一尺左右(合 23cm 左右)。

松板一,長八尺。EPT51.524

北板合檄四。EPT52.39

南書一封,板檄一。EPT52.169

禹所假板十四枚,第十三隊(燧)所假板十五枚。凡得板七十枚,謹遣第十一◇。EPT57.51

半

Bàn

①量詞。二分之一。(《漢語大詞典》P299)又見【大半】【少半】

度用豉半斗。EPT4.106

率所負半算奇一算半算。EPT5.8

苛□□兩半兩。EPT6.79

石公龍六分半。EPT40.191B

◇前所示者多蟔蛸二分半◇。EPT40.191A

乾桑一分半。EPT40.191B

慈其索一,大二韋半,長四丈。EPT51.310

又手中創二所,皆廣半寸長三寸。EPT51.324

◇十五步,凡葆天田四里八十七步半步,◇。EPT51.532

◇主馬十四匹,四日,殄北卒馬十四匹一宿去藥馬八束半。EPT52.226

◇□□□軍玉門塞外海廉渠盡五月以◇九月都試騎士馳射,最率人得五算半算,◇四月。EPT52.783

◇下水十五□半□□□□□負□◇,◇定負一算半算。EPT52.821

◇布二尺半。EPT56.101A

又粟二斛,得米一斛一斗半。EPT65.70A

◇有能謁言吏,吏以其言捕得之,半與購賞。EPF22.227

未到隊(燧)一里半,隊(燧)助吏杜惲舉薰(烽)燔薪。EPF22.272

□□□□□也,甲渠□多□□□□□□□□□□五十□□□□六石八斗半,今少石一斗,餘粟一石六斗一升大。EPF22.697B

不中程百里罰金半兩。EPS4T2.8B

大(太)康四年九月十日遣將石興,十四日半至石相□。82EPC.3A

元始三年六月乙巳朔丙寅,大司徒宮、大司空少傅豐,◇車騎將軍、左將軍□□□□□中二千石、州牧、郡大(太)守◇□□□九萬半五千叢輕折軸,積薄中天,不慎微小,故多窮貧,子◇□數□千,羔羊萬餘,蒭稾積如山。EPS4T1.12

其溉出界,能隨斬捕,購賞半之。ESC.5A

按:《說文・二上・半部》:"半,物中分也。"關于"半"的詞性,即到底是數詞還是量詞,現在各家說法不一,如呂叔湘先生在《中國文法要略》中認為"半"既可做數詞,也可做量詞。朱德熙先生在《語法講義》中衹在"數詞"一節中提到"半",應該是認為"半"是數詞。邢福義先生在《現代漢語數量詞系統中的"半"和"雙"》以及《"半"的詞性判別和詞性規範》中認為"半"既可以是數詞,又可以是量詞。而當"半"單用的時候,"半"的詞性似乎處于"數量混沌"的狀態。由于"半"的特殊性,同時考慮到量詞也是漢語特有的一種詞類,另外,"半"不管是做數詞還是量詞,抑或處于"數量混沌"的狀態,其意義都沒有發生變化,根據以上兩點原因,此處把"半"歸為量詞。

②不完全。(《漢語大詞典》P299)

呼之行,垂眼,時怒時喜,半趨走,丈人怒之,大訶□□譐物器拙諸戶。EPT65.42A

◇堂半徙壞◇。EPF22.877

③半斗。不見于《漢語大詞典》。

閏月二日有黃米四參,月二日又舂一石米六斗,計訖二日算。賫米二半。出二半月三日;出二半月六日;出二半月七日;出二半月八日;出二半月九日;出一半月十三日;出二半十四日;出二半十五日;出二半十六日。EPT56.76A

按:朱德熙、裘錫圭《戰國時代的"料"和秦漢時代的"半"》:"秦漢時代最常用的容量單位是斗,所以可把半斗、三分之一斗、四分之一斗簡稱為半、參、四……"《漢書・李陵傳》:"令軍士人持二升糒,一半冰。"顏師古注:"如淳曰:半讀曰片,或曰五升曰半。師古曰:半讀曰判，判，大片也。時冬寒有冰持之以備渴也。”朱德熙、裘錫圭在此文中認為當以五升為是。此言確。李陵在四面被困且無兵器作戰的時候，下令兵士輕裝脫圍，在這種危急關頭，疑不會用“大片”這種沒有具體稱量的詞語來規定兵士們的裝備，且不說大片冰的無法攜帶問題。另《漢語大詞典》“半 2”下立義項“大片”，文例即“一半冰”之半。

【半日】

白天的一半。（《漢語大詞典》P300）

今年二月中戍詣居延與◇誼不留難敞變事滿半日。EPT51.18

◇□曰昌言變事自書所言一卷已覆，而休言未滿半日。EPT52.47

【半歲】

一年的二分之一。《漢語大詞典》有“半日”一詞而沒有“半歲”。

除天下必貢所當出半歲之直（值）以為牛酒之資，民不贅聚，吏不得容姦（奸）、便臣，秩郎、從官及中人各一等，其奉（俸）共養宿衛常樂宮者又加一等。EPF22.63A①

“半歲”在《史記》、《漢書》、《太玄經》、《戰國策》等書中數見。《周髀算經》中有關于“半歲”的確切描述：“求七衡周而六間以當六月節，六月為一百八十二日，八分日之五，此為半歲也。”

---

① 初仕賓句讀為“吏不得容姦（奸）。便臣、秩郎、從官及中人各一等”，查文獻未見“便臣”一職。《金史・百官志》：“從八品下曰平秩郎，正九品上曰正紀郎。”《欽定重訂大金國志氣・司天》“正紀郎”作“正秩郎”。則曆史上有“秩郎”一職。“便”有“巧言善辯”義，文獻中有“姦便”連用者，《三國志・吳志・陸遜》：“今爭帝王之資而昧十百之利，此人臣之姦便，非國家之良策也。”從以上分析看，“便臣”似屬上，而“秩郎”則屬下矣。

【半夏】

藥草名。(《漢語大詞典》P302)

半夏五分。EPT9.7A

按:《禮記・月令》:"半夏生,木堇榮。"鄭玄注:"又記時候也,半夏樂(藥)草。"《急就篇・卷四》:"半夏、皁莢艾、橐吾。"颜师古注:"半夏,五月苗始生,居夏之半,故為名也。一名地文,一名守田。"

半夏作為一種藥用植物,數見于《金匱要略》、《傷寒論》等醫書中。

辦(辨)

Bàn

①辦理;治理。亦作辨。(《漢語大詞典》P6717)

辦所當辦,毋令將軍到不辦,有譴讓◇。EPT53.113

◇期會,皆坐辦其官事不辦,論罰金各四兩,直(值)二千五百。EPT57.1

事□□三毋□□趣□馬◇,毋(無)馬者趣辦馬,◇□□□□□◇。EPT59.720

左右射皆毋(無)所見,檄到令卒伐慈萁治更著,務令調利,毋令到不辦,毋忽如律令。不。簿。EPF22.291

使者到不辨如律令。EPT59.87

右不侵部隊(燧)長刑昌、刑晏共留對坐□□□□□□□行昌、晏□□憲官事不辨,法◇。EPT65.71

案:尊以縣官事賊傷辨職,以令斥免。EPT68.177

◇糒宿食處,毋辨食具,務省約,如往事有◇。EPF22.485

夏候掾執事起居毋(無)它,前日掾為張辨發喪,失不知,皆詣,乃守之所,詣□。EPF22.776A

按:《説文·十三下·力部》:"致力也。"

②人名。(《漢語大詞典》P6717)

◇妻大女辦年卅三◇。EPT40.136

棓

Bàng

農具名,即連枷。(《漢語大詞典》P2621)

連棓廿。EPT48.18A

棓篋。EPT50.239

□◇記言欲得一合棓□◇。EPT51.59A

按:《方言·卷五》:"僉,宋魏之閒謂之欇殳,或謂之度;自關而西謂之棓,或謂之柫;齊楚江淮之閒謂之柍,或謂之桲。"戴震疏證:"僉,今連枷。所以打穀者。"據《居延新簡》釋文,棓似又有連棓和合棓之别。可惜二者不見于其他傳世文獻,于《居延新簡》中亦僅出現一次。

榜

Bēng

動詞。古代刑法之一。杖擊或鞭打。(《漢語大詞典》P2664)

利榜循、惲各十，因朝朝下馮，嚴，士吏翕俱還到曹前，井西隊(燧)上出□□。EPT65.69

按：《後漢書・陳寵傳》："斷獄者急於篣格酷烈之痛，執憲者煩於詆欺放濫之文。"李賢注："篣即榜也，古字通用。《聲類》曰：笞也。"《漢書・司馬遷傳》："今交手足受木索，暴肌膚受榜箠，幽於圜牆之中。"師古曰："榜音彭。"《漢書・谷永傳》："又以掖庭獄大為亂阱，榜箠憯於炮烙，絶滅人命。"

【榜笞】

動詞。鞭笞拷打。(《漢語大詞典》P2664)

◇李嚴，嚴數榜笞息，息亡蘭◇。EPT59.123

按：《說文》："笞，擊也。"《急就篇・卷四》："盜賊繫囚榜笞臀。"顏師古注："繫囚，拘縶之也。榜笞，捶擊之也。"《史記・淮南衡山列傳》："太子知之，數捕繫而榜笞建。"《漢書・食貨志》："及吏之所疑，榜笞奔走者甚衆。"《漢書・張耳陳餘列傳》："吏榜笞數千，刺爇，身無完者，終不復言。"《漢書・賈誼傳》："若夫束縛之，係緤之，輸之司寇，編之徒官。司寇小吏詈罵而榜笞之，殆非所以令衆庶見也。"

【榜箠】

鞭笞拷打。(《漢語大詞典》P2665)

◇□□□□不即時誅滅，貰貸榜箠，復反得生見日月，恩澤誠深誠◇。EPF22.645

按：《說文・竹部》："捶，擊馬也。"《漢書・司馬遷傳》："今交手足受木索，暴肌膚受榜箠，幽於圜牆之中。"《漢書・谷永傳》："又以掖庭獄大為亂阱，榜箠憯於炮烙，絶滅人命。"

剝

Bō

動詞。殺。不見于《漢語大詞典》。

與虜為重仇讎,是吏民毋(無)大小所當共為方略,剝斷斬之。EPT65.271

按:此義亦見於傳世文獻:《說文・四下・刀部》:"剝,裂也。从刀从录。录,刻割也。录亦聲。"《漢語大詞典》中"剝"無"殺"的義項,但有"剝人"一詞,義為殺人。此處剝、斷、斬應為同義詞,均指"殺"。強調與虜為"重仇讎",吏民應該不問手段,達到斬殺敵人的目的。

保

Bǎo

①擔保;保證。(《漢語大詞典》P587)文例見【保任】

②通"抱"。環繞。(初仕賓說。)

利善劍文:縣薄文者、保雙蛇文皆可。EPT40.206

【保成師傅】

專名。官職名。具體意義待考。

◇都水大司空、右大夫使護宛保忠信卿、六卿中室、御僕、黃室御、保成師傅◇長、六隊(隊)大夫、州部牧監、郡卒正、連率、庶尹、關農溝曼大(太)尉承書從事下當用者三十二。EPT59.155A

按:不見于《漢語大詞典》。傳世文獻中亦不見含有"保成師傅"字樣的官職,王莽時有"保成師友祭酒"一職,簡書誤也?

【保任】

動詞。擔保。(《漢語大詞典》P588)

宣成與橫俱求保任為卒,又任橫取閣帛、布各五匹,橫償。

【保忠信卿】

專名。官職名。王莽時對河南太守的稱謂。不見于《漢語大詞典》。

◇都水大司空、右大夫使護宛保忠信卿、六卿中室、御僕、黃室御、保成師傅◇長、六隧(隊)大夫、州部牧監、郡卒正、連率、庶尹、關農溝曼大(太)尉承書從事下當用者三十二。EPT59.155A

按:《漢書・王莽傳》:"改郡太守曰大尹。……更名河南大尹曰保忠信卿。"

報

Bào

①根據犯罪者罪行的大小輕重,依法判處相應的刑罰。(《漢語大詞典》P1227)

須以政不直者法亟報。EPF22.35

及有移人在所縣道官,縣道官獄訊以報之,勿徵逮。EPS4T2.101

按:此義亦見於傳世文獻:《說文・幸部》:"報,當罪人也。從幸從𠬝。"《漢書・胡建傳》:"知吏賊傷奴,辟報故不窮審。"蘇林曰:

“報,論也。斷獄為報。”

②白也。一般是下級對上機的回復或報告。(《漢語大詞典》P1227)

□◇隧(燧)長猛如□謁報敢言之◇。EPT2.12

◇白報到具吏。EPT4.99

陽叩頭報:京板□□◇紺足下,陽旦有一削刀□◇功官見知,陽忘之□◇。EPT14.1A

別書相報。EPT48.56

◇□恩未得報。EPT48.149B

報令可知。EPT49.34B

別書相報。EPT50.48

嚴報如律令。EPT51.195A

毋(無)所驗謁報敢言之。EPT51.100

萬歲候長王充記,報:郭掾聞掾黨南,願掾幸過◇掾幸許為出善峯(鞍),願掾幸◇。EPT51.218A

書一封奏戴掾,已得報,前去。EPT51.416B

◇月貰買□一匹,至□月中◇謁報居延敢言之。EPT51.722

六月丙午殄北鄣守候城倉守◇書相報,不報者重追之。EPT52.16A

◇證,謹寫爰書,移謁報酒泉大(太)守府敢言之。EPT52.38A

◇塞舉及部報書。EPT52.284B

主名須課報府,會月廿五日,毋忽如律令。EPT52.324

◇報候官,如此宜◇。EPT52.476

書到,可亟遣報如律令。EPT53.23

知君者謁報敢言之。EPT56.8

◇唯府報敢言之。EPT56.157

昌幸府君有記,報以檄□◇。EPT56.175

因□◇長定忠欲有所道,叩頭報,尊幸步足下之道上,見思報事。EPT56.347A

封報居延、肩水都尉,府書除俱起隧(燧)長刑齊□□當曲隧(燧)□移都尉府。EPT56.363

今奉宗未得之官,報府,不肯為官易弩言,輒遣傷弩◇。EPT57.52

責不可得,書到驗問審負知君錢,白報。EPT59.13

謹案:部隧(燧)六所,吏七人,卒廿四人,毋(無)犯四時禁者,謁報,敢言之。EPT59.161

公士以上當請得◇累其名白報,須□◇。EPT65.216

叩頭死罪,謁報。EPT65.258B

◇□壽謂候長,寫移書到,白報,毋留,如律令。EPC.32

③報答。(《漢語大詞典》P1227)

厚妻子從,隨眾死不足報□。EPF22.287

官屬明詔有驩(歡)欣嘉詳吉事賞賜未尚不蒙恩也,恩德固可毋(無)報哉。EPT59.9A

明官哀憐全命,未忍加重誅,殺身靡骨不足以報塞厚恩。EPT59.110

④報應;果報。[①](《漢語大詞典》P1227)

---

① 陳力:《〈居延新簡〉相利善刀劍諸簡選釋》,《考古與文物》2002年第6期。

欲知幣劍以不報者及新器者，之日中騂視白堅隨薰（烽）上者，及推處白黑堅分明者，及無文，縱有文而在堅中者，及雲氣相遂，皆幣合人劍也。EPT40.204

卑

Bēi

①低。

積薪皆卑。EPT57.108B

積薪六皆卑。EPT57.108B

積薪皆卑。EPT57.108B

積薪皆卑小。EPT57.108B

②姓。（《漢語大詞典》P368）

察微隧（燧）長卑赦之。EPT51.77

③見“鮮卑”。

杯（桮）

Bēi

①盛羹及注酒之器。（《漢語大詞典》P2489）

◇□十二，杯一，見。EPT52.190

◇杯二，其一輸，一遺故卒。EPT52.190

小杯三枚。EPT5.15

三偶大如小杯。EPT40.24A

◇桮(杯)、鼓諸什◇。EPT10.33

②量詞。(《漢語大詞典》P2489)

◇□□酒一杯飲,大如雞子,已飲。EPT53.141

◇一分,栝樓、䔲眯四分,麥、丈句、厚付各三分,皆合和。以方寸匕取藥一,置杯酒中飲之,出矢鍭。EPT56.228

北

Bēi

①方位名。與“南”相對。(《漢語大詞典》P819)又見【北方】

匈人奴晝甲渠河北塞,舉二蓬(烽),燔一積薪。EPF16.2

北書二封,合檄一。EPT51.379

◇有二千兩,車在居延北,汝往當見車。EPF22.449

◇貰賣雒阜復袍縣絮壯一領直(值)若干千,觻得◇東西南北入,任者某縣某里王丙,舍在某里◇。EPT56.208

蚤食時到第五隊(燧)北里所見馬迹入河。EPT48.55A

②向北去;向北。(《漢語大詞典》P819)又見【北上】

◇北行詔書一封。EPT7.31

業曰,六月廿日,北行書到第二隊(燧),臨之隊(燧)。EPF22.271

天田索北行去隧(燧)一里所入塞折□◇。EPT59.66

③地名。如“殄北”、“誠勢北”、“城勢北”、“吞北”、“誠北”、“城北”、“止北”、“箕北”、“鄣北”、“故北”、“益北”、“北地”、“河北”、“北屈”、“北舒里”、“北當”、“市北里”。

殄北、卅十井塞上和如品。EPF16.3

今月十八日乙未食坐五分，木中隊(燧)長張勲受卅井誠隊(燧)長房岑。EPF22.142

甲辰下餔時臨木卒得付卅井城勢北卒参，界中九十八里，定行十時，中程。EPW.1

即日昏(昏)時到吞北。EPF22.195

吞北隊(燧)長吕成，臘錢八十，十二月壬戌母與取。EPF22.207

誠北部建武八年三月軍書課。EPF22.391

城北隊(燧)長張鳳◇。EPT44.10

止北隊(燧)長竇永，臘錢八十，十二月辛酉妻君佳取。EPF22.211

箕北隊(燧)長曹少季錢三百◇。EPT57.70

鄣北候長邢、候史廣德，三月庚午迹盡戊戌積廿九日，毋(無)越塞蘭渡天田出入迹。EPT57.89

益北隊(燧)。EPT57.77

故北隊(燧)。EPT57.77

北地泥陽長寧里任俱。EPT51.119

◇□河東郡河北甯居里公乘李賢之□◇。EPT52.784

戍卒河東郡北屈務里公乘郭賞年廿六。EPT51.86

築陽北當衝里張賦年卅◇。EPT43.262

戍卒南陽郡堵陽北舒里公乘李國庸◇。EPT51.305

◇白馬市北里陳遂，相□◇□◇。EPT53.223

【北方】

北；北面。(《漢語大詞典》P820)

◇東方、西方、東方、西方、東方、西方、並在北方、西方、北方、南方、北方。EPS4T1.3

北方黑。EPT43.232

九月土,音南,食午未地,治南方吉,治北方匈(凶)。EPT65.308

【北上】

向北去。(《漢語大詞典》P820)

朝發長安北上,詔以力益丘□□山石□。EPS4T2.21

被

Bèi

隨身裝備;配備。(《漢語大詞典》P5325)

吏卒被兵簿。EPT50.175A

甲渠第廿三部黃龍元年六月卒被兵名籍。EPT52.86

第四部甘露二年六月吏卒被兵隧(燧)別簿。EPT53.189

初元五年戍卒被兵名籍。EPT53.209

五鳳三年六月臨木部卒被兵簿。EPT56.91

甲渠候長賞部元康二年四月戍卒被兵名籍。EPT58.33

更始二年七月癸酉朔己卯,甲渠鄣守候獲敢言之,府書□□□被兵簿具對府。EPF22.455

按:簡文中"被兵"與"留兵"對言,推測其義應指士卒的隨身裝備。但《居延新簡》中不見所被之兵器的詳細記載,無從考證被兵的準確含義,即"隨身準備;配備的武器"還是僅指"握持的武器"。今取籠統義。

備

Bèi

①完備;齊備。(《漢語大詞典》P674)

萬歲部建武三年七月校兵物少不備簿。EPF22.373

②準備;預備。(《漢語大詞典》P674)

□□居延發騎馬調習者備缺。EPT43.79

三老來過,希欲備之。EPT52.40

府省察,令居延除吏次備補惲等缺,叩頭死罪敢言之。EPF22.351

請令良以湅備,教並貫,並復令□備之。EPF22.456

③設備;裝備。(《漢語大詞典》P674)

唯府驚當備者叩頭死罪敢言之。EPT16.7

鞍馬追逐具當各設備,吏見有車馬鄉進□◇。EPT65.49

君與主官譚等格射各十餘發,虜復僿塞百騎,亭但馬百餘匹,橐他四五十匹,皆備。賀僿塞來,南燔乏卒,以鄣中□米糒給孤單,卒有萬分恐不能自守,唯恐為虜所攻得。EPF16.48

趣備弩,言。EPF22.289

◇方有警備,薰(烽)火通,永聞有追逋不詣署,作◇。EPF22.376

萌使恭等六人各備一弦,校省弦雜枲,置在故候長王恭所,奏◇。EPF22.521

◇有警備◇。EPS4C.18

④防備;戒備。(《漢語大詞典》P674)

尉史調守令史備盜賊為職。EPT48.10

◇□□頭死罪敢言之,輔備邊竟(境)以跡候設兵。EPT51.468

方有警備,記到,數循行,教勑吏卒明蓬(烽)火、謹候望(望)。EPF22.459

趙氏為甲渠候長,署第十部,以主領吏跡候備寇虜盜賊為職。EPT68.165

五隊(燧)隊(燧)長黨語彭訢鄣備盜賊,張君次屬廿三日莫(暮)來,謂黨◇。EPF22.344

⑤地名。如"備北"。

以牛畀備北卒呂方政。EPT51.64

糒

Bèi

乾飯,乾糧,即炒熟米麥粟等糧食,舂磨成粉。(《漢語大詞典》P5401)據《居延新簡》簡文,"糒"也可以用粟制作。

盜所主守隊(燧)縣官驚糒四斗五升□◇。EPT52.339

◇廿,已償糒四斗五升,令得之,毋予當道居錢,謁言吏敢言之。EPT52.533

善米一石,糒米三石,食之。EPT57.68B

部糒不畢,又省官檄書不會會日,督五十。EPT57.108A

呑远候長吳詡糒粟三斛。EPT59.352

故制虜隧(燧)長莊宣糒粟三斛。EPT59.354

憲帶劍持官六石具弩一,稾矢銅鍭十一枚,持大□橐一,盛糒三斗,米五斗,騎馬蘭越隧(燧)南塞天田出。EPT68.22

辭曰,憲帶劍持官弩一,箭十一枚,大革橐一,盛糒三斗,米五斗,騎馬蘭越隊(燧)南塞天田出,西南去。EPT68.27

緯糒四。ESC.153

按:《説文・米部》:"糒,乾也。"《周禮・地官・廩人》:"凡邦有會同師役之事,則治其糧與其食。"鄭玄注:"行道曰糧,謂糒也。止居曰食,謂米也。"《漢書・李廣傳》:"大將軍使長史持糒醪遺廣。"顔師古注:"糒,乾飯也。"

犇

Bēn

急走;奔跑。(《漢語大詞典》P3499)文例見【犇命】【犇走】

【犇命】

為應付急難而選拔設置的精勇部隊。(《漢語大詞典》P3499)

發吏卒犇命給珠崖軍屯有罪及亡命者赦除其罪詔書,書到言。所下◇。EPT56.38

按:《漢書・昭帝紀》:"遣水衡都尉呂破胡募吏民及發犍為、蜀郡犇命擊益州,大破之。"應劭曰:"舊時郡國皆有材官騎士以赴急難,今夷反,常兵不足以討之,故權選取精勇。聞命奔走,故謂之奔命。"李斐曰:"平居發者二十以上至五十為甲卒,今者五十以上六十以下為奔命。奔命,言急也。"師古曰:"應説是也。犇,古奔字耳。"《漢書・翟方進傳》:"(莽)自擇除關西人為校尉軍吏,將關東甲卒,發奔命以擊義焉。"

犇命除"奔走逃命"義外,在漢代它有兩個義項:第一,為應付急難而選拔設置的精勇部隊。第二,迅疾,加急。《漢語大詞典》中不見"迅疾,加急"這一個義項。

《詩經・小雅・采薇》:"豈不懷歸,畏此簡書。"鄭玄注:"簡書,戒命也。鄰國有急,以簡書相告,則奔命救之。"《漢書・魏相丙吉傳》:"此馭吏邊郡人,習知邊塞發犇命警備事,嘗出,適見驛騎持赤白囊,邊郡發犇命書馳來至。"師古曰:"犇,古奔字也。有命則奔赴之,言應速也。"

【犇走】

急走。(《漢語大詞典》P3499)

萬歲候長隊(燧)長嚴立犇走守河,積四日未可得渡,又因頓首叩頭死罪。EPT65.26

按:《漢書・刑法志》:"相與從之,或犇走赴秦,號哭請救。"顏師古:"謂申包胥如秦乞師也。犇,古奔字。"《漢書・匈奴傳》:"老弱犇走,驅畜産遠遁逃。"《漢書・王莽傳》:"百姓犇走,往觀者有萬數。"《漢書・王莽傳》:"士卒犇走,各還歸其郡邑。"顏師古注:"犇,古奔字",但是"犇"字並不見于漢代以前的文獻,今僅在《漢書》(多見)、《管子》(1見)、《新書》(1見)、《楚辭章句》(1見)中發現"犇"字。

Běn

①事物的根基或主體。(《漢語大詞典》P2444)

狠(墾)田以鐵器為本,北邊郡毋(無)鐵官,卬器內郡,令郡以時博賣予細民,毋令豪富吏民得多取販賣細民。EPT52.15

②謂原來的,固有的。(《漢語大詞典》P2444)

◇追逐格鬬有功,還畜參分,以其一還歸本主。EPF22.228

③副詞。本來;原來。(《漢語大詞典》P2444)

至今年二月中,女子齊通耐自言責恭鼓一,恭視事積三歲,通耐夫當未□□□□鼓□將尉卿,使執胡隊(燧)長李丹持當隊(燧)鼓詣尉治所,恭本不見丹持鼓詣吞◇。EPF22.694

◇□□言本取丹,又取白灰,將前令史強◇。EPT59.528

火本所起,誤者主名,□臨◇。EPT65.362

甲溝言四時簿、本有折傷兵簿。EPT48.141

④用作年號,如"本始"。(《漢語大詞典》P2444)

甲渠執隊(燧)長淳於樂本始元年三月丁酉除。EPT57.71

匕

Bǐ

取食的用具。類似于現在的羹匙。(《漢語大詞典》P819)文例見【方寸匕】

按:《詩・小雅》:"有捄棘匕。"毛傳:"匕所以載鼎實也。"《說文・匕部》:"匕,相與比敘也。從反人。匕亦所以用比取飯,一名柶。"《礼记・丧大记》:"小臣楔齒用角柶,綴足用燕几。"孔穎達疏:"柶,以角為之,長六寸,兩頭屈曲。"《方言・卷十三》:"匕謂之匙。"

比

Bǐ

①齊同,等同。(《漢語大詞典》P2844)

第五隧(燧)卒馬赦貰賣□繬袍、縣絮裝直(值)千二百五十,第六隧(燧)長王常利所,今比平予赦錢六百。EPT56.17

②近;靠近。(《漢語大詞典》P2844)文例見【比近】

③例,成例。(《漢語大詞典》P2844)又見【如比】

◇□三百戶,吏比京兆尹,四輔,為◇。ESC.97

張掖居延甲渠候官陽朔三年吏比六百石定簿。EPT51.306

□□□□遣范君、王君、候長、候史、□等比四百石吏,有□休告。EPF22.776B

按:《史記》:"請吏比南夷。"索隱:"請置漢吏與南夷為比例也。"《漢書・食貨志》:"其家衆男為餘夫,亦以口受田如比。"顏師古注:"比,例也。"

【比近】

鄰近。(《漢語大詞典》P2845)《漢語大詞典》首舉用例為《宋史》。

◇皆在,鄭等今部相比近,◇。ESC.98

按:《周禮・秋官・朝士》:"凡屬責者,以其地傅而聽其辭。"鄭玄注:"以其地之人相比近能為證者来,乃受其辭為治之。"《左傳・文公十七年》:"八月寡君又往朝,以陳蔡之密邇於楚而不敢貳焉,則敝邑之故也。"杜預注:"密邇,比近也。"

必

Bì

①副詞。必然;一定。(《漢語大詞典》P4234)

勉力務之必有喜。EPT5.14A

初雖勞苦,卒必有意。EPT50.1B

◇□予者必死,所以然者,天◇。EPT52.432

◇□隹失□出□後取家三人乃□□□□三家□□□長女,不出三月必有服。EPT57.38

視欲知利善者,必視之身中有黑兩桁不絕者。EPT40.202

②副詞。必須;必定要。(《漢語大詞典》P4234)

◇□長、丞拘校必得事實,牒別言與計偕。EPT53.33A

◇□□迹過縣界中,言,皆逐捕必得移所。EPT53.68

◇□□□時毋時夜□◇種田作必毋後時◇。EPT53.158B

◇□□半,以平起萬歲隊(燧)、候長、士吏傳行各盡界,毋得遲時,必坐之。EPT57.40

◇執胡隊(燧)長曹憙不追,私歸邑中,捕得未必求官□◇。EPT59.124A

◇歸,不以必得為故。EPT59.124B

◇□掌酒者,秫稻必齋,麴糵必時,湛饎必絜,水泉香,陶器必良,火齊必得,兼六物,大酋。EPT59.343

除天下必貢所當出半歲之直(值)以為牛酒之資,民不贅聚,吏不得容姦(奸)、便臣,秩郎、從官及中人各一等,其奉(俸)共養宿衛

常樂宮者又加一等。EPF22.63A

方循行,考察不以為意者,必舉白。EPF22.168

毋以它為解,必坐,有◇。EPF22.454

◇候長必坐,毋忽,如律◇。EPF22.757

書到,各推闢界中,必得事。EPS4T2.8A

③用作人名。(《漢語大詞典》P4234)如“必良”、“必自◇”。

第五隧(燧)長必良十月◇。EPT59.211

第廿三隊(燧)卒延年里必自◇。EPT65.445

畢(禆)

Bì

①完成;完結。(《漢語大詞典》P4626)“禆”字不見于《漢語大詞典》。

◇計簿文書諸事禆□◇。EPT40.59

收責皆畢。EPT6.65

當轉麋八十石輸甲渠候鄣,已轉麋八十石,畢。EPT51.191

錢約至十二月盡畢已,旁人臨桐吏解子□□□□。EPT52.323

◇錢千八百,已賦畢。EPT52.337

部糒不畢,又省官檄書不會會日,督五十。EPT57.108A

今適載三泉茭二十石致城北隊(燧)給驛馬,會月二十五日,畢。EPT59.59

◇□□□隊(燧)卒□□詡三年四月食三石三斗三升少,史宣付詡,畢。EPT59.172

◇□千三百五十兒子贛所,賈(價)錢約至四月畢已,◇。EPF22.419A

◇自言貰買皁綺一兩直(值)九百,臨桐隊(燧)長解賀所,已收得,臧治所,畢。EPS4T1.21

②人名。如"孟畢"、"魯畢"。

鄣卒孟畢,七十五。EPT53.39A

◇□卒魯畢,已賦錢五十。EPT52.70

婢

Bì

①女奴;使女。(《漢語大詞典》P2303)例見【奴婢】。

②人名。如"小婢"、"婢"。

子小女小婢年八。EPT40.17

◇母大女婢年五十,用穀◇。EPT65.222

敝(幣)

Bì

①破爛;破舊。(《漢語大詞典》P2932)王引之《經義述聞·幣餘之賦》:"古敝字多通作幣,《魯語》'不腆先君之幣器',即敝器也。"又見【敝敗】

◇□受南陽郡,刃缺須生幣不可用。EPT51.550

四年◇馬嚴行丞事,敢告部都尉卒人,謂◇候□□□靡散至冬寒

衣履敝,毋(無)以買,故令候◇。EPT59.60

②損壞;損害。(《漢語大詞典》P2932)

冠皆幣。EPT6.73

寅矢銅鍭二差補不事用,二干呏呼,二羽幣,負十六算。EPT50.2

蘭一,負索幣,負一算。EPT50.2

會敞絝元幣,◇。EPT51.203A

七十五,元年六月為大司農茭刃缺,幣盡。EPT51.550

第卅一隧(燧)長王猛,三石承弩一傷一淵,循一幣。EPT53.78

弩幡廿,其十幣。EPT53.117

表小幣。EPT57.108B

薰(烽)三幣。EPT57.108B

縣索三行一里卌六步幣絕不易,負七算。EPT59.6

反苛一幣,負二算。EPT59.6

◇盧不調利,索幣絕,或毋(無)薰(烽)或幣絕◇。EPF22.285

◇四,羽幣,可用。EPS4T2.76

蘭四,其二組幣。EPS4T2.76

【敝敗】(幣敗)

破舊。不見于《漢語大詞典》。《漢語大詞典》有"敗敝",義為"破舊"(《漢語大詞典》P2930)。所舉用例為宋代。

粟君用恩器物幣(敝)敗,今欲歸恩,不肯受。EPF22.32

按:"敝敗"一詞漢代常見。《毛詩·齊風·敝笱》:"敝笱在梁,其魚魴鰥。"鄭玄注:"魴也鰥也,魚之易制者,然而敝敗之笱不能制。"《禮記·樂記》:"五者不亂,則無怗懘之音矣。"鄭玄注:"怗懘,敝敗不和貌。"《急就篇・卷二》:"□敝囊橐不直錢。"顏師古注:"言□帛及敝敗囊橐無所堪任,賣之不售也。"

文獻中常見"敝,敗也"、"敝,敗衣也"。到了漢代,則變成"敝,敝敗也"。

獘(幣)

Bì

通"弊"。壞,低劣。(《漢語大詞典》P2932)下例均出自《相利善劒刀》簡冊。綜觀全冊,知"幣劒"與"利善劒"對舉,包括(或等同)"劒不報者、幣合人劒、新器"。傳世文獻中,"利劒"、"良劒"、"善劒"與"惡劒"對舉,則"幣劒"即"惡劒"也。

右幣劍六事。EPT40.205

右幣劍文四事。EPT40.207

欲知幣劍以不報者及新器者,之日中騂視白堅隨逢(烽)上者,及推處白黑堅分明者,及無文,縱有文而在堅中者,及雲氣相遂,皆幣合人劍也。EPT40.205

按:《呂氏春秋・仲秋紀・簡選》:"今有利劍於此,以刺則不中,以擊則不及,與惡劍無擇。"《呂氏春秋・似順・別類》:"相劍者曰白所以為堅也,黃所以為牣也,黃白雜則堅且牣,良劍也。難者曰白所以為不牣也,黃所以為不堅也,黃白雜則不堅且不牣也。又柔則錈,堅則折,劍折且錈,焉得為利劍。劍之情未革而或以為良,或以為惡,説使之也。"《急就篇・卷一》:"聶、干將"下顏師古注:"漢有聶壹、干將,古之善劒。"《周禮・夏官・司弓矢》:"句者謂之弊弓。"鄭玄

注:"弊猶惡也。"

則"弊弓",即"惡弓",而"幣劍"即"惡劍"也,證明"幣"可通"弊"矣。

閉

Bì

①插門閂的孔。(《漢語大詞典》P7126)疑為《禮記・月令》殘文。《禮記・月令》:"脩鍵閉,慎管籥。"

◇楗閉,慎管◇。EPT5.190

②述數家術語。以天文十二辰象徵人事上的各種情況。《漢語大詞典》釋義為:"農曆十二月月建的別稱。"(《漢語大詞典》P7126)

廿三日戊辰,閉。EPT8.12

十五日甲午,閉,亡。EPT65.425B

按:《淮南子・天文訓》:"寅為建,卯為除,辰為滿,巳為平,主生;午為定,未為執,主陷;申為破,主衡;酉為危,主杓;戌為成,主小德;亥為收,主大德;子為開,主太歲;丑為閉,主太陰。"

辟

(一)**Bì**

通"壁"。軍壘。具體形制待考。不見于《漢語大詞典》。

◇城倉、庫、延水、居延農、甲渠、殄北、卅井候官、督薰(烽)◇及

省卒、徒繕治城郭塢辟,令、丞、候、尉史遂等三老◇。EPT57.15

宜農辟取肉名。EPT40.76A

之第五辟取鷽。EPT51.63

第八隊(燧)卒魏郡內黃右部里王廣,貰賣莞皁絝橐絮裝(裝)一兩,直(值)二百七十,已得二百少七十,遮虜辟衣功所。EPT51.125

部、鄣、辟,令◇鴻嘉元年十月庚申令史長敢言◇,◇令史敢言◇。EPT52.396

居延某里王丙舍在某辟。EPT56.113

◇□言:◇□□□□□□記到,立□□塞□第十辟,皆◇。EPS4T2.51

按:初仕賓在 EPT51.125 下注:"辟,遮虜障或塢壁。"EPT40.76A 為宜農辟士卒取肉的記錄,內容如下:

宜農辟取肉名,尚子春十斤直(值)二斛;蕭子少十斤直(值)二斛;鄭子任十斤直(值)二斛;孟子房十斤直(值)二斛;陳伯十斤直(值)二斛;許子叚十斤直(值)二斛;鄭昭十斤直(值)二斛;胡羿十斤直(值)二斛清黍;田子柳十斤直(值)二斛清黍;翟大伯十斤直(值)二斛清◇;楊子任二十斤直(值)四◇。凡肉百二十斤直(值)二十四斛。

由上所知,宜農辟共有士卒 11 人(按:"凡肉百二十斤",每人十斤的話,應有 12 人,簡中僅見 11 人,今按人名數計算。),似應為邊塞的一種駐兵的防禦機構。且 EPT52.396 中"部、鄣、辟"連言,則三者性質應近似。疑通"壁",即軍壘。簡中有"塢辟",亦見"塢壁",如:

◇城倉、庫、延水、居延農、甲渠、殄北、卅井候官、督蓬(烽)◇及

省卒、徒繕治城郭塢辟,令、丞、候、尉史遂等三老◇。EPT57.15

迺癸未私歸塢壁田舍。EPT51.74

其攻亭鄣塢壁田舍,舉蘳(烽),燔二積薪,和如品。EPF16.14

則"塢辟"即"塢壁"也。《居延新簡》發掘報告中僅提到障和塢,"辟"具體為何形制尚待考。

(二)**Pì**

①開,打開。文例見【辟門】(6710)

②文例見【推辟】(6710)

③用作人名或地名。音未詳。如"辟兵"、"霍辟兵"、"辟彊"、"辟非燧"。

十一月丙寅隊(燧)長辟兵以來。EPT51.226

◇渠尉史辟兵敢言之。EPT51.269

◇□月□酉甲渠尉史辟兵敢言之。EPT51.583

居延尉史辟兵賦。EPT50.86

霍辟兵印。EPT51.226

九月壬寅臨桐卒辟彊以來。EPT59.378B

◇迹入卅井、辟非隊(燧)西北,出甲渠武賢隊(燧)◇。EPT57.82

【辟門】

開門。(《漢語大詞典》P6712)

辟門疾犂一。EPT48.18A

按:《荀子·議兵》:"彼貴我名聲,美我德行,欲為我民,故辟門除涂,以迎吾人。"王先謙《集解》:"辟與闢同,開也。"

編

Biān

①以皮條或繩子把竹簡次第穿聯起來。不見于《漢語大詞典》。《漢語大詞典》有"穿聯竹簡的皮條或繩子"這一名詞義(《漢語大詞典》P5704)。

札長尺二寸當三編。EPT4.58

按:"編"作動詞"編聯竹簡"于漢代多見。《漢書·張良傳》:"有傾,父亦來,喜曰:'當如是。'出一編書,曰:'讀是則為王者師。'"顏師古注:"編謂聯次之也。聯簡牘以為書,故云一編。"《毛詩·豳譜》:"故別其詩以為豳國變風焉。"孔穎達注:"今皆顛倒不次者,張融以為簡札誤編。"

"編"亦指把分散的事物按一定的條理組織起來,《說文·糸部》:"編,次簡也。從糸扁聲。"則此處所用即為此義。《漢語大詞典》中有義項"順次排列",應為這一義項的引伸義。

②量詞。用于書籍簿冊等的計量。古時以竹木簡為書寫工具,寫畢根據內容編聯成冊,本來指"編聯成簡"這一過程的動詞"編"后來亦可以計量這種編聯成冊的成品。《漢語大詞典》中僅有一個義項"書的計量單位。指一部書或書的一部分"。(《漢語大詞典》P5704)未註明詞性,且釋義範圍較狹窄。

永光四年八月戊申朔丁丑臨木候長◇謹移吏日迹簿一編敢言之。EPT48.1

謹移四月盡六月賦錢簿一編。EPF22.54A

謹移正月盡六月財物簿一編。EPF22.55A

邊

Biān

①邊境;邊界。(《漢語大詞典》P6460)又見【邊境】【邊吏】【邊關】【邊塞】【邊郡】【乘邊】

◇坐勞邊使者過郡飲,適鹽卌石輸官。EPT51.323

臨叩頭言,大伯足下勞諸事邊□◇。EPT52.448A

長吏無告劾,亡,不憂事邊,逐捕未得。EPT68.143

②通"扁"。文例見【邊戾】

【邊境】(邊竟)

"竟"通"境"。靠近國家邊界的地方。(《漢語大詞典》P6466)

◇□□頭死罪敢言之,輔備邊竟(境)以跡候設兵。EPT51.468

【邊戾】

彎曲。不見于《漢語大詞典》。

兵弩多邊戾。EPT5.84

按:"邊戾"全文僅一例,另有一例作"兵弩扁戾不檠持。EPF22.399","邊"、"扁"二者同為幫母字,且語境相同,"邊戾"即"扁戾"也。"扁戾"一詞見于文獻:《黃帝內經素問·骨空論》"扁骨有滲理湊"。王冰注:"扁骨謂尻間扁戾骨也。"張介賓註:"扁骨者對圓骨而言。凡圓骨內皆有髓,有髓則有髓孔。若扁骨則但有血脉滲灌之理湊,而內無髓者,則無髓亦無空矣。"(清)沈彤《果堂集·釋骨》:"末節曰尻骨,曰骶骨,曰脊骶,曰尾骶,亦曰骶,曰尾屈,曰橛骨,曰窮骨。其骨之扁戾者曰扁骨。"弓之有臂(即翼)者曰弩,作為射程較遠的兵器,左右翼如果發生彎曲變形,將直接影響其功用,則"邊戾"即"扁戾","彎曲"也。

【邊吏】

邊境地區的官吏。(《漢語大詞典》P6461)

居延甲渠候官神爵四年邊吏署所。EPT51.121

◇□□□不任邊吏職。EPT59.406

【邊關】

邊境上的關口。(《漢語大詞典》P6466)

案:憲鬬傷盜官兵持禁物蘭越於邊關儌(徼)亡,逐捕未得,它案驗未竟。EPT68.23

案:常等持禁物蘭越塞于邊關,儌(徼)逐捕未得,它案驗未竟。EPT68.64

案:常等持禁物蘭越塞于邊關,儌(徼)逐捕未得,它案驗未竟。EPT68.75

越塞于邊關,儌(徼)逐捕未得。EPF22.363

【邊郡】

靠近邊境的郡邑。泛指邊境地區。(《漢語大詞典》P6463)

臣請列侯、中二千石、諸侯相、邊郡萬騎大(太)守,減中郎一人,二◇中者,減舍人。EPT51.480

令曰:卒戍邊郡者,或以◇。EPT52.388

豤(墾)田以鐵器為本,北邊郡毋(無)鐵官,卬器內郡,令郡以時博賣予細民,毋令豪富吏民得多取販賣細民。EPT52.15

【邊塞】

邊疆地區的要塞。泛指邊疆。(《漢語大詞典》P6466)

為事甚不憂邊塞。EPT52.191A

候長憲、隧(燧)長敞等檄職邊塞吏不□□□。EPT40.13

扁

Biǎn

①在門戶上題字。(《漢語大詞典》P4220)

◇為具文,當扁書次東隧(燧)。ESC.63A

②走樣。文例見【扁戾】

③不公正;偏袒。(《漢語大詞典》P4220)《尚書·洪範》作"無黨無偏"和"無偏無黨"。

無黨無扁,王道□□。ESC.106A

◇□亦如之,其便樂故處者◇無扁無黨,王道湯湯。ESC.106A

【扁戾】

彎曲。《漢語大詞典》釋義有"含有輕視、鄙夷等義"。(《漢語大詞典》P4220)此處並無此含義。考證見【邊戾】

署第十七部候長,主亭隧(燧)七所,兵弩扁戾不檠持,毋(無)鞍馬,◇□給得見日月,譚願飢餓以二石食餳,不敢復◇。EPF22.399

便

(一)**Biàn**

①便利,方便。(《漢語大詞典》P576)

願君◇且慎風寒、謹候望、忍下愚吏士、慎官職、加強湌(餐)食、

數進所便。EPT44.8B

官前不便適罰。EPT49.4B

宗私自便利。EPT53.77

②適合;適宜。(《漢語大詞典》P576)文例見【便宜】

【便宜】

謂斟酌事宜,不拘陳規,自行決斷處理。(《漢語大詞典》P577)

司馬、千人、候、倉長、丞、塞尉職閒,都尉以便宜財予,從史、田吏如律令。EPF22.70

右職閒,都尉以便宜予,從史令田◇。EPF22.79

◇□□□却居建叩頭叩頭,昨日所白,欲所◇孫掾哀為□等,今欲以便宜◇。EPT59.313

□以便宜□□□◇。EPT2.1B

(二)**Pián**

①不公正,偏袒。(《漢語大詞典》P576)

◇無便無黨,王道湯湯(=);無黨無便,王道□□。ESC.106A

②巧言善辯。(《漢語大詞典》P576)

除天下必貢所當出半歲之直(值)以為牛酒之資,民不贅聚,吏不得容姦(奸)、便臣,秩郎、從官及中人各一等,其奉(俸)共養宿衛常樂宮者又加一等。EPF22.63A

③人名。音未詳。如"便"、"魏便"、"尹便"、"暴便"、"王便"。

三月癸卯雞鳴時當曲卒便受收降卒文。EPW.1

吞北卒魏便。EPT5.13

隊(燧)長王鳳責廣地隊(燧)長尹便錢六百。EPT51.241

卒暴便食三石二斗二升少。EPT51.247

前諸郡以西州書免劉玄及王便等為民,皆不當行,書到。EPF22.221

辦

(一)**Biàn**

通"徧"。周遍。文例見【辦告】

【辦告】

遍告。詳見第三章"《居延新簡》'辦告'考"。

(二)**Bàn**

治理。(《漢語大詞典》P6714)參見"辦"。

變

Biàn

①和原來不同;變化;改變。(《漢語大詞典》P2957)

◇□餘奉(俸)吏皆變易◇。EPT43.24

◇國以湅,盡歲察不變◇。EPT65.504

②事變,有重大影響的突發事件。(《漢語大詞典》P2957)文例見【變事】

③通"辯"。周遍。文例見【變告】

【變事】

突然發生的重大時件。(《漢語大詞典》P2958)

糞土臣德味死再拜上言變事書,印曰臣德其丁丑合蒲藍□◇。

EPT52.46A

甲渠言:部吏毋(無)上書言變事者。EPF22.695

□□□□□復使根彊來曰:欲言變事。EPT51.2

不耐言變事。EPT51.7

今年二月中戍詣居延與◇誼不留難敞變事滿半日。EPT51.18

◇□曰昌言變事自書所言一卷已覆,而休言未滿半日。EPT52.47

令、相、長、丞、尉聽受言變事者毋◇。EPT52.48

【變告】

遍告。此義項不見于《漢語大詞典》。《漢語大詞典》"變告"下僅有義項"謂告發謀反等非常事件"。詳見第三章"《居延新簡》'辨告'考"。

表

Biǎo

①古代邊塞或城上報警信號的一種。(《漢語大詞典》P226)據《居延新簡》,塢上所用為"大表",亭中所用為"地表","地表"中似又有"單表"一類。

候長赦、嘉、隊(燧)長親等舉表留遲。EPT51.96

◇毋(無)表通,不敢行。EPT52.527

表小幣。EPT57.108B

元延二年九月己未朔戊寅第◇,七月辛未、乙未表火留遲,推辟◇。EPT65.437

隊(燧)長陳陽為舉堠上二蓬(烽)、塢上大表一,燔一積薪。EPT68.97

匈奴人晝入甲渠河南道上塞,舉二蓬(烽),塢上大表一,燔一積薪。EPF16.3

匈奴人渡三十井縣(懸)索關門外道上隧(燧),天田失亡,舉一蓬(烽),塢上大表一,燔二積薪。EPF16.6

隊(燧)隊(燧)長陳陽為舉堠上二蓬(烽)、塢上大表一,燔一積薪。EPT68.85

日中復舉◇地二單表一通,通府。EPC.36

四月庚戌平旦,眾騎,亭舉地表,下一苣(炬)火,再通。EPC.36

◇來蓬、表、苣(炬)火出入時◇。EPS4T2.137

②表明;表示。(《漢語大詞典》P226)

強者表慈,弱則利,奈何。EPT40.206

別

Bié

①差別;不同。(《漢語大詞典》P1002)

出尤別異。EPT50.1A

②類別。(《漢語大詞典》P1002)

甘露二年四月庚申朔辛巳甲渠鄣候漢彊敢言之,謹移四月行塞臨賦吏三月奉(俸)秩別用錢簿一編,敢言之。EPT56.6A

吏員秩別奉(俸)月用穀石斗如牒。EPF22.427

秩別及除穀石斗如牒敢言之。EPF22.428

六人衣少物別名牒書一編敢言之。EPT51.114

◇□傷,具移創別名籍,毋(無)有以書言,會月廿七日,官須◇。EPT51.398

③另外;另外的。(《漢語大詞典》P1002)又見【別簿】

別書相報。EPT48.56

◇暑相代乘隊(燧)占別名。EPT40.175

◇□前出穀欲張卿,數月君責之,即亟稟當出者,月出別積之◇。EPT51.459A

◇□寬,高樂君車各二兩,記到,白君別積之,令可復糧,如府□◇詣倉□須以□民多抵不服者,必予樂君,君其事急。EPT51.459A

建昭四年四月辛巳朔庚戌不侵候長齊敢言之,官移府所移郵書課舉曰,各推辟部中,牒別言,會月廿七日。EPT52.83

◇□長、丞拘校必得事實,牒別言與計偕。EPT53.33A

元康二年五月己巳朔辛卯武威庫令安世,別繕治卒兵姑臧敢言之。EPT53.63

武威郡姑臧別庫假戍田卒兵◇。EPT58.55

戊子,胡虜攻隊(燧),吏卒格鬬隊(燧)別名及刺卷。EPF22.747A

④人名。如"王別"。

鄣卒王別。ESC.66

【別簿】

另立的簿籍。(《漢語大詞典》P1006)

第四部甘露二年六月吏卒被兵隧(燧)別簿。EPT53.189

茭積別簿一編敢言之。EPT5.9

兵

Bīng

①兵器。(《漢語大詞典》P776)又見【兵弩】【兵刃】

甲渠候官建昭元年八月折傷兵器簿。EPT52.453

官下名捕詔書曰:清河不知何七男子共賊燔男子李◇強盜兵馬及不知何男子凡六十九人。EPT5.16

甲渠言:毋(無)羌人入塞買兵鐵器者。EPT5.149

府尉曹李史校兵物。EPT20.9

吞遠候長王恭持兵簿詣官校◇。EPT43.70

輒持服兵於亭前。EPT49.13A

第十七部黃龍元年六月卒假兵姑臧名籍◇。EPT52.399

神爵二年絣庭部吏卒被兵及留兵簿◇甲渠候官五鳳四年戍卒定罷物故名籍。EPT53.36

酒泉大守府移丞相府書曰:大(太)守◇迎卒受兵,謹掖槳持,與將卒長吏相助至署所,毋令卒得擅道用弩射禽獸、鬬已。EPT53.63

案:憲鬬傷盜官兵持禁物蘭越於邊關儌(徼)亡,逐捕未得,它案驗未竟。EPT68.23

新始建國地皇上戊四年七月行塞省兵物錄。EPF22.236

②兵卒;軍隊。(《漢語大詞典》P776)

◇□□頭死罪敢言之,輔備邊竟以跡候設兵。EPT51.468

能與衆兵俱追,先登陷陣斬首一級,購錢五萬如比。EPF22.226

有能生捕得反羌從徼外來為閒候動靜中國兵,欲寇盜殺略人民,吏增秩二等,民與購錢五萬,從奴它與購如比。EPF22.233

天子將兵在天水,聞羌胡欲擊河以西。EPF22.325A

今張掖發兵屯諸山谷,麥熟石千二百,帛萬二千,牛有賈(價),馬如故。EPF22.325A

③軍事,戰爭。(《漢語大詞典》P776)

府書曰,屬國秦胡盧水民從兵起以來□◇。EPF22.42

又今日囚廢曰天雨,恐有戎兵。EPF22.372

④人名。(《漢語大詞典》P776)如"辟兵"

◇□月□酉甲渠尉史辟兵敢言之。EPT51.583

◇渠尉史辟兵敢言之。EPT51.269

【兵弩】

兵刃和弓弩。泛指武器。(《漢語大詞典》P777)

兵弩多邊戾。EPT5.84

◇□里上造張憙,萬歲候長居延沙陰里上造郭期,不知犢(讀)蓬(烽)火,兵弩不檠持,憙□◇□斥免,它如爰書敢言之。EPT59.162

署第十七部候長,主亭隊(燧)七所,兵弩扁戾不檠持,毋(無)鞍馬,◇□給得見日月,譚願飢餓以二石食餳,不敢復◇。EPF22.399

按:此用法亦見于傳世文獻:《後漢書·逸民傳·逢萌》:"行至勞山,人果相率以兵弩捍禦。"

【兵刃】

兵器。(《漢語大詞典》P776)

◇□內郡蕩陰邑焦里田亥告曰,所與同郡縣□◇□死亭東內中

東首，正偃，目冒（盲），口吟，兩手捲，足展，衣◇□當時死，身完，毋（無）兵刃木索迹。EPT58.46

以兵刃、索繩它物可以自殺者予囚，囚以自殺、殺人，若自傷、傷人，而以辜二旬中死，予者髡為城旦、舂。EPS4T2.100

按：此用法亦見于傳世文獻：《孟子・梁惠王上》："填然鼓之，兵刃既接，棄甲曳兵而走。"

丙

Bǐng

①天干的第三位。古代與地支相配用以紀日或紀年。（《漢語大詞典》P216）

更始三年正月丙子尉萌敢言之。EPT49.35

正月丙戌尉史忠封。EPT50.9

陽朔二年八月丙辰除。EPT50.37

②用作人名。（《漢語大詞典》P216）如"丙"、"王丙"（王丙應該類似后代我們所說"王某"或"某某人"，為不確指代稱，簡中亦見"貝丘某里王甲"、"居延某里王乙"。）。

◇戍餔時誠北卒世受臨木卒丙，下餔◇時付吞遠卒壽。EPT52.365

居延某里王丙舍在某辟。EPT56.113

◇貰賣雒皁復袍縣絮壯一領直（值）若干千，觻得◇東西南北入，任者某縣某里王丙，舍在某里◇。EPT56.208

並（并）

Bìng

①聚合;湊合。(《漢語大詞典》P772)

並以錢卅二萬付粟君妻業。EPF22.10

並以錢卅二萬付粟君妻業。EPF22.24

②副詞。普遍;全都。(《漢語大詞典》P772)

右隊(燧)長四人並居當曲隧(燧)。EPF22.264

右隊(燧)長四人並居臨桐隧(燧)。EPF22.265

③副詞。一起;一同。(《漢語大詞典》P772)

凡并(並)直(值)六千五百一十二。EPT50.136

凡並直(值)二千◇。EPT51.302

韋綺錢少百,並直(值)七百。EPT52.493B

◇□利卒,臧並直(值)二百廿,二百錢以◇。EPT53.103

◇□一,并直(值)六百□◇。EPT59.501

凡並為錢二萬四千六百,皆在粟君所。EPF22.13

④人名。如"並"、"成並"、"董並"、"郭並"、"孟並"、"寧並"、"宋並"、"孫並"、"肖並"、"徐並"、"王並"、"張並"、"周並"、"朱並"、"淖並"。

一事集封,十月己未令史並封◇。EPT51.304

掾宣、守屬長、書佐並。EPT59.548B

出粟三石三斗三升少,給伏胡隊(燧)長綦臨五月食,四月戊午卒成並取。ESC.31

◇臨利里董並年廿四。EPT4.60

武賢隊(燧)卒郭並。EPT43.71

第卅一隊(燧)長孟並。EPT4.82

第三隊(燧)長甯並。EPS4T2.130

止北隊(燧)長宋並◇。EPF22.220

◇孫並取雞一隻◇。EPT43.206

不侵隧(燧)卒王並◇。EPT5.147

◇九石三斗三升少,給孤山候長王並五月人馬食,◇。ESC.48

第十候史肖並。EPF22.576A

驗問隊(燧)長徐並。EPT44.30A

桼(七)月癸卯卒張並取。EPT4.44

吞遠卒周並。EPT5.13

◇卒朱並,五月食二斛二斗二升少,五月癸未◇。EPT59.182

卒史淖並,八月奉(俸)千二百,以償其◇。ESC.82

⑤地名。如"並居"。

將軍當行塞,候長及并居隊(燧)借六尺延扁席如牒。EPF22.278

病

Bìng

重病;傷痛嚴重。(《漢語大詞典》P4847)在《居延新簡》中,"病"后面可以跟表示具體的病的名稱或病徵表現的詞。如"病傷寒"、"病寒熱"、"病咳短氣"、"病頭痛";也可以跟表示生病部位的詞,如“病左足”;還可以和動詞連用,表示病的后果,如“病傷臟”、“病攣右脛”。

三月中病苦寒炅(熱)。EPT4.51A

◇六日病傷臟。EPT9.3

◇昌病有廖。EPT31.4

◇所逐驗大逆無道故廣陵王胥御者惠同産茀故長公主茀卿◇字中夫,前為故大(太)子守觀奴嬰齊妻,嬰齊前病死,麗戎從母捐◇。EPT43.92

◇母病困命在旦夕。EPT44.34

甲寅盡己未積五日病不迹。EPT51.206

詰曰不◇云以婦病為解。EPT51.222

病甚痛無□。EPT51.233A

甲渠言鉼庭士吏李奉、隊(燧)長陳安國等年老病。EPT51.319

母病死九月◇。EPT51.721

田舍,詐移病書,君◇。EPT52.281

□董充,迺三月癸巳病攣右脛,雍(臃)種(腫)◇。EPT53.14

五鳳三年四月丁未朔甲戌候史通敢言之官,病有廖,即日視事,敢言之。EPT53.26

第十七候史賞病有廖,詣官謁◇。EPT59.119

◇鳳五年三月病卒名籍。EPT56.210

◇六月辛巳病寒炅(熱)。EPT56.318

◇西安國里孫昌即日病傷寒頭廎(痛),不能飲食,它如◇。EPT59.157

◇正月壬午病左足,癃□刺。EPT56.339

◇辰到累胡迎受四年戍卒,即日病頭恿(恫)。EPT58.28

右病診爰書。EPT59.80

第十五◇歸養病十日。EPT65.117

病欬(咳)短氣,主亭隧(燧)七所,呩呼。EPT68.5

迺二月壬午病加兩脾雍(臃)種(腫),匈(胸)脅丈(漲)滿,不耐食飲,未能視事。EPF22.80

謹寫移隊(燧)長黨病書如牒。EPF22.82

病致醫藥加恩仁恕,務以愛利省約為首。EPF22.246

謹案:湯自言病,令子男殄北休,隊(燧)長詡自代乘隧(燧)。EPF22.340

獲衣幘,使吏張業下亭言小病,叩頭◇。EPF22.530

◇□中助薪,病者三日一飲,久病者◇。EPF22.817

帛

Bó

絲織物的通稱,王莽時候也用作官俸。(《漢語大詞典》P1740)

次呑隊(燧)長時尚桼(七)月祿帛三丈三尺。EPT6.76

今張掖發兵屯諸山谷,麥熟石千二百,帛萬二千,牛有賈(價),馬如故。EPF22.325A

最凡卒閣三十一人,帛百四十六匹。EPF22.263

今餘帛一匹直(值)四百七十七。EPT59.345

止害隊(燧)卒張駿受閣帛一匹,甲渠尉取,直(值)穀◇。EPT65.160

鄣卒田惲受閣帛一匹,出帛一匹,從客民李子春買□◇。

EPT65.130

鄣卒王□,出帛一丈為母治繻。EPT65.106

按:《漢書・王莽傳》:"(天鳳三年)五月莽下吏禄制度曰:予遭陽九之阸,百六之會,國用不足,民人騷動。自公卿以下一月之祿十緵布二匹,或帛一匹。"

博

Bó

①文例見【博賣】

②通曉;通達。(《漢語大詞典》P384)文例見【博士】

③用于人名。如"博"、"敦博"、"樂博"、"王博"、"刑博"、"尹君博"、"張博"。

騎士夏良言:博盜良茭。EPT20.13

十二月丁丑掾博奏發。EPT51.81

敦博叩頭白,一意毋有愛怒力當意臧,以事幸,叩頭請丘君不可比◇。EPT59.75A

付昌部候長樂博。EPT50.23

王博自言不得十一月食。EPT40.25

第卅四隊(燧)長王博七月奉(俸)錢六百□史卒稟名籍。EPT52.423

建武八年十月庚子,甲渠守候良遣臨木候長刑博◇。EPF22.698A

張博、史臨辭曰:黨閏月中受刑博魚廿頭。EPT20.11

尹君博、路子然、單少平、張幼文、卜子思五人記◇。EPT48.65

◇隊(燧)卒王博◇。EPT43.13

④用于地名。如"博南"、"博望"。

舉二苣(炬)火,博南隊(燧)去當谷隊(燧)三百卌步,廣地同亭卒□◇。EPT57.17

趙良蘭越塞,驗問,良辭曰,今月十八日,毋(無)所食,之居延博望亭部采胡于。EPT68.36

◇食,之居延博望亭部采胡于,其□◇。EPT68.48

【博賣】

大批量進行的交易,一般由官府出面進行。本詞不見于《漢語大詞典》。

豤(墾)田以鐵器為本,北邊郡毋(無)鐵官,印器內郡,令郡以時博賣予細民,毋令豪富吏民得多取販賣細民。EPT52.15

按:《漢語大詞典》未見"博賣",僅有"博買"一詞,釋義為"宋時稱官府收買外來商品"。按《居延新簡》此條文義,"博賣"乃是政府按季節把鐵器賣給農民,並且明確規定不准一些特權人士從政府手中買出后囤積販賣以牟利。傳世文獻中亦見"博賣"一詞,最早見于宋代文獻。

《宋史·食貨下六》:"于成都府置博賣都茶場。"《宋史·食貨七》:"博賣白礬價:晉州每馱二十一貫五百,慈州又增一貫五百。……散賣白礬坊州斤八十錢,汾州百九十二錢。"《續資治通鑑長編》卷二百九十五:"除乳香以無用不許進奉及挾帶上京并諸處貨易外,其餘物並依常進貢博賣。"《文獻通考·征榷考二》:"皆博賣於人,又有散賣者。"

"博賣"與"散賣"對言,"博賣"以"馱"計,"散賣"以"斤"計,似為現在所謂的批發。

【博士】

學官名。六國時已有博士,秦時亦有,漢承秦制,漢文帝置一經博士,武帝時置五經博士。(《漢語大詞典》P385)

◇臣嘉、博士臣顯、臣當◇。EPT49.32

按:《周禮·天官·大宰》:"一曰官屬以舉邦治。"下鄭玄轉引鄭衆云:"官屬謂六官其屬各六十,若今博士、大史、大宰、大祝、大樂屬大常也。"《漢書·百官公卿表》:"武帝太初元年更曰廟祀,初置太卜博士,秦官,掌通古今,秩比六百石,員多至數十人;武帝建元五年初置五經博士,宣帝黃龍元年稍增員十二人。"《漢書·成帝紀》:"詔曰:古之立太學,將以傳先王之業,流化於天下也。儒林之官,四海淵原,宜皆明於古今,溫故知新,通達國體,故謂之博士。"

薄

Bó

①厚度小。(《漢語大詞典》P5545)

府移大將軍莫(幕)府書,曰:姦(奸)黠吏民作使賓客私鑄作錢,薄小不如法度。EPF22.38A

②味淡。(《漢語大詞典》P5545)例見【薄酒】

③一種植物。《居延新簡》中以"束"言者,有"薄"、"茭"、"葦"、"蒲"、"韭","薄"之具體所指待考。

◇□□候長張惲伐薄三十束。EPT59.95

④通"簿"。冊籍;記載用的本子。不見于《漢語大詞典》。

左右不射皆毋(無)所見,檄到令卒伐慈萁治薄更著,務令調利,毋令到不辦,毋忽如律令。EPF22.291

始建國四年九月壬午朔辛亥甲溝鄣候□敢言之,謹移驅望(望)隊(燧)長張曼乘塞外薄,謁以詔書增曼勞敢言之。EPT59.348

◇□□令史□□閱薄多亭名五。EPT4.74

⑤逼近,靠近。(《漢語大詞典》P5545)

元始三年六月乙巳朔丙寅,大司徒宮、大司空少傅豐,◇車騎將軍、左將軍□□□□□中二千石、州牧、郡大(太)守◇□□□九萬半五千叢輕折軸,積薄中天,不慎微小,故多窮貧,子◇□數□千,羔羊萬餘,芻稾積如山。EPS4T1.12

按:《左傳・僖公二十三年》:"曹共公聞其駢脅,欲觀其裸。浴,薄而觀之。"孔穎達疏:"薄者,逼近之意。"

⑥用作人名。如"薄"、"李薄"、"張薄"。

薄叩頭叩頭。EPT50.6A

◇□司空嗇夫李薄。EPT52.283

代張薄。EPT2.11

【薄酒】

味淡的酒,也用作一種自謙的話。不見于《漢語大詞典》。

薄酒少少,謁官掾□前,溺◇。EPT57.55B

簸

Bǒ

揚米去糠秕。大字典釋義為"揚米去糠"。(《漢語大詞典》

P5259）

第十九:碓磑扇隤舂簸揚。EPT6.90

按:《急就篇・卷三》"碓磑扇隤舂簸揚"下顏師古注:"舂則簸之揚之,所以除糠粃也。"據觀察現在用簸箕簸糧食時,除去的不僅是糠,還可以簸去那些單位重量偏輕,沒有發育好的糧食顆粒,即"粃"。

逋

Bū

①逃竄,逃亡。(《漢語大詞典》P6288)

◇方有警備,蓬(烽)火通,永聞有追逋不詣署,作◇。EPF22.376

數逋亡離署。EPT40.41

②拖欠;積欠。(《漢語大詞典》P6288)

□□負償逋未入者□◇。EPT4.27

◇敬老里男子許明,出逋更茭□算錢少。EPS4T2.136

入元年五月、六月逋更錢千二百,五鳳三□◇。EPT56.98

平以逋馬食榜稈六石◇。EPT51.291

餔

Bū

晚飯;飯食。(《漢語大詞典》P7344)例見【餔比】【餔後】【餔

時】【下餔】

按:《説文·食部》:“餔,日加申時食也。”申時為“晡”,漢以前文獻不見“晡”字,《説文》亦無“晡”字。“晡”應為后起字,最早至《説文》時代,還沒有被列為正字,疑為“餔”之分化字。“餔”沿着“飯食”的序列引申;而“晡”則沿着“時間”的序列引申。

“餔”分化為“餔”和“晡”至遲在漢代已經發生,隻是二者的意義區別不是太明顯,“餔”的“晚飯”義本身即隱含時間,初時二者經常有混用現象,如“餔時”和“晡時”,“下餔”和“下晡”。當然,後來隨着“晡”繼續沿着“時間”義引申,而“餔”沿着“飯食”義引申,二者意義漸趨分開。大字典釋“餔時”之“餔”為傍晚,似為不妥:1.“餔”之本義為太陽西斜時吃飯,其雖然隱含時間,但並不是“餔”本身即指“傍晚”這一時間段。2.“晡時”確實是指時間,與“餔時”所指時間段確實相同,二者字形上既然已經有了分化,意思上似也應該有所區別。“餔時”似釋為“吃晚飯的時間,指傍晚”為好,如果以《説文》為准,“晡”應該是“餔”的后起分化字,應以“餔”為準。《居延新簡》中有“五月廿五日參餔時受萬年驛卒徐訟合二封。EPT49.45A”,“參餔時”疑應為“吃第三頓飯的時候”,《居延新簡》中另有“餔後”,應指“晚飯後”,以上二者亦可旁證“餔”非“傍晚”義也。《居延新簡》中亦有“日餔時”的説法,應指“太陽運行到吃晚飯的時間的地方”,至今農村中的老人仍有根據太陽所處位置確定時間並安排自己行動的習慣,在當時的條件下,以太陽所處位置定吃飯的時間應該很正常。另《漢語大詞典》列“餔”的前兩個義項為:1.晚飯;2.引申指飯食,食祿。筆者以為“飯食”義為近義引申,可歸義項一,而“食祿”義似可單立一個義項。

【餔比】

餐具的一種,取食的用具,類似于后代的羹匙,具體形制待考。

餔比一枚。EPT5.15

按:東漢時代的武威醫簡多次出現"方寸匕"一詞,為量藥的器具,到現在,一些中醫說明書上還會出現"每頓飯後飲一勺"這種計量方式。疑漢代"匕"和"比"二者用途不同,"比"為餐具,而"匕"專用作量藥器具,且大小有一定的規格,如武威醫簡中的"方寸匕",應是長寬均為一寸的器具,這大概更像我們現在仍然能看到的日式拉麵中的羹匙。《說文·匕部》:"匕,相與比敘也。從反人。匕亦所以用比取飯,一名柶。"看來"比"應該是為了區別其量具意義而後起的新字,指用來吃飯的器具,而"匕"者,"相與比敘也",暗合其量具用途。

【餔後】

晚飯后的時間,即傍晚,比"餔時"要晚。不見于《漢語大詞典》。

即日壬申餔後遣,五月壬寅府告甲渠鄣候,遣乘隊(燧)騎士王晏、王陽、王敞、趙康、王朢(望)等五人,借人乘,隊(燧)長徐業等自乘隊(燧)。EPF22.473A

即日癸酉餔後遣之官,日時在檢中,到課言。EPF22.474B

◇餔後受遣,甲戌到官。EPF22.552

【餔時】

吃晚飯的時間,即傍晚。(《漢語大詞典》P7345)

戊午餔時起第廿三。EPT50.125

餔時時勲付城北助隊(燧)長王明。EPF22.142

迺癸亥餔時望◇。EPT48.135A

新除第廿一隊(燧)長常業代休隊(燧)長薛隆,迺丁卯餔時到官,不持府符。EPF22.170

五月廿五日参餔時受萬年驛卒徐訟合二封。EPT49.45A

餔時付第十三隊(燧)長王習,習即日下餔付第十隊(燧)助吏陳當。EPF22.343

北隊(燧)長岑,餔時勳付城北隊(燧)助吏王明。EPF22.464

君馳推闢到吞遠隊(燧),逢臨木守候長業,傳言其餔時木中◇。EPF22.489

◇戌餔時誠北卒世受臨木卒丙,下餔◇時付吞遠卒壽。EPT52.365

委以甲寅餔時至候官。EPT50.165A

□壬子餔時到官,留遲。EPF22.507

◇即日餔時◇。EPT52.777

檄即日餔時起臨木。EPT51.232

吏捕□之亭日餔時。EPT51.240

四月己未日餔時第一隧(燧)長巨老以來。EPT56.47

隆辭曰,◇分月十一日月盡日餔時出至□◇。EPF22.458

書即日餔時起候官。EPT56.6A

◇餔時發部,廿四日昏時到◇。EPT59.790

三月戊午餔時入。EPT43.5

四月辛酉餔時入◇行塞。EPT5.83

◇五月己丑餔時當曲卒騂受◇,◇夜半臨木卒周付卅井卒元◇。EPT51.351

捕

Bǔ

捉拿。(《漢語大詞典》P3634)

又恩子男欽,以去年十二月廿日為粟君捕魚。EPF22.26

建◇居延◇卌井◇□□□官奴婢捕虜乃調給,有書。EPF22.580

越塞于邊關,儌(徼)逐捕未得。EPF22.363

有能生捕得反羌從儌外來為閒候動靜中國兵,欲寇盜殺略人民,吏增秩二等,民與購錢五萬,從奴它與購如比。EPF22.233

明詔捕虜購賞封錫捕虜斬首有功者,候長張況。EPF22.447A

乏候望,輒捕,詣官行法戒之。EPF22.551

宣等皆以書□□□庶士,典主跡候、捕盜為職,□◇。EPF22.684

□□□□之男子□□令捕盜牛者王成,□□□。EPS4T2.19

毋令名捕過留部界中不得畢已言。EPT51.95

◇巳朔有輒捕案致◇。EPT51.709

山及竹若汶澤中敢有羣輩三人以上為盜,賊殺吏民及強盜者,有能斬捕渠率,予購錢十萬,黨與,人三萬。ESC.7A

◇執胡隊(燧)長曹憙不追,私歸邑中,捕得未必求官□◇。EPT59.124A

居成閒田都田嗇夫孫匡當捕,故掾孫◇。EPT59.265

亟遣追捕多吏卒。EPT2.10

第三隊(燧)長◇新始建國地皇上戊三年正月戊子朔戊申甲溝鄣守候◇始建國五年◇物色年追捕之。EPT4.13

官下名捕詔書曰:清河不知何七男子共賊燔男子李◇強盜兵馬及不知何男子凡六十九人。EPT5.16

補

Bǔ

①修補破衣使完整。(《漢語大詞典》P5339)

二毋(無)裹,穿補。EPS4T1.15

會敝絝元幣(敝),◇,旦日欲使偃持歸補之。EPT51.203B

②謂官職有空缺,選員補充。(《漢語大詞典》P5339)

故吏陽里上造梁普年五十,今除補甲渠候官尉史,代鄭駿。EPF22.58

絮巾一直(值)廿,謹驗問,威辭:迺二年十月中所屬候史成遂徙補居延第三塢長,威以◇不五十,至今年三月中廿三日遂復以錢廿予威,曰以償威所送遂絮錢◇。EPT51.301

◇□廿,今徙補甲渠尉史,代□◇。EPT52.577

甲渠言:尉史陽貧困不田,數病,欲補隊(燧)長,宜可聽。EPF22.327

第十四隊(燧)長居延萬歲里上造馮彊年二十五,始建國天鳳五年正月辛亥除,補甲溝候官尉史,代夏侯常。EPF22.439

府省察,令居延除吏次備補惲等缺,叩頭死罪敢言之。EPF22.351

可補高沙隊(燧)長。EPT27.8

隊(燧)長兒奴換補察虜隊(燧)長,即日遣奴之官。EPT65.95

臨故殄北第八隧(燧)長建平四年六月壬辰換補甲渠候官第十四◇。EPT65.335

不

Bù

①非,不是。(《漢語大詞典》P167)又見【不敬】【不肖】【不足】【不直】【不幸】

當若使育不怒也。EPT49.9

此迹類奴利迹,當不遠,拓□◇。EPT51.341

柃柱廿不堅。EPT57.108B

◇矢六為程,過六賜勞,不滿六奪◇。EPT53.17

◇今人恐不宜也,◇夜相見。EPT59.893A

必視之身中有黑兩桁不絕者。EPT40.202

②副詞。用在句末表示疑問,跟反復問句的作用相等。(《漢語大詞典》P167)

得之不?EPT49.46A

省候長鞍馬追逐具,吏卒皆知薰(烽)火品約不?EPF22.237

省薰(烽)干鹿盧索完堅調利,候卒有席薦不?EPF22.238

省守衙具塢戶調利,有狗不?EPF22.239

天子勞吏士拜,它何疾苦祿食盡得不?EPF22.243

省兵物及簿署□□任用不?EPF22.403

③副詞。表否定。(《漢語大詞典》P167)

◇□□亭中□昏欲復行,直伐胡隊(燧)北,不渡。EPT5.271

徑◇命為氾單路不言。EPT48.14A

甲夜中塱(望)虜游□三□亭不舉火◇。EPT51.19

士民薛幼蘭錢百一十四,不服。EPT51.304

商、育不能行。EPF22.4

積行道廿餘日,不計賈(價)直(值)。EPF22.27

恩辭不與候書相應,疑非實。EPF22.30

自今以來獨令縣官鑄作錢,令應法度,禁吏民毋得鑄作錢及挾不行錢輒行法。EPF22.39

不受卅井關守丞匡,言宮男子王歆等入關檄不過界中。EPF22.137

④用作人名。如"陳不識"。

第四隊(燧)長陳不識粟三石三斗三升少,張歸取。EPT52.1

⑤用作地名。如"不侵"。

日迹從不侵隊(燧)南界盡當曲隊(燧)塞天田◇。EPT48.6

◇正月辛巳雞後鳴九分不侵郵卒建受吞遠郵卒福。EPT51.6

武賢隊(燧)長鄭武自言負故不侵候長徐輔六百□◇。EPT52.126

不侵隊(燧)長石匡,正月食三石。EPF22.85

十一月辛丑,甲渠守候告尉,謂不侵候長憲等寫移檄到,各推辟界中相付受日時具狀。EPF22.151C、D

不侵部,弦四十八。EPF22.184

【不更】

爵名。為漢時四級爵。(《漢語大詞典》P175)

◇定陶大樂里不更張賀年◇。EPT58.56

按:《漢書·百官公卿表上》:"爵:一級曰公士,二上造,三簪裊,四不更。"

【不敬】

漢代罪名之一。不見于《漢語大詞典》。

◇□言不敬,謾,非大不敬,在第三卷五十。EPF22.416

不候朢(望),利親奉詔不謹、不敬,以此知而劾,時◇六九五十四。EPT52.222

◇□言不敬,謾,非大不敬,在第三卷五十。EPF22.416

按:《漢書·翟方進傳》:"慶有罪未伏誅,無恐懼心,豫自設不坐之比;又暴揚尚書事,言遲疾無所在,虧損聖德之聰明,奉詔不謹;皆不敬。"顏師古注:"既自云不坐,又言遲疾無所在,此之二條於法皆為不敬。"

【不肖】

自謙之詞。(《漢語大詞典》P175)

◇勞官事,因言不肖等◇。EPT52.325A

【不幸】

指死,為一種委婉的說法。不見于《漢語大詞典》。

第廿七隊(燧)長宣妻不幸死。EPT48.138

木中隊(燧)長徐忠同産姊不幸死。EPT50.9

第十隊(燧)長朢(望)母不幸死,詣官取急,◇。EPT52.213

自言父姊不幸,願取急。EPT54.3

◇大母業病不幸◇。EPT59.455

第二十一隊(燧)長薛隆父母不幸,詣官取急。EPT65.54

按:此用法見于傳世文獻。《漢書·蘇武傳》:"來時,大夫人已不幸,陵送葬至陽陵。"顏師古注:"不幸亦謂死。"

【不直】

不正;不公。為秦漢時代罪名之一。(《漢語大詞典》P177)

須以政不直者法亟報。EPF22.35

按:《睡虎秦簡·法律答問 191/115》:"罪當重而端輕之,當輕而端重之,是謂'不直'。"《史記·秦始皇本紀》:"三十四年適治獄吏不直者築長城及南越地。"《史記·張敞傳》:"臣敞賊殺無辜,鞠獄故不直,雖伏明法,死無所恨。"

【不足】

不充足,不夠。(《漢語大詞典》P175)

◇辱少不足者。EPT49.40A

移四月以往卒食少不足名。EPT6.75

布

Bù

①用麻、葛、絲、毛等纖維織成的材料,可制作衣物。王莽時曾用作俸祿。《漢語大詞典》作"用麻、葛、絲、毛及棉花等纖維織成的可制衣物的材料"。(《漢語大詞典》P1728)

◇二月祿布二匹,◇。EPT59.297

二月祿布三丈六尺。EPT27.10

市記:為蘇長買練六□◇,為靳奴買布六尺□◇。EPT52.112

布襲一領。EPT51.384

布復襲一。EPT52.332

布繻(襖)一領。EPT51.387

布復襦一領,衣。EPT51.378

白布單襦一領。EPT52.187

皁布單衣一領,衣,◇。EPT51.378

黃布禪衣一領。EPT52.93

布小禪一兩,身,◇。EPT59.51

皁布章禪衣一領。EPF19.12

白布禪一領,毋(無)。EPT52.92

◇白練絝一,皁布單絝一,◇。EPT52.141

黃布絝一兩,毋(無)。EPT52.139

皁布複絝一兩,已。EPF19.12

□白布襲單蜀褎一。EPT52.138

白布單二枚。EPT52.94

□布複袍一領。EPF19.12

布褌一兩。EPT51.67

布禪褕一領。EPT52.93

布絿(襪)一兩。EPT52.93

戍卒東郡聊成昌國里䜌何齊。貰賣七稯布三匹,直(值)千五十,屋蘭定里石平所。EPT56.10

長七尺二寸,為人中狀,黑色圓面,初亡時衣白布單衣,組(粗)布,步行。ESC.9A

布帬(裙)一,衣。EPT56.86

布橐一。EPT52.820

布巾一。EPT56.101A

按:《釋名·釋綵帛》:"布,布也。布列衆縷為經,以緯橫成之也。"《漢書·王莽傳》:"(天鳳三年)五月莽下吏禄制度曰:予遭陽九之阸,百六之會,國用不足,民人騷動。自公卿以下一月之祿十緵布二匹,或帛一匹。……今阸會已度,府帑雖未能充,略頗稍給,其以六月朔庚寅始,賦吏禄皆如制度。"

②遍布;分布。(《漢語大詞典》P1728)又見【分布】

當以時殄滅,方民布在田野,不勝願,願受部。EPT65.331

月生,民皆布在田野。EPF22.167

③王莽時使用的貨幣之一。文例見【大黃布】

步

Bù

①步行,用腳走。(《漢語大詞典》P2875)文例見【步行】

②踏;光臨。《漢語大詞典》僅有"踏"義,且所舉例證為唐代。(《漢語大詞典》P2875)

因□◇長定忠欲有所道,叩頭報,尊幸步足下之道上,見思報事。EPT56.347A

◇願君卿、舒君幸步。EPT58.94A

③漢代長度單位之一。周代以八尺為步,秦代以六尺為步。(《漢語大詞典》P2875)

◇去北界一里百五十五步,◇去南界一里一十五步。EPT52.107

鞮汗里九百萬年宅一區,毋(無)門,離決長十步。EPT53.40

◇□廣二百二步,◇。EPS4T2.159

◇十五步,凡葆天田四里八十七步半步,◇。EPT51.532

◇去河二百卌三步。EPS4T2.159

◇去第四隧(燧)九百,奇百一十七步。EPS4T2.159

六里百八十九步可作墼,用積徒千□百七十五人。EPT57.77

二里五十步,可作橿格,下廣丈二尺,上廣八尺,高丈二尺,積卌六萬八千尺。EPT58.36

廣七千一步,從二千七十步,積十四萬七千卌步。EPT57.78

舉二苣(炬)火,博南隊(燧)去當谷隊(燧)三百卌步,廣地同亭卒□◇。EPT57.17

天田埒八十步不塗,負一。EPT59.6

右堠南隊(燧)南到常固隊(燧)廿里百六十四步,其百一十五步沙不可作垣松墼。EPT57.77

縣索三行一里卌六步幣絕不易,負七算。EPT59.6

甲渠第廿六隊(燧)北到第廿七隊(燧)二里百八十一步。EPT5.17

◇□□車馬中央未合廿步,溜漉不可◇。EPT65.230

按:《禮記·王制》:"古者以周尺八尺為步,今以周尺六尺四寸為步。古者百畝當今東田百四十六畝三十步。"鄭玄注:"周尺之數未詳聞也。案禮制周猶以十寸為尺,蓋六國時多變亂法度,或言周尺八寸,則步更為八八六十四寸。以此計之,古者百畝當今百五十六畝二十五步。"《史記·秦始皇本紀》:"數以六為紀,符、法、冠皆六寸,而輿六尺,六尺為步。"《急就篇·卷三》"頃町界畝畦埒封"下顏師古注:"田百畝為頃,平地為町,一曰町治田處也。周制百步為畝,自漢以來二百四十步為畝。”

④用作地名。如“步利里”、“步昌里”、“步廣”、“鄭步亭”。

甲渠候長觻得步利里張禹自言。EPT51.104

已稟步利官□□小石□百六十□石□斗二升□□。EPT56.30

◇年廿三,庸步昌里公乘李毋憂年卌一,代。EPT52.26

◇□□年廿五庸同縣步昌里公乘□都年卅八。EPT52.308

地節三年十月壬辰步廣卒◇□願以令取寧,唯府告甲渠候官予寧敢言之。EPT53.70B

狀辭皆曰,陳樂以建平二年二月中除為鄭步亭長,郭樂◇樂部□樂放詣,今言卅井徼迹卒李孝□。ESC.12

◇□居延中宿里,年卅六歲,姓陳氏,為鄭步亭長。ESC.14

【步行】

徒步行走。(《漢語大詞典》P2875)

卒步行,出塞不齋食。EPT65.291

衣白布單衣、繻絝,步行。ESC.11A

長七尺二寸,為人中狀,黑色圓面,初亡時衣白布單衣,組(粗)布,步行。ESC.9A

部

Bù

①軍隊等的領導機構或其所在地。(《漢語大詞典》P6191)

推木部,糸弦四十六。EPF22.181

萬歲部四月都吏□卿行塞舉。EPT50.44

吞遠部,糸弦四十四。EPF22.183

誠北部,糸弦五十四。EPF22.182

不侵部,弦四十八。EPF22.184

第四部,弦四十四。EPF22.176

日迹行廿三里,久視天田中,目玄,有亡人越塞出入◇它部界中,候長候史直日迹,卒坐匿不言迹,◇。EPT51.411

謹案:部吏毋(無)作使屬國秦胡盧水士民者,敢言之。EPF22.43

甲渠言部吏毋(無)嫁娶過令者。EPF22.44

甲渠言部吏毋(無)犯四時禁者。EPF22.49

②行政區域名。(《漢語大詞典》P6191)漢代"部"的行政區劃與"郡"或"州"大致相同。

建平三年五月庚戌朔己未,治書侍御史聽天、侍御史朢(望)使移部刺史、郡大(太)守諸侯相、◇。EPT43.31

九月乙亥涼州刺史柳使下部郡大(太)守、屬國、農都尉承書從事下當用者,明察吏有若能者勿用,嚴教官屬,謹以文理遇百姓,務稱明詔厚恩,如詔書。EPT54.5

陽朔三年正月盡十二月府移大司農部掾條。EPT52.470B

◇都水大司空、右大夫使護宛保忠信卿、六卿中室、御僕、黃室御、保成師傅◇長、六隊(隊)大夫、州部牧監、郡卒正、連率、庶尹、關農溝曼大(太)尉承書從事下當用者三十二。EPT59.155A

按:《漢書・地理志》:"至武帝攘卻胡、越,開地斥境,南置交阯,北置朔方之州,兼徐、梁、幽、并,夏、周之制,改雍曰涼,改梁曰益,凡十三部,置刺史。"《漢書·平帝紀》:"(元始元年置)大司農部丞十三人,人部一州,勸農桑。"

③門類,類別。(《漢語大詞典》P6191)文例見【部居】

④用作人名。如"輔部"、"尊部"。

士吏輔部甘露三年◇。EPT56.229

不侵候長尊部甘露三年戍卒行道貰買衣財物名籍。EPT56.253

【部烽】

初仕賓在 EPF16.10 下注:"部烽在本冊(指《塞上烽火品約》)指殄北、甲渠、卅井三個塞的標志性符號。"不見于《漢語大詞典》。

塞上亭隧(燧)見匈奴人在塞外,各舉部薰(烽)如品,毋燔薪。EPF16.10

若日且入時,見匈奴人在塞外,各舉部薰(烽)次亭,晦不和。EPF16.11

【部居】

謂以類相聚,按類歸部。(《漢語大詞典》P6192)

分別部居不雜廁。EPT5.14A

◇別部居◇。EPT48.101A

簿

Bù

冊籍,記載用的本子。(《漢語大詞典》P5262)

鴻嘉元年六月省卒伐茭積作簿。EPT50.138

張掖居延甲渠候官陽朔三年吏比六百石定簿。EPT51.306

甲溝言四時簿、本有折傷兵簿。EPT48.141

謹移四月盡六月賦錢簿一編。EPF22.54A

永光四年六月己酉朔□□□□候長齊敢言之謹移吏日迹簿一編敢言之。EPT48.2

九月刺史奏事簿錄。EPT51.418B

甲渠候官綏和元年八月財物簿。EPT50.28

今簿出寅矢二百八十四。EPF22.176

候所移四時簿。EPT48.141

移校簿十牒言府,會◇。EPT52.174

更始二年七月癸酉朔己卯,甲渠鄣守候獲敢言之,府書□□□被兵簿具對府。EPF22.455

萬歲部建武三年七月校兵物少不備簿。EPF22.373

◇又二百八十五償中舍,又負官簿餘錢二百廿◇。EPT52.185

永光四年十月盡五年九月戍卒折傷牛車出入簿。EPT52.394

三月簿餘盾六十桼(七),校見六十桼(七),應簿。EPF22.314

◇拘校,令與計簿相應。EPT52.576

甲渠候官竟寧元年吏員簿。EPT51.23A

入八石弩糸承弦二,受全兵簿。EPF25.5

臨渠官種簿。EPT56.29

建始元年六月省卒茭日作簿。EPT52.51

甲渠候官建平二年閏月守衙器簿。EPT55.5

◇訾直(值)伐閱簿一編敢言之。ECPT7.9

C

財

Cái

①金錢、物資的總稱。(《漢語大詞典》P5952)

◇告,乃問尊,對曰:迺四月庚子夜失火,延燔尊錢財衣物各如牒,證◇。EPT52.207

②通"裁"。裁定。(《漢語大詞典》P5952)

司馬、千人、候、倉長、丞、塞尉職閒,都尉以便宜財予,從史、田吏如律令。EPF22.70

以新除故,請財適三百里,以戒後。EPT5.6

教廿七日,以候長素精進故,財適五百束。EPF22.574A

③用作人名。如"財"、"鞠財"。

十二月丁酉第七卒財以來。EPT50.207A

戍卒東郡清世里鞠財。EPT51.111

【財物】

金錢物品的總稱。(《漢語大詞典》P5952)

先以證財物故不以實,臧(贓)五百以上。EPF22.1

謹移正月盡六月財物簿一編。EPF22.55A

又以其所捕斬馬牛羊奴婢財物盡予之。EPT52.569

建平三年七月己酉朔甲戌尉史宗敢言之,迺癸酉直符一日

一夜，謹行視錢財物臧内户封皆完，毋（無）盜賊發者。EPT65.398

犯者沒入所齎奴婢財物縣官。EPF22.45A

甘露二年五月已丑朔戊戌候長壽敢言之，謹移戍卒自言貰賣財物吏民所定一編敢言之。EPT53.25

右張忠錢財物直（值）錢出入簿。EPT51.88

◇載縣官財物不如實，予有執家，輒販於民□取利，具移◇。EPT59.241

【財用】

財物。（《漢語大詞典》P5952）

謹移卒輸官財用券墨如牒。EPT2.9A

黨私使丹持計篋財用助譚。EPT20.14

（一）**音不祥**。

用作人名。如“參”、“高參”、“侯參”。

甲辰下餔時臨木卒得付卅井城勢北卒參，界中九十八里，定行十時，中程。EPW.1

掾陽、守屬恭、書佐參。EPF22.462B

◇高沙卒柳參。EPT50.160

◇胡卒侯參◇。EPT59.301

（二）**Sān**

①通“三”。（《漢語大詞典》P1093）

◇追逐格鬬有功,還畜參分,以其一還歸本主。EPF22.228

②指三分之一斗。考釋見“半”。不見于《漢語大詞典》。

閏月二日有黄米四參,月二日又舂一石米六斗,計訖二日算。EPT56.76A

餐(湌)

Cān

湌,通“餐”。吃,吞食。(《漢語大詞典》P7345)例見【餐食】

按:《説文・食部》:“餐,吞也。湌,餐或從水。”

【餐食】(湌食)

吃飯;飯食。(《漢語大詞典》P7345)

◇湌(餐)食如常。EPT44.8A

君萬年湌(餐)食如常。EPT44.4A

少平湌(餐)食如常。EPT44.5

志傳謝張次叔□◇為高執事起居平善湌(餐)食如常,甚善善。EPT65.200A

願君加湌(餐)食永安萬年。EPT44.4B

願君◇且慎風寒、謹候望、忍下愚吏士、慎官職、加強湌(餐)食、數進所便。EPT44.8B

始春不節適薄合強湌(餐)食。EPT43.56

◇頭,絕餐食◇。EPT51.426A

倉（蒼）

Cāng

①儲藏糧食的場所。（《漢語大詞典》P609）又見【倉庫】【倉長】

吞远隊（燧）倉新始建国地皇上戊二年◇。EPT65.135

入穀受城倉。EPT48.137

◇男子字游，為麗戎聟，以牛車就（僦）載，藉田倉為事，始元◇。EPT43.92

秋當蚤糴（糴），書到，豫繕治倉臾。EPT52.396

倉穀車兩名籍。EPT52.548

吞遠倉。EPT51.157A

六月丙午殄北鄣守候城倉守◇書相報，不報者重追之。EPT52.16A

吞遠倉吏卒剌。EPT43.30B

最倉三所。EPT5.78

◇居攝二年正月甲午倉嗇夫戎付訾家平□里□◇。EPT43.65

倉曹呂史召官◇。EPT65.370

給水北吏五十九人，五月食桼（七）十五斛，用城倉穀，長吏迎受。EPT65.55A

孤山隊（燧）倉穀出入簿一編，◇。ESC.107

②匆忙急迫。（《漢語大詞典》P609）文例見【倉卒】

③用作地名。如"倉里"、"山倉縣"。

張掖居延戍卒魏郡武安倉里◇。EPT50.142

施（弛）刑屯士沛郡山倉縣蔡里趙延年。EPT58.3

④用作人名。如"夏侯倉"、"侯倉"、"孟倉"、"周倉"。又見【蒼頡】

四月壬戌,府告甲渠鄣候遣乘隊(燧),第五隊(燧)騎士郭陽,第十八隊(燧)候騎士夏侯倉。EPF22.474A

隊(燧)長侯倉、候長樊隆皆私去署,誠教敕吏毋(無)狀,罪當死。EPF22.424

右□從吏孟倉,建武五年桼(七)月丙申假濟南劍一,今倉徙補甲渠第七隊(燧)長。EPT59.574、575、576

甲渠察微隊(燧)長周倉靳干一。EPT51.133

【倉卒】

匆忙急迫。(《漢語大詞典》P610)

◇□□起居□毋昨日頃□□□倉卒不及一一二□□□。EPT26.27B

倉卒為記不一二。EPT65.200A

按:此用法亦見于傳世文獻:《漢書・王嘉傳》:"今諸大夫有材能者甚少,宜豫畜養可成就者,則士赴難不愛其死;臨事倉卒乃求,非所以明朝廷也。"

【倉庫】

貯存保管大宗物品的建築物或場所。(《漢語大詞典》P610)

建始二年十月乙卯朔丙子令史弘敢言之,迺乙亥直符,倉庫戶封皆完,毋(無)盜賊發者,敢言之。EPT52.100

【蒼頡】

《漢語大詞典》作"倉頡"。古代傳說中的漢字創造者。司馬遷與許慎均認為是黃帝時的史官。《史記》據《世本》以為是黃帝時的史官。(《漢語大詞典》P610)

蒼頡作書。EPT50.1A

蒼頡作書。EPT50.134A

蒼頡作書,以教後子,◇□史□□。EPT56.40

按:(漢)許慎《說文解字・序》:"黄帝之史倉頡,見鳥獸蹏迒之迹,知分理之可相別異也,初造書契。"

【倉長】

主倉之吏。不見于《漢語大詞典》。

右以祖脫穀給,歲竟壹移計居延城司馬、千人、候、倉長、丞、塞尉。EPF22.78

八月戊辰,張掖居延城司馬武,以近秩次行都尉文書事,以居延倉長印封。EPF22.68

建武五年八月甲辰朔戊申,張掖居延城司馬武以近秩次行都尉文書事,居延倉長印封,丞邯告勸農掾褒、史尚,謂官縣以令秋祠社稷。EPF22.153A

居延倉長。EPT51.140

按:關于漢代倉長的記載傳世文獻中僅一見。《漢書・張敞傳》:"敞本以鄉有秩補太守卒史,察廉為甘泉倉長,稍遷太僕丞。"漢代倉長的級別待考,從文獻來看,它低於太僕丞。據《元史・百官志一》記載,元代負責倉庫的官吏稱為"監支納",正七品。

藏

Cáng

①隱藏;潛匿。(《漢語大詞典》P5552)

趙臨開傰藏内戶。EPT50.154

②收藏;儲藏。(《漢語大詞典》P5552)又見【收藏】

錢藏官,候長譚護◇。EPT52.11

曹

Cáo

①分科辦事的官署或部門。(《漢語大詞典》P3043)又見【倉曹】【東曹】【官曹】【功曹】

◇□第十桼(七)候長良詣曹自言兄宣今月◇。EPT59.534

府尉曹李史校兵物。EPT20.9

利榜循,惲各十,因朝朝下馮,嚴,士吏翕俱還到曹前,井西隊(燧)上出□□。EPT65.69

□若為尉曹吏□□□□□◇可縣内吏書□遲汝及張佐□麴轂下◇隨誠耳君邑邑以楷模教□□□□□□◇。EPT5.76A

②姓。(《漢語大詞典》P3043)

◇執胡隊(燧)長曹意不追,私歸邑中,捕得未必求官□◇。EPT59.124A

箕北隊(燧)長曹少季錢三百◇。EPT57.70

□□隊(燧)卒曹永居□□□◇。EPT59.711

王忠記奏曹君。EPT57.16

府尉曹侯義書叩頭奏甲渠候曹君門下。EPT40.208

草

Cǎo

①草本植物的總稱。(《漢語大詞典》P5457)又見【草莽臣】

◇居延以吞遠置茭千束貸,甲渠草盛,伐茭償畢已,言有◇將軍令所吞遠置茭,言會六月廿五日。EPF22.477B

沙中多草土已作治。EPT59.73

◇牛草四日◇。EPT56.400

◇□寅士吏強兼行候事敢言之,爰書:戍卒潁川郡長社臨利里樂德,同縣安平里家橫告曰,所為官牧橐他◇戊夜僵卧草中以□行,謹案:德、橫□到橐他尉辟推,謹毋(無)刀刃木索迹,德、橫皆證所言它如爰書,敢◇。EPT57.85

◇山林燔草為灰。EPT5.100

②草稿;底本。(《漢語大詞典》P5457)

告主官掾:更定此草。EPT17.5

令史譚奏草。EPT31.1

【草莽臣】

猶賤臣。多為自稱。不見于《漢語大詞典》。

◇□□公□草莽臣鎮眛死再拜,上書◇。EPT52.318A

按:此用法亦見于傳世文獻:《說文解字》卷十五下:"召陵萬歲里公乘艸莽臣沖(許慎之子)稽首再拜上書皇帝陛下。"荀悅《漢紀·孝元二》:"劉向以草莽臣上書曰:'臣聞舜命九官,濟濟相讓,和之至也。'"

察

Chá

①考察;調查。(《漢語大詞典》P2118)又見【督察】【考察】【省察】

九月乙亥涼州刺史柳使下部郡大(太)守、屬國、農都尉承書從事下當用者,明察吏有若能者勿用,嚴教官屬,謹以文理遇百姓,務稱明詔厚恩,如詔書。EPT54.5

②用作地名。如“察微”、“察虜”。

察微隊(燧)大積薪二、小積薪一。EPT51.188

察微隊(燧)戍卒陳留郡傿寶成里蔡帛子。EPT51.122

白馬察微卒臨市里◇。EPT57.27

隊(燧)長兒奴換補察虜隊(燧)長,即日遣奴之官。EPT65.95

差

Chà

①差別,不同。(《漢語大詞典》P1150)

今為都尉以下奉(俸)各如差。EPF22.70

②低;次;不好。(《漢語大詞典》P1150)

稾矢銅鍭六,干呩呼,二差折,負八算。EPT50.2

寅矢銅鍭二差補不事用,二干呩呼,二羽幣,負十六算。EPT50.2

襜（禪）

Chān

文例見【襜褕】

【襜褕】

一種長度過膝的衣服，有單衣和夾衣兩种，樣式有直裾和曲裾，是一種非正式場合穿的服裝，因其寬大而長作襜襜然狀，故名。漢代皇帝或一些大臣可把自己的襜褕賜給手下人，以表示一種寵幸。

布禪褕一領。EPT52.93

◇皁襜褕一領直（值）千四百七十。EPT52.188

◇布襜褕一領。EPT52.186

布襜褕一領，衣。EPT56.69

皁復襜褕一，閣。EPT56.86

複長□□◇□□□□◇布□□□◇布襜褕一領◇。EPT51.221

按：《方言・卷四》："襜褕，江淮南楚謂之𧞤𧝎，自關而西謂之襜褕。"《急就篇・卷二》"襜褕袷複褶袴褌"下顏師古注："襜褕，直裾禪衣也。謂之襜褕者，取其襜襜而寬裕也。"《史記・魏其武安侯列傳》："三年武安侯坐衣襜褕入宮，不敬。"裴駰集解轉引徐廣曰"表云坐衣不敬國除"。司馬貞索引："襜，尺占反，褕音踰。謂非正朝衣，若婦人服也。"《漢書・雋不疑傳》："始元五年，有一男子乘黃犢車，建黃旐，衣黃襜褕，著黃冒，詣北闕，自謂衛太子。"顏師古注："襜褕，直裾禪衣。"《漢書・何並傳》："林卿迫窘，乃令奴冠其冠被其襜褕自代。"顏師古注："襜褕，曲裾禪衣也。"《孔叢子・小爾雅第十一・廣服六》"襜褕謂之童容"下

注:"亦云蔽膝。"《東觀漢記·列傳十六·段熲》:"詔賜(熲)錢千萬,七尺絳襜褕一領,赤幘大冠一具。"《東觀漢記·列傳十三·王阜》:"大將軍竇憲貴盛,以絳罽襜褕與阜,不受。"據簡文襜褕有單衣和夾衣(復襜褕)兩种,非只謂單衣也。《漢語大詞典》從顏師古說,認為是一種單衣。(《漢語大詞典》P5363)簡文中亦有"禪褕",應即"襜褕"也。

産

Chǎn

①生。(《漢語大詞典》P4710)文例見【同産】

②出産。(《漢語大詞典》P4710)

産居延縣。EPT50.10

◇産張掖郡觻得縣。EPT52.214

産居延縣。EPT51.246

③産業。(《漢語大詞典》P4710)文例見【訾産】

④用作人名。如"李子産"。

李子産取腸,直(值)三斛五斗黍。EPT40.76B

⑤用作地名。如"長産里"。

◇郡内黄長産里□黑,毋(無)責◇。EPT53.174

昌

Chāng

①興盛;昌盛。(《漢語大詞典》P2983)

富貴昌宜侯王。EPT59.340A

②善。(《漢語大詞典》P2983)文例見【吉昌】

③用作人名。如"昌"、"昌林"、"段昌"、"东郭昌"、"范昌"、"富昌"、"郭昌"、"李昌"、"呂昌"、"榮昌"、"單昌"、"司馬如昌"、"遂昌"、"孫昌"、"王昌"、"王富昌"、"王般昌"、"吳昌"、"刑昌"、"許昌"、"徐昌"、"虞昌"、"張昌"、"鄭昌"。

一事集封,三月丙戌掾昌封。EPT52.60

備以昌奉(俸)◇□驗問。EPT50.23

◇用中賈人李譚之甲渠官自言責昌錢五百卌八。EPT50.23

◇隊(燧)長昌持牛詣殄北候官。EPT51.65

建武六年四月己巳朔戊子,甲渠守候長昌林敢言之,謹劾狀一編敢言之。EPT68.29

◇壽貴里男子段昌自言大母物故◇。EPT59.389

終古隊(燧)長東郭昌奉(俸)錢六百。EPT51.409

候長范昌字子恩。EPT50.7B

一封范昌印,詣府。EPC.40

□□臨賜富昌謁□□庫佐富昌叩頭叩頭。EPT56.66

居延甲渠終古隧(燧)長郭昌建昭元年七月乙卯除。EPT52.56

第廿七隊(燧)卒安國里上造李昌年卌六,◇。EPT65.460

負呂昌錢二百。EPT51.77

◇□榮昌卿書到此◇。EPT40.167

鉼庭卒董惲、單昌、沐惲。EPT43.39A

◇□武賢、司馬如昌行長史事。EPT51.202

◇甲渠候長遂昌、候史道得日迹簿。EPT58.76

第十二卒孫昌。EPT59.234

◇西安國里孫昌即日病傷寒頭應(痛),不能飲食,它如◇。EPT59.157

◇尉史王昌□□◇。EPT43.352

卒張樂粟三石二斗二升,王富昌取。EPT51.345

◇河東郡皮氏◇里王殷昌衣裝橐。EPT59.363

◇吳昌六月食,五月□◇。ESC.123

止害隊(燧)長刑昌,三月十五日□□◇□◇。EPT59.27

代許昌◇。EPT2.7

逆胡隊(燧)長徐昌◇。EPT14.2

◇虞昌叩頭。EPT50.98

第八隊(燧)卒張昌◇。EPT13.6B

第十隊(燧)長鄭昌。EPW.69

④用作地名。如"昌里"、"昌上里"、"步昌里"、"富昌里"、"安昌里"、"武昌里"、"昌國里"、"高昌里"、"富昌"、"昌部"。

始建國二年正月壬辰訾家昌里齊憙就(僦)人同里陳豐,付吞遠置令史長。EPT59.175

居延昌里徐子放所。EPT51.249

戍卒東郡須昌上里徐何,有方一,完。EPT51.372

◇□□年廿五庸同縣步昌里公乘□都年卅八。EPT52.308

◇年廿三,庸步昌里公乘李毋憂年卌一,代。EPT52.26

◇內山陽富昌里。EPT52.218

◇郡富平候元城邑安昌里王青◇。EPT51.533

戍卒東郡貝丘武昌里黃侯模◇。EPT56.191

戍卒東郡聊成昌國里䜌何齊。貰賣七稯布三匹,直(值)千五十,屋蘭定里石平所。EPT56.10

◇塞有秩候長昭武高昌里公乘鞏◇。EPT4.55

◇自言五月中富昌隊(燧)卒高青為富賣皁袍一領,直(值)千九百,甲渠◇令史單子巽所。EPT51.314

◇遣富昌隊(燧)長。EPT53.214

付昌部候長樂博。EPT50.23

長

Cháng

①同"短"相對。(《漢語大詞典》P6750)

長料廿。EPT48.18A

枲長弦三,見。EPF8.2、3

車薦竹長者六枚。EPT40.16

◇皁練長習(襲)一領。EPS4T2.117

鄣卒尹賞自言責第廿一隧(燧)徐勝之長襦錢。EPT51.8

②指長度。(《漢語大詞典》P6750)

出錢二百買木一,長八尺五寸,大四韋,以治罷卒籍,令史護買,◇。EPT52.277

大酒几一,長七尺。EPT51.408

又手中創二所,皆廣半寸長三寸。EPT51.324

謹問木大四韋,長三丈。EPT65.120

慈其索一,大二韋半,長四丈。EPT51.310

槍百,大二韋,長八尺。EPT48.18A

辟門疾犂一,大十韋,長丈三尺。EPT48.18A

松板一,長八尺。EPT51.524

卌井次東隧(燧)承索一,長四丈。ESC.26

鞮汗里九百萬年宅一區,毋(無)門,離決長十步。EPT53.40

札長尺二寸當三編。EPT4.58

③高。(《漢語大詞典》P6750)

年卅六歲,長七尺五寸,觻得□□里◇。EPT50.14

戍卒,南陽武當縣龍里張賀年卅,長七尺二寸,黑色。EPC.34

能書會計治官民頗知律令文,年三十二歲,長桼(七)尺五寸,應令。EPT59.104

長七尺二寸,為人中狀,黑色圓面,初亡時衣白布單衣,組(粗)布,步行。ESC.9A

酺大奴宜,長六尺,為人小狀,黑色,毋(無)須。ESC.11A

④用作人名。音未詳。如"長"、"長壽"、"郭長"、"王長"、"蘇長"、"徐長卿"、"張君長"、"朱君長"、"長道"、"成長壽"、"齋長"、"長秋"、"杜長定"、"王長"、"蒲子長"、"馮長"、"長仲"、"陳長壽"、"長卿"、"董長樂"、"郤長兄"、"長舒"、"耐長卿"、"長孫"、"關長"、"曹長仲"。

甲渠三堠隧(燧)卒當遂里左豐,父大男長年五十。EPT65.478

始建國二年正月壬辰訾家昌里齊憙就(僦)人同里陳豐,付吞遠置令史長。EPT59.175

謹驗問萬歲候長長,辭:迹□◇。EPW.18

其昬(昏)時,習以檄寄長。EPF22.145

檄言男子郭長入關。EPF22.151A、B

◇年九月九日,甲渠第四隊(燧)長居延平明里王長。EPT68.142

不能及,驗問隊(燧)長王長。EPT68.26A

甲溝庶士候長蘇長,馬一匹,驩,牝,齒七歲,高五尺八寸。EPT65.45

市記:為蘇長買練六□◇,為靳奴買布六尺□◇。EPT52.112

徐長卿肉十五斤,錢百。EPS4T2.15

◇□□□□蓋衣丈二尺,尺十七,直(值)二百四錢,三堠吏張君長所。EPT52.323

朱君長償雞錢廿。EPT51.402

貝丘長道敢言之,謹伏地再拜請,伏地再◇。EPT56.138A

詣却適隧(燧)長成長壽、當曲隧(燧)長◇。EPT51.582

◇卒齋長粟二斗二升。EPW.126

候長尊,候史長秋丁未詣官不迹。EPT56.28

◇者同里杜長定前上◇。EPT51.84

◇大(太)守遣蒲子長。EPT65.151

第卅馮長。EPT65.67A

前者城倉長張君來,言長仲去處在守府,請事不知所已,幸憂念。EPT65.316

武彊隊(燧)卒東郡白馬敬上里陳長壽。EPT58.7

◇道里長卿,幸甚,伏地再拜請長卿足下,謹謹下疾◇。EPT57.84A

高都陶陽里董長樂。EPT58.4

郜長兄六百。EPT52.91A

◇候史長舒。EPT53.155

次吞隧(燧)長長舒。EPT59.6

元康二年十一月丙申朔壬寅居延臨仁里耐長卿,貰買上黨潞縣直里常壽字長孫青復絝一兩直(值)五百五十。EPT57.72

隊(燧)卒關長前署因病在居延◇。EPT59.89

曹長仲記。EPT40.4

⑤用作地名。如"長安"(漢縣名,屬京兆尹。《漢書・地理志》:"長安。高帝五年置,惠帝元年初城,六年成。戶八萬八百,口二十四萬六千二百。王莽曰常安。")、"長脩"(漢縣名,屬河東郡,見于《漢書・地理志》。)、"長社"(漢縣名。屬潁川郡。《漢書・地理志》:"長社。"顏師古注:"應劭曰宋人圍長葛是也。其社中樹暴長更名長社。師古曰長讀如本字。")、"長壽里"、"長杜里"、"長秋里"、"長成里"、"長安里"、"長親里"、"長樂里"、"長寧里"、"長産里"、"脩長里"。

詔書長安更為常安◇。EPT59.117A

長安至茂陵七十里。EPT59.582

受長安苟里李□◇。EPT51.416A

◇□子□□□又置官使行之長安,卿◇□且□□□得上不久負也,用◇。EPT59.189B

戍卒河東長脩甘來里趙復。EPT51.216

◇□寅士吏強兼行候事敢言之,爰書:戍卒潁川郡長社臨利里樂德,同縣安平里家橫告曰,所為官牧橐他◇戊夜僵臥草中以□行,謹案:德、橫□到橐他尉辟推,謹毋(無)刀刃木索迹,德、橫皆證所言它

如爰書,敢◇。EPT57.85

居延甲渠塞有秩候長昭武長壽里公乘張忠年卅三。EPT51.11

樂得長杜里郭稺君所。EPT51.84

戍卒魏郡梁期長秋里侯宣衣橐。EPT51.297

居延甲渠制虜隊(燧)長居延長成里公乘逢毋澤年五十五,◇。EPT51.518

穰邑長安里房木,見。EPT52.94

◇□□篤里公乘陳回年廿七,庸長親里公乘張舉年卅九。EPT52.270

觻得長樂里公士董得祿年卅,今除為甲渠候◇。EPT52.403

北地泥陽長寧里任慎,二年田一頃廿畝,租廿四石。EPT51.119

◇郡內黃長產里□黑,毋(無)責◇。EPT53.174

◇贷隧(燧)戍卒魏郡犂陽脩長里◇。EPT56.224

zhǎng

①相比之下年紀大。(《漢語大詞典》P6751)

◇所逐驗大逆無道故廣陵王胥御者惠同産弟故長公主弟卿◇字中夫,前為故大(太)子守觀奴嬰齊妻,嬰齊前病死,麗戎從母捐◇。EPT43.92

◇□隹失□出□後取家三人乃□□□□三家□□□長女,不出三月必有服。EPT57.38

②君長;領袖;首領。(《漢語大詞典》P6751)

其生捕得酋豪、王、侯、君、長、將率者,一人◇,吏增秩二等,從奴與購如比。EPF22.223

③長官。(《漢語大詞典》P6751)又見【長史】【燧長】【候長】

【塢長】【亭長】【倉長】

縣田官、吏、令、長、丞、尉見薰(烽)火起，亟令吏民□薰(烽)□□誠勢北隧(燧)部界中民田畜牧者，□□◇為令。EPF16.15

令、相、長、丞、尉聽受言變事者毋◇。EPT52.48

◇居延令◇令、長、丞、尉◇聽書從事如律令。EPT51.236

今長、相不在，而丞將◇。ESC.5A

④指居先、居首位者。文例見【長吏】【家長】

【長吏】

指州縣長官的輔佐。(《漢語大詞典》P6752)

令長吏知之，及鑄錢所依長吏豪彊(強)者名，有無四時言。EPF22.41

元延三年五月從史義叩頭死罪死罪，義以四月◇五日書下自罷，其六日幼實它案驗未□□府掾史長吏因蒙君厚恩同奈何。EPT44.4B

定長吏以下五十四人。EPT50.3

它案驗未竟，以此知而劾，毋(無)長吏使劾者，狀具此。EPF22.362

長吏無告劾，亡，不憂事邊，逐捕未得。EPT68.143

出五百七十二以與長吏奉(俸)。EPT53.75B

按:《漢書・百官公卿表》:"〔縣〕有丞、尉，秩四百石至二百石，是為長吏。百石以下有斗食、佐史之秩，是為少吏。"

【長史】

官名。秦時始置。漢相國、丞相、將軍、邊郡郡守(太守)，後漢太尉、司徒、司空、將軍府各有長史。俸千石至六百石。《漢語大词典》仅有“漢相國、丞相，後漢太尉、司徒、司空、將軍府各有長史”等语，实则漢時將軍、邊郡郡守（太守）亦置有長史。（《漢語大詞典》P6753）

第十一隧（燧）長王延壽，六石具弩一，長史試射，發矢六，傷右橅五，已。EPW.84

十二月乙丑張掖大（太）守延年、長史長壽、丞焚下居延都尉、縣承書從事，下當用者，如詔書律令。EPT52.96

◇□一□□付長史故卒。EPT52.190

六月辛巳張掖行長史事守部司馬從事下當用者如詔書。EPT52.104

◇丞相定國下車◇張掖長史定行大（太）守◇。EPT52.627

◇長史史奉謁伏地再◇。EPT53.21A

按：《漢書・百官公卿表》：“相國、丞相。皆秦官。……高帝即位置一丞相，十一年更名相國，綠綬。孝惠高后置左右丞相，文帝二年復置一丞相。有兩長史，秩千石。”《漢書・百官公卿表》：“前、後、左、右將軍，皆周末官，秦因之。位上卿，金印紫綬。漢不常置，或有前後，或有左右，皆掌兵及四夷。有長史，秩千石。”《漢書・百官公卿表》：“郡守，秦官。掌治其郡，秩二千石，有丞，邊郡又有長史，掌兵馬秩皆六百石。景帝中二年更名太守。”《後漢書・百官志一》：“太尉公，一人。……世祖即位為大司馬，建武二十七年改為太尉。長史一人，千石。”《後漢書・百官志一》：“司徒公，一人。……世祖即位為大司徒，建武二十七年去大。長史一人，千石。”《後漢書・百官志一》：“司空公，一人。……世祖即位為大司空。建武二十七年去大。屬長史一人，千石。”《後漢書・百官志一》：“將軍，不常置。……長史、司馬皆一人，千石。”

常

Cháng

①固定不變。(《漢語大詞典》P1753)文例見【如常】

②經常;常常。(《漢語大詞典》P1753)

鼓常縣(懸)塢户內東壁。EPF22.331

粟米常陳,家室富有,家解憂哉。EPS4T1.12

常為衆所欺侮(侮)。EPT51.230

③普通;平常。(《漢語大詞典》P1753)文例見【非常】

④往常。(《漢語大詞典》P1753)

長宜等輿功常會九月十日。EPT6.71

長宜等輿功常會九月十日。EPT6.66

檄移部吏◇常會八月條◇。EPT2.29

◇□貴自言,常以令秋試射,署◇岊數於牒,它如爰書,敢言之。EPT56.183

功令第卌五:士吏、候長、蓬(烽)隊(燧),常以令秋射,發矢十二◇。EPT53.34

◇卒常會晦日旦。EPT5.18

償

Cháng

①賠償;償還。(《漢語大詞典》P734)

因賣不肯歸以所得就(僦)直(值)牛,償不相當廿石。EPF22.30

皆盡償所負粟君錢畢。EPF22.31

凡錢千償勝之。EPT51.373

出錢三百一十償第卅隊(燧)卒王弘。EPT51.214

願以十二月奉(俸)償。EPT51.225A

出錢千一十償第卅三隊(燧)卒陳第宗錢。EPT51.214

隊(燧)長施刑所貸一石七斗,譚□三斗,凡二石,償。EPT65.24A

②同"賞"。(《漢語大詞典》P734)賞賜,獎賞。文例見【購賞】(購償)

車

Chē

車子,陸地上有輪子的交通運輸工具。(《漢語大詞典》P5804)又見【車輻】【車兩】【車軸】【牛車】

恩又從觻得自食為業將車莝斬來到居延。EPF22.27

恩從觻得自食為業將車到居延,□行道廿餘日,不計賈(價)直(值)。EPF22.18

不中程車一里奪吏、主者勞各一日。EPS4T2.8B

地節三年四月丁亥朔丁亥將兵護民田官、居延都尉◇□庫守丞漢書言,戍卒且罷,當豫繕治車,毋(無)材木◇。EPT58.43

十部治卒車吏名。EPT59.115

右壬辰車五兩,粟百廿五石,與此千三百□□◇。EPT59.176

【車輻】

車的輪輻。(《漢語大詞典》P5809)

◇戶關破壞,治車輻,◇。EPF25.34

【車兩】

車的總稱。(《漢語大詞典》P5808)

所受適吏、訾家、部吏卒所輸谷車兩。EPF22.364

倉穀車兩名籍。EPT52.548

【車軸】

穿入車轂中承受車身重量的圓柱形零件。(《漢語大詞典》P5807)

甘露元年十一月所假都尉庫折傷承車軸刺。EPT65.459

臣

Chén

①官吏。(《漢語大詞典》P5030)

除天下必貢所當出半歲之直(值)以為牛酒之資,民不贅聚,吏不得容姦(奸)、便臣,秩郎、從官及中人各一等,其奉(俸)共養宿衛常樂宮者又加一等。EPF22.63A

臣子之職寧可廢耶。EPT59.9A

②臣對君的自稱。(《漢語大詞典》P5030)

臣稽首請◇。EPF22.69

臣延年昧死再拜,謹使守◇。EPT51.389

聖恩宜以時布縣廄置驛騎行詔書,臣稽首以聞。EPF22.64

◇御史大夫臣光昧死言。EPT50.190

◇臣請免其所薦用在宮司馬殿中者,光祿勛衛◇。EPT65.301

辰

Chén

地支的第五位,與天干相配用以紀日。(《漢語大詞典》P5917)《漢語大詞典》首舉用例為宋黃庭堅的《和師厚栽竹》。

永始四年五月甲辰渠鄣候護敢言之。EPT50.5

九月八日甲辰齋。EPF22.157

建武五年八月甲辰朔戊申,張掖居延城司馬武以近秩次行都尉文書事,居延倉長印封,丞邯告勸農掾褒、史尚,謂官縣以令秋祠社稷。EPF22.153A

陽朔二年八月丙辰除。EPT50.37

□□隊(燧)□王習,十二月食三石,十二月丙辰自取。EPF22.113

五月戊辰丞相光下少府、大鴻臚、京兆尹、定□相。EPT48.56

復漢元年十一月戊辰,居延都尉領甲渠督蓬(烽)掾敢言之,誠北◇。EPF22.423

建武三年十二月癸丑朔戊辰,都鄉嗇夫宮以廷所移甲渠候書召恩詣鄉。EPF22.21

二月庚辰甲溝候長戎以私印行候文書事。EPT48.25

鴻嘉四年四月庚辰除。EPT50.52

府告,居延甲渠鄣候卅井關守丞匡十一月壬辰檄。EPF22.151A、B

士吏馮匡,始建國天鳳上戊六年七月壬辰除,署第十部士吏。EPT68.11

陳

Chén

久;陳舊。(《漢語大詞典》P6392)

粟米常陳,家室富有,家解憂哉。EPS4T1.12

◇陳襲一領直(值)千二百五十,居延如里孫游君所,約至◇□朝子真故酒二斗。EPT59.555

一人除陳茭地。EPT49.10

晨

Chén

天亮;日出時。(《漢語大詞典》P3044)

□賓虜且圍守,其晨時孝護桃(逃)下隊(燧)奏候官,言虜卌餘騎皆衣鎧、負魯(櫓)攻隊(燧)。EPF16.42

◇傳,毋留,君□以晨時◇之課□□至廿三◇毋傳。EPT56.340

丞

Chéng

①官名。(《漢語大詞典》P222)文例見【丞相】

②佐官名。秦始置,漢代中央和地方官吏的副職有御史中丞、府丞、縣丞等。(《漢語大詞典》P222)

居延丞印。EPT49.28

九月戊辰居延都尉湯、丞謂甲渠如律令。EPT50.16A

十月辛酉將屯偏將軍張掖大尹遵尹騎司馬武行副咸(貳)事,試守徒丞、司徒□◇循下部大(太)尉、官縣承書從事下當用者如詔書。EPF22.65A

甲渠言卅井關守丞匡檄言都田嗇夫丁宮□等入關檄留遲,謹推辟如牒。EPF22.125

丞詡叩頭。EPT50.7A

建武五年八月甲辰朔丙午,居延令丞審告尉謂鄉移甲渠候官,聽書從事如律令。EPF22.56A

◇長□□行大(太)守事,守丞宏移部都尉,謂官縣大將軍莫(幕)府移計簿錢如牒,◇莫(幕)府牒律令。EPF22.173A

書到,令、丞循行,謹脩(修)治社稷,令鮮明。EPF22.153A

建武五年八月甲辰朔戊申,張掖居延城司馬武以近秩次行都尉文書事,居延倉長印封,丞邯告勸農掾褒、史尚,謂官縣以令秋祠社稷。EPF22.153A

卅井關守丞匡檄一封詣府,十一月壬辰。EPF22.133

居延都尉德、丞延壽以令增就(僦)勞百七◇。EPT56.199

居延丞奉(俸)穀月十五石。EPF22.75

司馬、千人、候、倉長、丞、塞尉職閒,都尉以便宜財予,從史、田吏如律令。EPF22.70

居延都尉丞奉(俸)穀月卅石。EPF22.73

丞邯下官縣承書從事下當用者。EPF22.68

七月癸亥宗正丹、郡司空、大司農丞書從事下當用者。EPT50.48

十二月己卯,居延令守丞勝移甲渠候官。EPF22.34

按:《漢書·百官公卿表》:"御史大夫,秦官。位上卿,銀印青綬,掌副丞相。有兩丞,秩千石,一曰中丞。"《後漢書·羊續傳》:"府丞嘗獻其生魚,(羊)續受而懸於庭。"《後漢書·吳佑傳》:"時濟北戴宏父為縣丞,宏年十六,從在丞舍。"

【丞相】

輔佐君主的最高行政長官。漢代又稱相國,漢高帝時置一丞相,孝惠帝時置左右丞相,文帝時復置一丞相。(《漢語大詞典》P222)

五月戊辰丞相光下少府、大鴻臚、京兆尹、定□相。EPT48.56

正月辛丑御史大夫定國行丞相事,下小府、中二◇,承書從事下當用者如詔書。EPT53.66A

酒泉大(太)守府移丞相府書曰:大(太)守◇迎卒受兵,謹掖檠持,與將卒長吏相助至署所,毋令卒得擅道用弩射禽獸、鬬已。EPT53.63

縣官直用常徒者,請丞相之當輸者,給有缺補。EPS4T2.44

陽朔五年正月盡十二月府移丞相、御史、刺史條。EPT56.77B

丞相、御史以請詔行居延都尉、丞相、御史下◇。EPT56.108A

丞相御史以請詔行◇。EPT56.108B

陽朔五年正月盡十二月府移丞相、御史、刺史條。EPT56.77A

長秩官吏員,丞相請許臣收罷官印上御史,見罔自詷,臣昧死以聞。EPT59.536

◇□□所部界二千石及丞、史以下主者名,丞相、御史請其罰,盡十二月屬所二千◇請。EPT58.50

◇丞相定國下車◇張掖長史定行大(太)守◇。EPT52.627

按:《漢書·百官公卿表》:"相國、丞相,皆秦官。金印紫綬,掌丞天子助理萬機,秦有左右。高帝即位置一丞相,十一年更名相國,緑綬。孝惠高后置左、右丞相,文帝二年復置一丞相。"

成

Chéng

完成;實現;成功。(《漢語大詞典》P2815)

◇其八百五十八丈已成,◇二千六百七十三丈未成。EPT52.514

第七隊(燧)長徐譚,候樓毋(無)屏,已作治成。EPT59.41

◇□皆父且,以淳酸漬之壹宿,◇費藥成。EPS4T2.65

日夜作治未成□□◇。EPT50.223

今已成。EPT51.20

◇□□□約皆已成,叩頭死罪死罪。EPT59.657

◇部隊(燧)作治已成未◇。EPT5.55A

承

Chéng

①奉。(《漢語大詞典》P326)文例見【承詔】【承書從事】

②接受;承受。(《漢語大詞典》P326)文例見【承塵】

③承繼;接續。(《漢語大詞典》P326)

踵故承餘,府遣掾校兵物,少不應簿,拘校。EPF25.3

④繼也。指備用。(《漢語大詞典》P326)

三月餘五石弩糸承弦百一十六,毋(無)出入。EPF22.306

第卅一隧(燧)長王猛,三石承弩一傷一淵,循一幣。EPT53.78

承三石弩五,◇。EPT65.353

卅井次東隊(燧)承索一,長四丈。ESC.26

甘露元年十一月所假都尉庫折傷承車軸刺。EPT65.459

按:初仕賓:"承,繼也。承弦即備用弓弦,或稱副弦。王國維《流沙墜簡》:'弦必有副,所以備折絕也。'《太白陰經·器械篇》:'弩四分,弦三分,副箭一百分,弦三,付箭三十六枝,弓一萬二千五百張,弦七千五百條,箭二十五萬條。弓十分,弦三,副箭三十六枝,弓一萬二千五百張,弦三萬七千五百條,箭三十七萬五千枝。'(初引文似有誤,所引《太白陰經》原文作'弩二分,弦六分,副箭一百分,二千五百張弩,七千五百條弦,二十五萬隻箭。弓十分,弦三十分,副箭三十六枝,弓一萬二千五百張,弦三萬七千五百條,箭三十七萬五千隻。')則弓弩與弦常為一與三之比例,承弦或謂是歟!"按《太白陰經》原文,弓弦比例前者為1∶0.6,后者為1∶3,按常理推斷,每條弓至少應該有一條弦,或前者弦數有誤矣。《居延新簡》有"弩糸承弦",則承弦應指備用弓弦或弩弦,其義不見于傳世文獻。糸者,《說文·糸部》:"糸,細絲也。"弓弦正是用細絲做成的。(明)宋應星《天工開物·佳兵》:"用柘蠶的絲做弓弦,更為堅韌。……凡弩弦以苧痲為質。纏繞以鵝翎,塗以黃蠟。"《漢語大詞典》無。《居延新簡》中還有"承弩"、"承索"、"承車軸"。

⑤通“乘”。登;升。

匈奴人入塞,承(乘)塞中亭隧(燧),舉蘽(烽)燔薪□□□□蘽(烽)火品約,官□□□舉□◇蘽(烽)毋燔薪。EPF16.13

【承塵】

承接塵土之物,可用于床上或棺柩上。(《漢語大詞典》P329)

臥內中韋席承塵◇。EPT6.9

按:《釋名・釋床帳》:“承塵,施於上,承塵土也。”《周禮・天官・幕人》:“幕人掌帷幕幄帟綬之事。”賈公彦疏:“帟者,在幄幕內之承塵。”《周禮・幕人》:“凡喪,王則張帟三重;諸侯再重;孤卿大夫不重。”注:“張帟,柩上承塵。”

【承詔】

奉詔旨。(《漢語大詞典》P328)

以教後嗣,幼子承詔,謹慎敬戒。EPT56.27A

【承書從事】

奉命行事。此詞不見于《漢語大詞典》。

丞邯下官縣,承書從事下當用者。EPF22.68

十月辛酉將屯偏將軍張掖大尹遵尹騎司馬武行副咸(貳)事,試守徒丞、司徒□◇循下部大(太)尉、官縣,承書從事下當用者,如詔書。EPF22.65A

◇□□,中二千石、二千石郡大(太)守、諸侯相承書從事下當◇,◇□下居延都尉屬縣,承書從事下當用者,如□◇。EPT52.142

三月丁酉宗正慶忌、丞延年下都司空,承書從事下當用□◇,◇□□甲辰大司農調受簿丞賞行五官丞事,下都內、上農都尉、執金吾◇。EPT52.413

九月甲戌，甲渠候下尉謂第四候長憲等，承書從事下當用者，如詔書。EPF22.452

十二月乙丑張掖大(太)守延年、長史長壽、丞焚下居延都尉、縣承書從事下當用者，如詔書律令。EPT52.96

正月辛丑御史大夫定國行丞相事，下小府、中二◇，承書從事下當用者，如詔書。EPT53.66A

九月己卯行延亭連率事偏將軍□□◇勸農掾戎，官縣承書從事下□◇。EPT52.490

◇甲辰，甲渠候長壽以私印行候事，下士吏◇承書從事下當用者，如詔書。EPS4T2.59A

九月乙亥涼州刺史柳使下部郡大(太)守、屬國、農都尉，承書從事下當用者，明察吏有若能者勿用，嚴教官屬，謹以文理遇百姓，務稱明詔厚恩，如詔書。EPT54.5

◇都水大司空、右大夫使護宛保忠信卿、六卿中室、御僕、黃室御、保成師傅◇長、六隊(隊)大夫、州部牧監、郡卒正、連率、庶尹、關農溝曼大(太)尉，承書從事下當用者三十二。EPT59.155A

第二十一隊(燧)卒張詡◇事下官縣，承書從事下當用◇，◇□助府史武、書佐欽◇。EPT59.293

四月己丑張掖庫宰崇以近秩次行大尹文書事，長史丞下部大(太)尉官縣，承書從事下當用者。EPT59.160

按："承書從事"為官文書中的常用術語。于《居延新簡》中多見，亦見于傳世文獻以及碑刻中。如《五禮統考・祀孔子》："元嘉三年三月二十七日壬寅司徒雄、司空戒下魯相，承書從事下當用者。"《後漢無極山神廟碑》："太常承書從事。"

城

Chéng

城牆,墻垣。(《漢語大詞典》P1202)

望(望)遮虜城上火。EPF22.577

二人徙堠置城上。EPT52.117

閏月己卯從當曲隊(燧)北界迹,南盡不侵隊(燧)南界,盡丁未積廿九日,毋(無)城(越)塞出入迹。EPT56.28

南陽大(太)守掾史、宛邑令聞安衆侯劉崇謀反欲入宛邑城,先發吏民杜關城門、距射,崇等以故不得入,逐其逆亂者。ESC.1A

捲力不能相使第廿三候長兒政兼部,相去城遠家毋(無)見穀,當買車及牛,乃及能自起田作,掾命◇。EPT65.40

常安城中庶士以下穀它予直(值)泉,穀度足皆予者而先奏焉。EPT59.266

其馬牛各且倍平,及諸萬物可皆倍,犧和折威侯匡等所為平賈,夫貴者徵賤,物皆集聚於常安城中,亦自為極賤矣。EPT59.163①

◇□□宜◇□□□◇西□□□□河西□□上郡□武張城以西至于張掖後部澤□以□內郡。EPT59.697

---

① 本句釋文初文句讀為"其馬牛各且倍,平及諸萬物可皆倍,犧和折威侯匡等所為平賈,夫貴者徵賤,物皆集聚於常安城中,亦自為極賤矣。"《漢書・食貨志》:"莽乃下詔曰……諸司市常以四時中月實定所掌,為物上中下之賈,各自用為其市平,毋拘它所。"《居延新簡》中另有"比平"一語[第五隧(燧)卒馬赦貰賣□織袍、縣絮裝直(值)千二百五十,第六隧(燧)長王常利所,今比平予赦錢六百。EPT56.17],則"平"指的是所規定的市場均價,"倍平"者,也就是價格與所規定的市場均價翻了一倍。

木魯三虜發所去居延澤城七十里,盡實◇。EPT58.16

給水北吏五十九人,五月食黍(七)十五斛,用城倉穀,長吏迎受。EPT65.55A

□田在三堠隊(燧)旁城,使家孫自田之,當歸,繇人力少,唯君哀◇。EPT65.319

前者城倉長張君來,言長仲去處在守府,請事不知所已,幸憂念。EPT65.316

【城旦】

一種刑罰名,筑城四年的勞役。僅適用于男性。女性則稱為"舂",需舂米四年。(《漢語大詞典》P1202)

◇故吏坐施髡鉗鈦左止城旦昌□等,刺不□轂□□◇永始三年五月己酉,詣治所。EPS4T2.69

番和完城旦莊晏,舉。EPS4T2.26

番和髡鉗鈦左止城旦,服塗。EPS4T2.25

以兵刃、索繩它物可以自殺者予囚,囚以自殺、殺人,若自傷、傷人,而以辜二旬中死,予者髡為城旦、舂。EPS4T2.100

右止城旦、舂以下及復作品,書到言所◇。EPT56.281

大司農之家◇其減罪一等,當安世以重罪完為城旦,制曰:以贖論。EPT52.280A

贖完城旦、舂六百石,直(值)錢四萬。EPT56.36

按:《史記·秦始皇本紀》:"令下三十日不燒,黥為城旦。"裴駰"集解":"如淳曰:《律說》:論決為髡鉗,輸邊築長城,晝日伺寇虜,夜暮築長城。城旦,四歲也。"《漢書·惠帝紀》:"上造以上及内外公孫、耳孫有罪當刑及當為城旦、舂者,皆耐為鬼薪、白粲。"顔師古注引應劭曰:"城旦者,旦起行治城。舂者,婦人不豫外徭,但舂作米。皆四歲刑也。"

【城郭】

城牆。城指内城的墻,郭指外城的墻。(《漢語大詞典》P1203)

治城郭詔書,書到言所下部官名。EPT56.39

◇城倉、庫、延水、居延農、甲渠、殄北、卅井候官、督蓬(烽)◇及省卒、徒繕治城郭塢辟,令、丞、候、尉史遂等三老◇。EPT57.15

按:《禮記·禮運》:"大人世及以為禮,城郭溝池以為固。"孔穎達疏:"城,内城;郭,外城也。"

乘

(一) **Chéng**

①乘坐。(《漢語大詞典》P282)

及齎乘傳者,南海七郡、牂柯、越巂、益州、玄兔、樂狼至旁近郡以縣廄置驛騎行。EPF22.69

◇馬,驪,乘,齒十六歲,攦右耳,決有鼻。EPT59.81

案:裦典主而擅使丹乘用驛馬,為虜所略得,失亡馬。EPT68.89

◇丹乘用驛馬◇。EPT68.101

②登;升。(《漢語大詞典》P282)

卒遠去家乘塞,晝夜候朢(望),塞◇。ESC.56

謹案:湯自言病,令子男殄北休,隊(燧)長詡自代乘隧(燧)。EPF22.340

令況乘故鄣。EPT44.34

新始建國地皇上戊四年十一月丁朔丑朔甲申甲溝鄣候獲叩頭死罪敢言之,即日蓬(烽)通君,推辟到第十桼(七)隊(燧)、第廿一隊(燧),候長趙駿乘第廿一,隊(燧)長成多不在署,驗問。EPF22.275

乘卅井,五月豐自乘卅井,隊(燧)長李意代豐乘甲渠◇。EPT68.126

即日壬申餔後遣,五月壬寅府告甲渠鄣候,遣乘隊(燧)騎士王晏、王陽、王敞、趙康、王朢(望)等五人,借人乘,隊(燧)長徐業等自乘隊(燧)。EPF22.473B

案:立,官吏,非乘亭候朢(望)而以弩假立,立死不驗,候當負。EPF22.289

案:卅井隊(燧)長乘甲渠,凡十三人還。EPT68.128

乘卅井,五月豐自乘卅井,隊(燧)長李意代豐乘甲渠◇。EPT68.126

十一月己未府告甲渠鄣候遣新除第四隊(燧)長刑鳳之官,符到,令鳳乘第三,遣甲渠鄣候。EPF22.475A

五月當乘隊(燧),代隊(燧)長郅嚴,業願今月休。EPF22.647

案:充、業五月皆不乘,田◇。EPF22.604

隊(燧)長淳于為自言十一月當乘隊(燧),願借十一月當□□□◇將軍令。EPF22.709

辛丑夜昬(昏)後乘第十七隊(燧)長張岑私去署,案:岑◇。EPF22.527

◇驗問,永辭:今月十日壬寅,代騎士王敞乘隊(燧)。EPF22.526

◇□□□日盡當乘隊(燧),自言府,借人自代者勿◇。

EPF22.554

甲渠言隊(燧)長趙永代騎士王敞乘隊(燧),穀少,永留,十三日乙巳到官◇。EPF22.586

◇尉史四人,◇隧(燧)長十人,乘隧(燧)□一□,乘塞□隧(燧)十□,戍卒十,戍卒卅□。EPT55.17

右四人乘斬首隊(燧),其一人物故◇。EPT57.6

始建國四年九月壬午朔辛亥甲溝鄣候□敢言之,謹移駟望(望)隊(燧)長張曼乘塞外薄,謁以詔書增曼勞敢言之。EPT59.348

福、禹、賞、遂、昌、炘、哀等府移檄,重追乘隊(燧)戍卒泰◇。EPT58.25

◇□□隊(燧)長上造李欽,始建國三年十月旦乘塞外盡四年九月晦積三百◇,張掖延城大(太)尉元、丞音以詔書增欽勞□◇。EPT59.339

得掾明時數又壬午言,虜燔燒孝隊(燧),其日出時乘鄣□□張駿等候望(望)。EPF16.41

按:《漢書・高帝紀上》:"興關中卒乘邊塞。"顏師古注:"乘,登也。登而守之。"

【乘邊】

登上边塞(以防守邊境)。(《漢語大詞典》P286)

謹案:尉史給官曹治簿書府,官繇使乘邊候望(望)為百姓潘幣,縣不肯除。EPT59.58

按:《漢書・韓安國傳》:"今以陛下之威,海内為一,天下同任,又遣子弟乘邊守塞。"顏師古注:"乘,登也,登其城而備守也。"

（二）**Shèng**

量詞。

◇中蓋三乘，牛車五◇。EPT53.288

程

Chéng

限度；期限；定額。（《漢語大詞典》P4761）

界中九十八里，定行十二時，過程二時二分。EPC.26

界中八十里，定行五時，不及程三時。EPT51.357

下餔八分明付吞遠隊（燧）助吏□□，皆中程，留遲不在界中敢言之。EPF22.464

甲辰下餔時臨木卒得付卅井城勢北卒參，界中九十八里，定行十時，中程。EPW.1

界中九十八里，定行十時，中程。EPC.37

界中十七里，中程。EPT51.504

不程程車一里奪吏、主者勞各一日。EPS4T2.8B

◇□弩發矢十二，中帠矢六為程，過六若不帠六，矢賜、奪勞各十五日。EPT56.337

不中程百里罰金半兩。EPS4T2.8B

◇□齒廿歲，白，左曷，行書不中程。EPF22.649

◇矢六為程，過六賜勞，不滿六奪◇。EPT53.17

按：《文選・左思〈魏都賦〉》："晷漏肅唱，明宵有程。"李善注："程，猶限也。"

誠

Chéng

①真正;確實。(《漢語大詞典》P6575)

謹問,武叩頭死罪對曰,誠食乏,私歸取食。EPT59.240

◇負罪法,恩澤誠深誠厚,孝毋(無)以復◇。EPF22.665

恩澤誠深厚。EPT44.4A

用日約少誠快意。EPT5.14A

◇□□□□不即時誅滅,貰貸榜箠,復反得生見日月,恩澤誠深誠◇。EPF22.645

②假如。(《漢語大詞典》P6575)

應府記休田,君誠毋(無)與為治,願得令史三人居官憲等卒當以四月旦交代。EPT65.36

笞

Chī

①用鞭、杖或竹板打人。(《漢語大詞典》P5205)文例見【榜笞】

②一種刑罰。用竹板敲打臀或背。(《漢語大詞典》P5205)

移魏郡元城遝書曰:命鉗笞二百◇。EPT51.470

按:《說文解字·竹部》:"笞,擊也。從竹台聲。"《漢書·刑法志》:"請笞者,箠長五尺,其本大一寸,其竹也,末薄半寸,皆平其節,當笞者笞臀。"顏師古注引如淳曰:"然則先時笞背也。"《急就篇·卷四》:"盜賊繫囚榜笞髕。"顏師古注:"笞,捶擊之也。"

弛

Chí

解除。(《漢語大詞典》P2191)文例見【弛刑】

【弛刑】

指弛刑徒。即解除枷鎖的刑徒。(《漢語大詞典》P2191)

弛刑張東行。EPT49.28

弛刑唐陽行。EPT49.27

弛刑朝文山迹持出入。EPT49.70B

弛刑迹負薪水,輒持服兵於亭前,前樹□作□便。EPT49.13A

弛刑□□◇。EPT43.282

按:《漢書·宣帝紀》:"西羌反,發三輔、中都官徒弛刑,及應募佽飛射士……詣金城。"顏師古注:"李奇曰:'弛,廢也。謂若今徒解鉗釱赭衣,置任輸作也。'……弛刑,李說是也。若今徒囚但不枷鎖而責保散役之耳。"《漢書·趙充國傳》:"時上已發三輔太常徒弛刑。"顏師古注:"弛刑謂不加鉗釱者也,弛之言解也。"

持

Chí

①拿着;握住。(《漢語大詞典》P3613)

新除第廿一隊(燧)長常業代休隊(燧)長薛隆,迺丁卯餔時到

官,不持府符。EPF22.170

已召候長當持刻算詣官。EPT48.61A

張持刀置地。EPT50.70

循服六石弩一,稾矢銅鍭百,鎧鍉瞀各一,持歸游擊亭。EPF22.61

◇讓持酒來過候飲。EPT68.18

官記曰,第一隊(燧)長秦恭時之俱起隊(燧),取鼓一,持之吞遠隊(燧)。EPF22.329

◇□所持鈹,即以疑所持胡桐木丈(杖),從後墨擊意項三下,以辜一旬內立死。EPF22.326

檄到馳持事詣官,須言府,會月二十八日日中。EPF22.454

署第十七部候長,主亭隊(燧)七所,兵弩扁戾不檠持,毋(無)鞍馬,◇□給得見日月,譚願飢餓以二石食鍚,不敢復◇。EPF22.399

按:《說文・手部》:"持,握也。從手寺聲。"

②牽持;控制。不見于《漢語大詞典》。

持牛車來◇。EPT51.549

◇使妻持馬歸居延◇。EPT48.13

◇□□足下,持官馬□□□行兵□◇。EPT59.888

望虜隊(燧)長房良負故候長周卿錢千二百卅◇持牛車詣居延。EPT52.3

永即還與放馬,持放馬及駒隨放後歸止害隊(燧)。EPF22.194

永持放馬之止害隊(燧)。EPF22.190

尉放使士吏馮匡呼永曰,馬罷(疲),持永所騎驛馬來。EPF22.194

粟君謂恩曰,黃牛微瘦,所將育牛黑特雖小,肥,賈(價)直(值)俱等耳,擇可用者持行。EPF22.24

虜二騎從後來共圍遮,略得丹及所騎驛馬持去。EPT68.89

從蔡校尉未還,請□□還持馬詣府,君領職毋(無)狀。EPF22.390

未能會會日,請候還,持馬詣府見,叩頭死◇。ESC.57

◇□蚤來行持牛車來◇□□□□□伯□□□□叩頭。EPT59.884B

彭誠關亭戶持馬從陷陳辟左子務舍治。EPT43.2

按:《說文·手部》:"持,握也。從手寺聲。"不管是"持馬",還是"持牛車",都需要用手握住馬或牛的繮繩,這樣才能起到很好的控制作用,而"持行"或"持去"也需要手的握持作用。這也是"握"的一种引申義。

"持馬"亦見于《周禮》,《周禮·夏官·戎右》:"前齊車,王乘則持馬,行則陪乘。"賈公彥疏:"云前之者,已駕王未乘之時者。《曲禮》曰僕執策立於馬前。備驚奔,謂未乘時。此亦未乘之時在馬前備驚奔也。"則亦為對馬的控制。

馳

Chí

車馬疾行。泛指疾走;奔馳。(《漢語大詞典》P7455)又見【馳射】【馳行】

騎馬馳南去。EPT68.25

候長王褒即使丹騎驛馬一匹，馳□□◇里所，胡虜四步人從◇得丹及所騎驛馬。EPT68.99

其誤，亟下薰（烽）滅火，候尉吏以檄馳言府。EPF16.10

檄到馳持事詣官，須言府，會月二十八日日中。EPF22.454

匈奴人入塞，天大風，風及降雨，不具薰（烽）火者，亟傳檄告，人走馬馳以急疾为故。EPF16.16

候長王褒即使丹騎驛馬一匹馳往逆辟。EPT68.87

記到，馳詣◇。EPS4T1.32B

官告候長輔上，記到，輔上馳詣官，會餔時。EPT56.88A

按：《說文・馬部》："馳，大驅也。從馬也聲。"《左傳・昭公十七年》："嗇夫馳，庶人走。"杜預注："車馬曰馳，步曰走。"

【馳射】

騎馬射箭。（《漢語大詞典》P7456）

◇□□□軍玉門塞外海廉渠盡五月以◇九月都試騎士馳射，最率人得五算半算，◇四月。EPT52.783

按：《史記・酷吏列傳》："令騎馳射，莫能中，見憚如此，匈奴患之。"《漢紀・孝武四年》："乃從百餘騎馳射，殺二人，生得一人。"

【馳行】

疾行。（《漢語大詞典》P7456）《漢語大詞典》首舉用例為《英烈傳》。

甲渠候官馬馳行。EPT56.75

甲溝官吏馬馳行，◇印。EPF22.746

◇吏馬馳行□□者□。EPT50.172A

◇馳行，以急疾為故。EPF22.713

按:此用法亦見于傳世文獻中:《史記·齊太公世家》:"已而載温車中馳行,亦有高國内應,故得先入。"《鹽鉄論·論功》:"今盜馬者罪死,盜牛者加,乘車馬馳行道中,吏舉苛而不止,以為盜馬,而罪亦死。"

遲

Chí

晚。(《漢語大詞典》P6438)又見【留遲】

◇□□半,以平起萬歲隊(燧)、候長、士吏傳行各盡界,毋得遲時,必坐之。EPT57.40

按:《廣雅·釋詁》:"遲、晏、後、旰、稺,晚也。"

尺

Chǐ

①長度單位。(《漢語大詞典》P2148)

大酒几一,長七尺。EPT51.408

小苣(炬)、四尺苣(炬)各百。EPT49.13B

◇□□□□蓋衣丈二尺,尺十七,直(值)二百四錢,三堠吏張君長所。EPT52.323

將軍當行塞,候長及并居隊(燧)借六尺延扁席如牒。EPF22.278

泥以涂外垣,高出人頭,上廣、袤各三尺。EPF8.5

市記:為蘇長買練六□◇,為靳奴買布六尺□◇。EPT52.112

出錢二百買木一,長八尺五寸,大四韋,以治罷卒籍,令史護買,◇。EPT52.277

堠上煙竇,突出埤垸二尺,要中央三尺,□明廣三尺,突□□八寸,□□□□□◇。EPS4T2.56

去足一尺。EPT51.79

比松睆尺一寸。EPT51.23B

堠高四丈,上堞高五尺,為四陬。EPT52.27

甲溝庶士候長蘇長,馬一匹,驪,牝,齒七歲,高五尺八寸。EPT65.45

戍卒,南陽武當縣龍里張賀年卅,長七尺二寸,黑色。EPC.34

尺寸毄□◇。EPT51.712

秩程土并出入功四百卌一尺六寸,用積徒七百廿七人,人受◇。EPT58.37

四百廿人代運薪,上轉薪,立彊落,上蒙塗輜車,袤二百六十一丈,率人日塗六尺二寸,奇六尺。EPT59.15

二里五十步,可作橿格,下廣丈二尺,上廣八尺,高丈二尺,積卌六萬八千尺。EPT58.36

◇收虜隧(燧)卒丁守責故隧(燧)長石欽粟桼(七)斗、皁布四尺。EPT59.114

按:《漢書・律曆志》:"度者,分、寸、尺、丈、引也,所以度長短也。本起黃鐘之長。以子穀秬黍中者,一黍之廣,度之九十分,黃鐘之長。一為一分,十分為寸;十寸為尺;十尺為丈;十丈為引,而五度審矣。"

②量長度的器具。(《漢語大詞典》P2148)

帶大刀劍及鈹各一,又各持錐小尺白刀箴(針)各一。EPT68.73

帶大刀劍及鈹各一,又各持錐小尺白刀箴(針)各一,蘭越甲渠當曲隊(燧)塞從河水中天田出。EPT68.62

齒

Chǐ

計算牛馬的歲數。(《漢語大詞典》P7728)

商即出牛一頭,黄特,齒八歲,平賈(價)直(值)六十石。EPF22.4

育出牛一頭,黑特,齒五歲,平賈(價)直(值)六十石。EPF22.22

時粟君以所得商牛黄特,齒八歲,以穀廿七石予恩顧(雇)就(僦)直(值)。EPF22.8

◇□齒廿歲,臽,左曷,行書不中程。EPF22.649

◇□馬一匹,騂牡,齒八歲,高六尺八寸,□◇。EPF22.669

大(太)守君當以七月行塞,候尉循行,課馬齒五歲至十二歲。EPS4T2.6

廿四,驛馬一匹,騂,牡,左剽,齒八歲,高五尺八寸。EPC.1

◇馬,驪乘,齒十六歲,擺右耳,決有鼻。EPT59.81

甲溝庶士候長王恭馬一匹,□□□,齒四歲,高五尺桼(七)寸。EPT65.267

按:《漢書・賈誼傳》:"禮不敢齒君之路馬,蹴其芻者有罰。"顔師古注:"齒謂審其齒歲也。"

斥

Chì

不用。(《漢語大詞典》P3827)又見【斥免】

按:《漢書·郊祀志上》:"乘輿斥車馬帷帳器物以充其家。"顏師古注:"斥,不用者也。"

【斥免】

廢免。(《漢語大詞典》P3827)

河平元年九月戊戌朔丙辰不侵守候長士吏猛敢言之,將軍行塞舉駟望(望)隧(燧)長杜未央所帶劍刃玨,狗少一,未央貧急軟弱,毋(無)以塞舉,請斥免謁言官,敢言之。EPT59.4

牒書吏遷斥免給事補者四人,人一牒。EPF22.56A

案:尊以縣官事賊傷辨職,以令斥免。EPT68.178

謹斥免匡,缺如牒,唯◇。EPF22.345

第十士吏馮匡,斥免,缺。EPF22.253

案:匡軟弱不任吏職,以令斥免。EPT68.12

積二歲,尉罷去,候長恭斥免。EPF22.331

◇□言之,府記曰:斥免隧(燧)長□◇。EPF22.515

賣羊部吏故貴卌五不日迹一日以上,隧(燧)長張譚毋(無)狀,請斥免。EPT59.548A

◇□里上造張憙,萬歲候長居延沙陰里上造郭期,不知犢(讀)蓬(烽)火,兵弩不檠持,憙□◇□斥免,它如爰書敢言之。EPT59.162

吏斥免缺如牒。EPT6.80

府記曰主官夏侯譚毋(無)狀斥免。EPT20.5

按:《史記·淮南衡山列傳》:“王使郎中令斥免,欲以禁後。”張守節正義:“言屏斥免郎中令官而令後人不敢效也。”《史記·田叔列傳》:“(任安)坐上行出游共帳不辦,斥免。”

赤

Chì

淺朱色。(《漢語大詞典》P5792)

弩赤黑。EPT49.90

赤卮一直(值)一百,郭卿。ESC.92

赤頭食几一。EPT6.94

鄣卒高□八月二十桼(七)日假五石弩一,赤枲弦,糸緯,稾矢箭五十,□□□。EPT65.304

◇六石赤具弩一。EPT65.124

按:《禮記·月令》:“〔季夏之月〕天子居明堂右个,乘朱路,駕赤駵。”孔穎達疏:“色淺曰赤,色深曰朱。”

敕(勑)

Chì

誡飭;告誡。(《漢語大詞典》P2928)又見【教敕】

君下檄勑部。EPT48.3

已勅鉼庭趣言付殄北火日時敢言之。EPT44.30C

新始建國地皇上戊四年十月三日行塞勞勅吏卒記。EPF22.242

謹勅第四候長◇。EPF22.627

檄起界中,謹勅候長□◇。EPF22.541

按:《說文·攴部》:"敕,誡也。臿地曰敕。從攴束聲。"《釋名·釋書契》:"敕,飭也。使自警飭不敢廢慢也。"

舂

Chōng

①用杵臼搗去穀物的皮殼。(《漢語大詞典》P5271)

第十九:碓磑扇隤舂簸揚。EPT6.90

◇入二月四日舂米糜◇,◇三月六日□□□◇。EPT56.144

一人舂。EPT65.422

按:《說文·臼部》:"舂,擣粟也。從廾持杵臨臼上。午,杵省也。古者雝父初作舂。"

②一種刑罰名,舂米四年的勞役。僅適用于女性。男性則稱為"城旦",需筑城四年。(《漢語大詞典》P5271)

贖完城旦、舂六百石,直(值)錢四萬。EPT56.36

髠鉗城旦、舂九百石,直(值)錢六萬。EPT56.37

以兵刃、索繩它物可以自殺者予囚,囚以自殺、殺人,若自傷、傷人,而以辜二旬中死,予者髠為城旦、舂。EPS4T2.100

右止城旦、舂以下及復作品,書到言所◇。EPT56.281

按:《漢書·惠帝紀》:"上造以上及内外公孫、耳孫有罪當刑及當為城旦、舂者,皆耐為鬼薪、白粲。”顏師古注引應劭曰:“城旦者,旦起行治城。舂者,婦人不豫外徭,但舂作米。皆四歲刑也。”《後漢書·明帝紀》:“右趾至髡鉗城旦、舂十匹。”李賢注:“舂者,婦人犯罪不任軍役之事,但令舂以食徒者。”

丑

Chǒu

地支的第二位,可以與天干相配用以紀日。(《漢語大詞典》P205)

第十一隊(燧)長陳當,臘錢八十,十二月乙丑妻君閒取。EPF22.208

十二月乙丑張掖大(太)守延年、長史長壽、丞焚下居延都尉、縣承書從事,下當用者,如詔書律令。EPT52.96

河平二年四月乙丑朔辛未臨桐隊(燧)長輔受第七隊(燧)長並。EPS4T2.1

永光四年八戊申朔丁丑臨木候長◇謹移吏日迹簿一編敢言之。EPT48.1

建武五年五月乙亥朔丁丑主官令吏史譚劾移居延獄,以律令從事。EPT68.7

二月丁丑門卒同以來。EPT50.47

建武三年三月丁亥朔己丑,城北隊(燧)長黨敢言之。EPF22.80

建武六年四月己巳朔己丑,甲渠候長昌林劾將良詣居延獄,以律令從事。EPT68.31

甘露二年五月己丑朔戊戌候長壽敢言之,謹移戍卒自言貰賣財物吏民所定一編敢言之。EPT53.25

十一月辛丑,甲渠守候告尉,謂不侵候長憲等寫移檄到,各推辟界中相付受日時具狀。EPF22.151C、D

建武六年正月辛丑朔癸丑令史嘉敢言之。EPT68.134

更始二年四月乙亥朔辛丑甲渠鄣守候塞尉二人移坙池。EPC.39

建武三年十二月癸丑朔戊辰,都鄉嗇夫宮以廷所移甲渠候書召恩詣鄉。EPF22.21

建武三年十二月癸丑朔丁巳,甲渠鄣候獲叩頭死罪敢言之。EPF22.187A

十二月癸丑卒宣取。EPT51.87

醜

Chǒu

樣子難看。(《漢語大詞典》P5909)文例見【醜惡】

【醜惡】

醜陋惡劣。(《漢語大詞典》P5910)

謹省數材得二千八百二十,數屯少百八十,除醜惡五十,凡少二百三十。EPF22.456

按:此用法亦見于傳世文獻中:《史記·龜策列傳》:"(人)或醜惡而宜大官,或美好佳麗而為衆人患。"《尹文子·大道上》:"齊有黃公者,好謙卑。有二女,皆國色,以其美也,常謙辭毀之,以為醜惡。"

出

Chū

①自内而外,與“入”、“進”相對。(《漢語大詞典》P938)又見【出入】

葆作者氏池臨市里趙由年卌,十一月十日出,十一月廿四日入。ESC.81

晏其夜從毋傷隊(燧)戶出,見卒王音,音不告吏。EPT40.6A

習即持火出,隆隨火◇。EPW.97

辭曰,憲帶劍持官弩一,箭十一枚,大革橐一,盛糒三斗,米五斗,騎馬蘭越隊(燧)南塞天田出,西南去。EPT68.27

出錢二百買木一,長八尺五寸,大四韋,以治罷卒籍,令史護買,◇。EPT52.277

槀寅矢二千四百,見千二十八,出九百。EPF22.177

□人詩至麥孰償穀卅石,放即為出肉,得穀六石,皆◇。EPF22.384

出戍卒二十一人,四月二十日盡六月晦減積四十九月。EPT68.197

②升起,指天體運行。不見于《漢語大詞典》。

迺丙午日出一干時虜可廿餘騎萃出塊沙中,略得迹卒趙蓋眾。EPT58.17

得掾明時數又壬午言,虜燔燒孝隊(燧),其日出時乘鄣□□張駿等候望(望)。EPF16.41

三月庚午日出三分吞遠卒賜受不侵卒。EPT51.14

按:簡文中有“日出一干”,據黃琳[1]考證“日出一干”指的是太陽升起的高度,如果“出”為“出現”義,則此處簡文很難解釋。“日出”中的“出”應該也是“升起,指天體運行”義,《漢語大詞典》中僅有“日落”,没有“日出”。同樣,“出入”也有“指天體的運行,即升起和落下”義。《漢書·揚雄傳》:“章皇周流出入日月,天與地沓。”顔師古注:“章皇周流言匝徧也,謂苑囿之大遥望日月皆從中出入,而天地之際沓然縣遠也。”此處的“出入”指的就是日月的升起和落下。《韓非子·十過》:“臣聞堯有天下,飯於土簋,啜於土瓶,其地南至交阯,北至幽都,東西至日所出入,莫不賓服。”

③高出;超出。(《漢語大詞典》P938)

泥以涂外垣,高出人頭,上廣、袤各三尺。EPF8.5

堠上煙竇,突出埤垷二尺,要中央三尺,□明廣三尺,突□□八寸,□□□□□◇。EPS4T2.56

◇□隹失□出□後取家三人乃□□□□三家□□□長女,不出三月必有服。EPT57.38

書到言毋出月廿八日。EPF22.68

◇帛,書到,具言狀,毋出月二十五日。EPF22.687

毋出月廿五日。EPT50.137

出尤別異。EPT50.1A

按:(魏)劉卲《人物志·七繆》:“天下之根世有優劣,是故衆人之所貴各貴其出己之尤。”(晉)劉昞注:“智材勝己則以為貴。”

---

① 《居延漢簡紀時研究》,華東師範大學2004年碩士畢業論文。

④軍隊出動。(《漢語大詞典》P938)

居延出兵用□大多詔所自言下詔書用□□言不可□□◇。EPT65.156

出軍行將兩適相當,頗知其勝敗與有功,願得射覆什中七以上。EPT65.318

⑤用在動詞后表示動作的目的已達到或完成。(《漢語大詞典》P938)

恩願沽出時行錢卌萬,以得卅二萬。EPF22.29

約為粟君賣魚沽出時行錢卌萬。EPF22.7

【出入】

①出進。(《漢語大詞典》P939)

日跡行廿三里,久視天田中,目玄,有亡人越塞出入◇它部界中,候長候史直日迹,卒坐匿不言迹,◇。EPT51.411

竟寧元年正月吏妻子出入關致籍。EPT51.136

◇卒周副省◇,凡迹積廿九日,毋(無)人馬蘭越塞天田出入跡。EPT52.216

謹案:三月毋(無)軍侯驛書出入界中者◇。EPF22.391

②支出與收入。

今調如牒,書到,付受相與校計,同月出入,毋令繆。EPF22.580

◇戍卒籍所受錢財物出入簿。EPT50.35

書到,付受與校計,同月出入,毋(無)令繆(謬)。EPF22.462A

永光四年十月盡五年九月戍卒折傷牛車出入簿。EPT52.394

漢元始廿六年十一月庚申朔甲戌,甲渠鄣候獲敢言之,謹移十月盡十二月完兵出入簿一編敢言之。EPF22.460A

謹移十月盡十二月穀出入簿一編。EPF22.453

始建國天鳳一年六月以來所受枲蒲及適槧諸物出入簿。EPT59.229

③指所作出的估計與實際可能有所偏差,接近而並不一定完全等同于事實,引申指與實際或標準之間的偏差。《漢語大詞典》給出的釋義為"指所估計之數可能或上或下,接近而並不等同"(《漢語大詞典》P939)。從下引釋文看,這個釋義並不能涵蓋所有下引例文。

辭以定,滿三日而不更言請者,以辭所出入罪反罪之律辨告,乃爰書驗問。EPF22.21

而不更言請,辭所出入罪反罪之律辨告。EPF22.330

按:上引簡文中的"出入"指的是"辭"(供詞;狀辭)與事實之間的偏差。

傳世文獻用例如《漢書·孔光傳》:"君前為御史大夫,翼輔先帝,出入八年,卒無忠言嘉謀。今相朕,出入三年,憂國之風復無聞焉。"此處的"出入"指時間上的估計。

《漢書·夏侯勝傳》:(建)又從五經諸儒問與《尚書》相出入者,牽引以次章句,具文飾說。"此處的"出入"指的是與《尚書》不同的地方。

初

Chū

①起始;開端。(《漢語大詞典》P999)

初雖勞苦。EPT50.1B

按:《說文·刀部》:"初,始也。從刀從衣,裁衣之始也。"《尚書·伊訓》:"今王嗣厥德,罔不在初。"孔传:"言善惡之由無不在初,欲其慎始。"

②表示序次居第一。(《漢語大詞典》P999)

壬申、辛丑、辛未、辛丑、庚午建,庚子初伏,己巳、己亥、戊辰、戊戌、丁卯、丁酉、◇。EPT65.100

◇,庚子、庚午、初伏,己亥、己巳、戊戌建,戊辰、戊戌、◇。EPF22.638A

◇庚□初伏,己□□□,戊□秋分,戊□。EPF22.716

按:《易·乾》:"初九:潛龍,勿用。"孔穎達疏:"居第一之位故稱初。"

③用於農曆每月開頭十天之前,表示它是該月中的第一個一、二……十日,以別於十一、十二……二十日。(《漢語大詞典》P999)

初二◇。EPT52.621B

④方才,剛剛。(《漢語大詞典》P999)

◇候史蘇陽初除。EPT50.17

初居。EPT53.109B

神爵四年二月丙申視事,初迹,盡晦廿九日。EPT53.38

長七尺二寸,為人中狀,黑色圓面,初亡時衣白布單衣,組(粗)布,步行。ESC.9A

詔書:吏初除,亟遣之官,案考功。EST115.1

甲日初禁酤酒羣歓(飲)者,◇。EPT59.40A

臨桐隊(燧)長張業初除詣官謁,十一月庚辰食坐入。EPT65.4

萬卿初炊靡米二斗。EPT26.5

除

Chú

①清除，去除。（《漢語大詞典》P6923）

有敢苛者，反受其央，以除為之。EPT49.3

②修治；整治。（《漢語大詞典》P6923）

一人除陳茭地。EPT49.10

除沙三千七百七十石。EPT51.117

率人除二百九十石。EPT51.117

按：《易·萃》："君子以除戎器，戒不虞。"孔穎達疏："除者，治也。"《穀梁傳·襄公二十四年》："弛侯，廷道不除。"范甯注："廷內道路不脩治。"

③免去；免除。（《漢語大詞典》P6923）

有能生捕得匈奴閒候一人，吏增秩二等，民與購錢十◇，◇人命者除其罪。EPF22.225

部吏雖手殺人，除其罪，其斬捕渠率者，又予購如列。ESC.5A

自殊死以下諸不當得赦者皆赦除之。EPF22.164

翟義、劉宇、劉璜及親屬當坐者盜臧證臧，它皆赦除之，書謹到敢言之。EPT59.42

發吏卒犇命給珠崖軍屯有罪及亡命者赦除其罪詔書，書到言所下◇。EPT56.38

按：《墨子·號令》："歸敵者父母、妻子、同産皆車裂。先覺之，除。"孫詒讓《閒詁》引蘇時學曰："言先覺察者，除其罪也。"

④除去,不計算在内。(《漢語大詞典》P6923)

謹省數材得二千八百二十,數屯少百八十,除醜惡五十,凡少二百三十。EPF22.456

往來積私去署八日,除往來日積私留舍六日,辭具。EPF22.387

定行廿九時二分,除界中十三時◇。EPF22.148

除天下必貢所當出半歲之直(值)以為牛酒之資,民不贅聚,吏不得容姦(奸)、便臣,秩郎、從官及中人各一等,其奉(俸)共養宿衛常樂宫者又加一等。EPF22.63A

凡直(值)五千六百九十,除二千四百六十五,定三千二百廿五。EPT52.91B

⑤治病。(《漢語大詞典》P6923)

治除熱方:貝母一分,桔更(梗)三分,◇。EPT10.8

按:《戰國策·秦策二》:"武王示之病,扁鵲請除之。"高誘注:"除,治也。"鮑彪注:"欲去其病。"

⑥拜官,授职。(《漢語大詞典》P6923)

建武六年正月中除為甲渠城北候長。EPF22.355

士吏馮匡,始建國天鳳上戊六年七月壬辰除,署第十部士吏。EPT68.11

以更始三年五月中除為甲渠吞遠隊(燧)長。EPF22.330

第十四隊(燧)長居延萬歲里上造馮彊年二十五,始建國天鳳五年正月辛亥除,補甲溝候官尉史,代夏侯常。EPF22.439

新除第廿一隊(燧)長常業代休隊(燧)長薛隆,迺丁卯餔時到官,不持府符。EPF22.169

今除補甲渠候官斗令史,代孫良。EPF22.60

按:《漢書·景帝紀》:"列侯薨及諸侯太傅初除之官,大行奏謚、誄、策。"顏師古注引如淳曰:"凡言除者,除故官就新官也。"

⑦古時建除家以為天文上的十二辰分別象徵人事上的十二种情況。"除"為十二辰中與卯相對應的一種表示吉利的代號。(《漢語大詞典》P6923)

廿二日丁卯,開;廿三日戊辰,閉;廿四日己巳,建,重;廿五日庚午,除。EPT8.12

按:《淮南子·天文訓》:"寅為建,卯為除,辰為滿,巳為平,主生。"《御定星曆考原·日時總類》:"曆書曰曆家以建、除、滿、平、定、執、破、危、成、收、開、閉凡十二日周而復始,觀所值以定吉凶。每月交節則疊兩值日。其法從月建上起,建與斗杓所指相應,如正月建寅則寅日起建,順行十二辰是也。"

芻(蒭)

Chú

同"芻"。飼草。(《漢語大詞典》P819)文例見【芻稾】(蒭稾)

【芻稾】(蒭稾)

干草。(《漢語大詞典》P819)

元始三年六月乙巳朔丙寅,大司徒宮、大司空少傅豐,◇車騎將軍、左將軍□□□□□中二千石、州牧、郡大(太)守◇□□□九萬半五千叢輕折軸,積薄中天,不慎微小,故多窮貧,子◇□數□千,羔羊萬餘,蒭稾積如山。EPS4T1.12

按:《說文解字·艸部》:"芻,刈草也,象包束草之形。"《急就篇·卷四》:"糟糠汁滓稾莝芻。"顏師古注:"稾,禾稈也。莝,細斫稾也。蒭,刈生草也。字本作芻,音義同。言此皆所以飼牛馬羊豕也。"

儲

Chǔ

蓄積;儲存。(《漢語大詞典》P734)

儲水□桐一,容十石。EPT48.18A

◇□處益儲茭穀,萬歲豫繕治舩,毋令◇。EPT59.658

按:《漢書·平帝紀》:"天下吏民亡得置什器儲偫。"顏師古注:"儲,積也。"《文選·贈丁翼一首(曹子建)》:"君子義休偫,小人德無儲。"李善注:"儲謂蓄積之以待無也。"

處

Chǔ

決斷;定奪。(《漢語大詞典》P5079)文例見【明處】

按:《國語·晉語一》:"驪姬問焉,曰:'吾欲作大事,而難三公子之徒如何?'對曰:'早處之,使知其極。'"韋昭注:"處,定也。"《漢書·穀永傳》:"將動心冀為後者,殘賊不仁,若廣陵、昌邑之類?臣愚不能處也。"顏師古注:"處,斷決也。"

Chù

處所,地方。(《漢語大詞典》P5079)又見【推處】【區處】

案:駿、誼、業取急,父死,駿等處缺◇掾常。EPF22.276

◇汝者但坐之處口語不可聽聞。EPT49.30B

穿

Chuān

①鑿通;穿孔。(《漢語大詞典》P4908)

北俠塞北,攻第十七隊(燧),穿塢西垣,壞上堞,入𢐥墶關破,折塢戶蜚橋,略◇。EPF22.490

按:此用法亦見于傳世文獻。《詩・召南・行露》:"誰謂鼠無角,何以穿我墉?"

②破敝。(《漢語大詞典》P4908)

其一毋(無)裹,完。二毋(無)裹,穿補。EPS4T1.15

弩幡四,其二穿。EPT6.3

◇所破穿听呼◇。EPT43.295

按:《公羊傳・宣公十二年》:"古者杅不穿,皮不蠹,則不出於四方。"何休注:"穿,敗也。"《莊子・山木》:"衣弊履穿,貧也。"

傳

(《漢語大詞典》P684)《漢語大詞典》有以下兩個義項。一是转授;遺留。《淮南子・精神訓》:"故舉天下而傳之於舜。"(汉)司马相如《喻巴蜀檄》:"終則遺顯號於後世,傳土地於子孫。"朱湘《哭孙中山》诗:"谁说他没有遗产传给后人?他有未竟之业让大家继承。"

二是让位;传代。《战国策・秦策一》:"〔孝公〕疾且不起,欲傳商君。"高诱注:"傳,猶禪也。"查義項三所引例句。《淮南子・精神訓》原文作"故舉天下而傳之於舜,若解重負然。非直辭讓,誠無以為也,此輕天下之具也"。堯舜禪讓的故事可謂家喻戶曉,此處釋"傳"為"轉授"(堯未死,不可能是遺留),而義項四中所引《戰國策・秦策》,高誘注"傳,猶禪也",則釋為"讓位;傳代"。二者義一也,而別立兩個義項,似為不妥。另《經籍籑詁》"傳"下《淮南子・精神訓》條有"傳,禪也"注,可旁證。

Chuán

傳達;傳送。(《漢語大詞典》P684)《漢語大詞典》首舉用例為(后蜀)顧敻《浣溪沙》。

◇朢(望)見第廿一隧(燧)舉堠上一苣(炬)火,和受第廿桼(七)隧(燧)不知,數傳到乃舉火,受第十五隧(燧)舉堠上一苣(炬)火,燔一積薪。EPF16.57B

匈奴人入塞,天大風,風及降雨,不具蓬(烽)火者,亟傳檄告,人走馬馳以急疾为故。EPF16.16

匈奴人入塞,候、尉吏亟以檄言匈奴人入,蓬(烽)火傳都尉府毋絕如品。EPF16.12

以道次傳,別書相報,不報者重追之。EPT50.48

◇入已,書亦急傳。EPW.16

◇傳詔書及言火事留遲◇。EPT59.417

◇已傳,亭驛移如牒敢言之。EPT4.52

京兆尹以□次傳。EPT48.56

按:《禮記・聘禮上》:"介紹而傳命。"孔穎達疏:"正義曰此一節明聘禮之有介,傳達賓主之命。”

Zhuàn

①驛站或驛站的車馬。(《漢語大詞典》P684)

及齎乘傳者,南海七郡、牂柯、越嶲、益州、玄兔、樂狼至旁近郡以縣廄置驛騎行。EPF22.69

按:《左傳·成公五年》:“梁山崩,晉侯以傳召伯宗。”杜預注:“傳,驛。”《史記·倉公列傳》:“文帝四年中,人上書言意以刑罪,當傳西之長安。”司馬貞索隱:“傳音竹戀反。傳,乘傳送之。”

②古代過關津、宿驛站和使用驛站車馬的憑證。(《漢語大詞典》P684)

封傳移過所,毋苛留。EPT50.39

按:《史記·孝景本紀》:“復置津關,用傳出入。”《韓非子·說林上》:“田成子去齊,走而之燕,鴟夷子皮負傳而從。”陳奇猷注引門無子曰:“傳,信也。以繒帛為之,出入關合信。”

椽

Chuán

椽子。(《漢語大詞典》P2654)

椽木長三丈,枚百。EPT65.120

按:《釋名》“桷”、“椽”、“榱”為一物。《釋名》:“桷,确也。其形細而疎确也,或謂之椽。椽,傳也,相傳次而布列也。或謂之榱,在檼旁下列衰衰然垂也。”而《說文》認為“椽”、“榱”一也,僅使用地域不同,而“桷”是方的椽子,也就是說“椽”包括方和圓兩種。《說文·

木部》:"椽,榱也。從木彖聲。"《說文·木部》:"榱,秦名為屋椽,周謂之榱,齊魯謂之桷。從木衰聲。"《說文·木部》:"桷,榱也。椽方曰桷。從木角聲。春秋傳曰:'刻桓宮之桷。'"據陸德明音義,則圓的椽子為"椽",方的椽子為"桷"。《左傳·桓公十四年》:"以大宮之椽歸為盧門之椽。"陸德明音義:"椽,直專反。榱也,圓曰椽,方曰桷。"

創

Chuāng

創傷。(《漢語大詞典》P1046)

其一所創袤三寸,三所創袤二寸半。EPT68.188

相擊,尊擊傷良頭四所,其一所創袤三寸。EPT68.172

又手中創二所,皆廣半寸長三寸。EPT51.324

◇□傷,具移創別名籍,毋(無)有以書言,會月廿七日,官須◇。EPT51.398

◇創□日□□□□□□□旦以湯器置阬下,令湯氣上動創中,三四日復用一分。EPT50.26

按:《說文·刃部》:"刅,傷也。從刃從一。創或從刀倉聲。"

炊

Chuī

燒火煮熟食物。(《漢語大詞典》P4083)

炊甑一。EPF22.602

萬卿初炊靡米二斗。EPT26.5

按:《説文·火部》:“炊,爨也。從火吹省聲。”《説文·爨部》:“爨,齊謂之炊爨。臼像持甑;冂像竈口;廾,推林内火。”

箠

Chuí

鞭打。(《漢語大詞典》P5232)文例見【榜箠】

春

Chūn

春季;春天。(《漢語大詞典》P3005)又見【春分】

元年春王正月。EPT52.59B

約至春錢畢已,姚子方◇。EPT57.72

始春不節適薄合強湌(餐)食。EPT43.56

謂官縣令以春祠社稷。EPT20.4A

【春分】

二十四節氣之一。(《漢語大詞典》P3005)

丙午春分,丙子、丙午◇。EPT65.189

按:(漢)董仲舒《春秋繁露·陰陽出入上下》:“至於仲春之月,陽在正東,陰在正西,謂之春分。春分者,陰陽相半也,故晝夜均而寒暑平。”

祠

Cí

祭祀。又見【侍祠】

黃白青騶以取婦、嫁女、祠祀、遠行、入官、遷徙、初疾◇。EPT40.38

謂官縣令以春祠社稷。EPT20.4A

謂官縣以令秋祠社稷。EPF22.153A

可祠社稷。EPF22.156

◇□農掾戎謂官縣,以令祠社稷,今擇吉日如牒。EPC.35

中得為母卜祠◇。EPT44.32

◇□□祠烝享酢書寫記□□門下。EPT40.75B

◇祠社所行入官遷徙◇。EPT43.175

按:《説文·示部》:"春祭曰祠。品物少,多文詞也。從示司省。仲春之月祠不用犧牲,用圭璧及皮幣。"《書·伊訓》:"伊尹祠于先王。"陸德明釋文:"祠,祭也。"

慈

Cí

文例見【慈萁】

【慈萁】

一種可以用來編織繩索的植物。又作"慈其"。

慈其索一,大二韋半,長四丈。EPT51.310

左右不射皆毋(無)所見,檄到令卒伐慈萁治薄更著,務令調利,毋令到不辨,毋忽如律令。EPF22.291

◇□助河南伐慈萁。EPT52.312

其十二人養,凡見作七十二人,得慈其九百□□◇。EPS4T2.75

按:"慈萁"作為植物名不見于傳世文獻。初仕賓在 EPT51.310 條下注:"慈其索,慈其即河西走廊常見的芨芨草,可用來織席和編繩。慈其索即用芨芨草編的繩子。"于豪亮[①]認為"慈萁"即"茈綦","慈"為從母字,"茈"也可以是從母字,二者雙聲通假;而"綦"從"其"得聲,二者通假也是沒有問題的。又進一步考證"茈綦"即紫綦,蕨。而據《漢語大詞典》,蕨為"多年生草本植物。生在山野。嫩葉可食,俗稱蕨菜;根莖含澱粉,俗稱蕨粉,可供食用或釀造;也供藥用,有清熱利尿之效。亦泛指蕨類植物。"則"慈萁"乃食用性植物,與《居延新簡》中"慈萁索"之名不符,疑于說有誤,暫從初說。

辭

Cí

訴訟的供詞。

恩辭不與候書相應,疑非實。EPF22.30

辭以定,滿三日而不更言請者,以辭所出入罪反罪之律辨告,乃爰書驗問。EPF22.21

① 《居延漢簡釋叢》,見《文史》(第十二輯),中華書局,1981 年,第 46 頁。

譚辭與備驗。EPT50.23

絜巾一直(值)廿,謹驗問,威辭:迺二年十月中所屬候史成遂徙補居延第三塢長,威以◇不五十,至今年三月中廿三日遂復以錢廿予威,曰以償威所送遂絜錢◇。EPT51.301

以何日到止害,言已毋(無)所復聞,辭具此。EPF22.394

謹驗問士吏孫猛,辭服負,已收得猛錢百廿。EPT52.21

按:《尚書·呂刑》:"上下比罪,無僭亂辭。"孔穎達疏:"辭,訟也。"

此

Cǐ

這;這個。與"彼"相對。

不候朢(望),利親奉詔不謹、不敬,以此知而劾,時◇六九五十四。EPT52.222

此書已發,傳致官亭閒相付,前◇。EPF22.56B

北界,此非其明戒耶。EPF22.350

與此七萬六千五百六十石。EPT51.117

幸為致此書官甚厚甚厚。EPT27.16

告主官掾:更定此草。EPT17.5

【如此】

這樣。

◇白,自知不當如此,叩頭叩頭□◇,◇善毋(無)恙,頃閒獨勞幸萃莘,膓□◇。EPT59.189A

此用法亦見于傳世文獻:《禮記·樂記》:"如此,則國之滅亡無日矣。”

次

Cì

①順序,次序。

甲渠官隊(燧)次行。EPT49.75

◇□丑朔甲寅居延庫守丞慶敢言之,繕治車卒甯朝自言,貰賣衣財物客民、卒所,各如牒律◇□辭,官移封不可知,甲溝官隊(燧)次行。EPT59.639

甲渠官亭次行。EPT50.207A

甲渠官亭次急行。EPT48.118

◇□□旁亭舉隊(烽)、燔薪以次和◇。EPT51.508

以次和如品。EPF16.9

四月己丑張掖庫宰崇以近秩次行大尹文書事,長史丞下部大(太)尉官縣承書從事下當用者。EPT59.160

以道次傳。EPT4.85B

建武五年八月甲辰朔戊申,張掖居延城司馬武以近秩次行都尉文書事,居延倉長印封,丞邯告勸農掾褒、史尚,謂官縣以令秋祠社稷。EPF22.153A

八月戊辰,張掖居延城司馬武,以近秩次行都尉文書事,以居延倉長印封。EPF22.68

若日且入時,見匈奴人在塞外,各舉部薰(烽)次亭,晦不和。EPF16.11

府省察，令居延除吏次備補惲等缺，叩頭死罪敢言之。EPF22.351

迺甘露元年十月癸酉以功次遷為甲渠候官斗食令史。EPT56.256

②指位次的等級，等第。文例見【久次】

【久次】

久居官次。

從假佐居延富里孫直年卅一，以久次除為甲渠□□□□□□受遣□□下餔。EPT65.148

按：《漢語大詞典》釋"久次"作"久居魯官次"，下引用例為《後漢書・黃琬傳》："舊制光祿舉三署郎，以高功久次才德尤異者為茂才四行。"查李賢注："久次，謂久居官次也。"疑《漢語大詞典》釋義"魯"字衍。

《漢書・孔光傳》："是時博士選三科高為尚書，次為刺史。其不通政事以久次補諸侯太傅。"《漢書・孔光傳》："竊見國家故事尚書以久次轉遷，非有踔絶之能不相踰越。"

刺

Cì

①用刀劍等尖銳的東西刺入或穿過物體。

拔劍入臨舍，閔（闔）戶，臨與男子◇紀駿欲出，眾以所持劍刺傷駿臂一所，◇。EPT65.414

刺腹一所。EPT43.106

嚴病傷汗,即日移病書,使弟赦付覆胡亭卒不審名字,己酉有◇追逐器物,盡壬子積六日,即日嚴持絳單衣、甲帶、旁橐、刺馬刀凡四物其昏時到部,嚴其一日還。EPT59.2

胡刀、刺馬刀直(值)五□◇。ESC.108

②名片。泛指記載的檔案。

臨木隊(燧)建始二年二月郵書刺。EPT51.391

不侵部建昭元年八月過書刺。EPT52.166

鴻嘉二年正月以來吏對會入官刺。EPT50.200A

新始建國地皇上戊元年八月以來吞遠倉廩吏卒刺。EPT43.30A

戊子,胡虜攻隊(燧),吏卒格鬬隊(燧)別名及刺卷。EPF22.747A

甘露元年十一月所假都尉庫折傷承車軸刺。EPT65.459

按:《漢語大詞典》僅有“名片”義。簡中提到有“郵書刺”、“過書刺”、“對會入官刺”、“吏卒刺”以及“折傷承車軸刺”。則“刺”應該是一種文書形式,可以用來記錄郵書、過書、對會入關的情況,也可以用例記錄吏卒姓名、格鬥、廩食等情況,甚至可以用來記錄車軸折傷的情況。

③官名。文例見【刺史】

【刺史】

官名。漢武帝時始置,分全國為十三部(州),部置刺史。成帝改稱州牧,哀帝時復稱刺史,后復稱州牧。

九月刺史奏事簿錄。EPT51.418B

建平三年五月庚戌朔己未,治書侍御史聽天、侍御史曌使移部刺史、郡大(太)守諸侯相、◇。EPT43.31

合檄一，張掖肩候印，詣刺史趙掾在所。EPT52.39

合檄二，章皆破，摩滅不可知，其一詣刺史趙掾◇。EPT52.39

陽朔五年正月盡十二月府移丞相、御史、刺史條。EPT56.77B

◇以來刺史書。EPT50.182B

按：《漢書・百官公卿表上》："武帝元封五年初置部刺史，掌奉詔條察州，秩六百石，員十三人。成帝綏和元年更名牧秩，二千石。哀帝建平二年復為刺史，元壽二年復為牧。"

賜

Cì

①賞賜，給予。又見【賞賜】

右以詔書二千石賜勞名籍。EPT51.419

賜錢百卅萬使為棄人粟西河◇。EPT59.26

賜泉二百萬。EPT9.1

◇矢六為程，過六賜勞，不滿六奪◇。EPT53.17

第四守候長原憲詣官，候賜憲、主官譚等酒。EPT68.18

右一條賜爵關內侯。ESC.4A

䜌（蠻）夷人敢有羣輩百人以上犯為盜賊者，有能斬捕渠率一人，賜爵關內侯，錢二百萬。ESC.6A

◇□弩發矢十二，中帬矢六為程，過六若不帬六矢，賜、奪勞各十五日。EPT56.337

按：《說文・貝部》："賜，予也。從貝易聲。"《禮記・少儀》："其以乘壺酒、束脩、一犬賜人。"鄭玄注："於卑者曰賜。"

②用作敬辭。敬稱對方的給予。《漢語大詞典》首舉用例為魯迅。

第隊(燧)長卿第長卿幸甚善持□等第十,謹遣長卿,幸賜記到,謹◇。EPT56.71B

往可便來者賜記。EPT43.56

當得幸賜書數告厚,厚□◇。EPT59.642

◇苦暑,幸賜書存問◇。EPT54.7B

當奉賜書。EPT59.898A

匆(忽)

Cōng

急遽。文例見【急匆匆】

【急匆匆】

急忙貌;匆忙貌。

七月中恐急忽忽吏民未安。EPF22.325A

按:大字典首舉用例為巴金。"急忽忽"即"急匆匆","匆"、"忽"俱從"匆"得聲。(宋)彭汝礪《和執中游山》:"急忽忽似奔走"一本作"急匆匆似奔走"。

從

Cóng

①跟從,跟隨。(《漢語大詞典》P1869)又見【從官】

第廿四隧(燧)長王陽,從故候張獲,謹◇。EPF22.283

今年正月中從女子馮□借馬一匹,從今年駒。EPF22.188

從蔡校尉未還,請□□還持馬詣府,君領職毋(無)狀。EPF22.390

初元三年六月甲申朔癸巳尉史常敢言之,遣守士吏泠臨送罷卒大(太)守府,與從者居延富里徐宜馬◇,◇毋苛留止如律令敢言之。EPT53.46

按:《禮記・檀弓下》:"及殯,望望焉,如有從而弗及。"鄭玄注:"從,隨也。"

②隨從的人。(《漢語大詞典》P1869)

其生捕得酋豪、王、侯、君、長、將率者,一人◇,吏增秩二等,從奴與購如比。EPF22.223

有能生捕得反羌從徼外來為閒候動靜中國兵,欲寇盜殺略人民,吏增秩二等,民與購錢五萬,從奴它與購如比。EPF22.233

厚妻子從,隨眾死不足報□。EPF22.287

按:此用法亦見于傳世文獻。《詩經・齊風・敝苟》:"齊子歸止,其從如水。"

③介詞。在;由。介紹動作行為發生的處所。(《漢語大詞典》P1869)

恩又從觻得自食為業將車莝斬來到居延。EPF22.27

未到木中隧(燧)里所,胡虜四步人從河中出,上岸逐丹。EPT68.88

帶大刀劍及鈹各一,又各持錐小尺白刀箴(針)各一,蘭越甲渠當曲隧(燧)塞從河水中天田出。EPT68.63

虜二騎從後來共圍遮,略得丹及所騎驛馬持去。EPT68.88

候長武光、候史拓閏月辛亥盡己卯積廿九日,日迹從第卅隊(燧)北盡鉼庭隊(燧)北界,毋(無)蘭越塞天田出入迹。EPT52.82

◇閏月己卯盡丁未積廿九日,日迹從第九隧(燧)北界盡第四隧(燧)南界毋(無)越塞蘭出入天田迹。EPT56.26

晏其夜從毋傷隊(燧)戶出,見卒王音,音不告吏。EPT40.6A

◇□所持鈹,即以疑所持胡桐木丈(杖),從後墨擊意項三下,以辜一旬內立死。EPF22.326

案:官中候以下□◇力䜌(䜌)奈何,反遣吏去而從後逐之,時薰(烽)起至今絕,留府。EPF16.51

按:此用法亦見于傳世文獻。《左傳・宣公二年》:"晉靈公不君……從臺上彈人,而觀其辟丸也。"

④介詞。自。介紹動作行為發生的時間。(《漢語大詞典》P1869)

◇□從何日月作盡何月日止。EPT59.259

府書曰,屬國秦胡盧水民從兵起以來□◇。EPF22.42

⑤介詞。向。介紹動作行為發生的對象。(《漢語大詞典》P1869)

書到驗問,審如猛言,為收責言,謹驗問廣德,對曰:迺元康四年四月中廣德從西河虎猛都里趙武取穀錢千九百五十,約至秋予。EPT59.8

先以從所主及它部官卒買◇三日而不更言請書律辨告。EPT51.228

鄣卒田惲受閣帛一匹,出帛一匹,從客民李子春買□◇。

EPT65.130

今年正月中從女子馮□借馬一匹,從今年駒。EPF22.188

恩即取黑牛去,留黃牛,非從粟君借㹀牛。EPF22.9

□□學成史,從姓字始,□◇。EPS4T1.5

【從官】

君王或其配偶的隨從、近臣。(《漢語大詞典》P1869)

除天下必貢所當出半歲之直(值)以為牛酒之資,民不贅聚,吏不得容姦(奸)、便臣,秩郎、從官及中人各一等,其奉(俸)共養宿衛常樂宮者又加一等。EPF22.63A

按:《漢語大詞典》作"君王的隨從、近臣",據《史記》王后也可以有從官,則此義不確矣。《史記・呂后本紀》:"太后以呂産女為趙王后,王后從官皆諸呂,擅權微伺趙王,趙王不得自恣。"《史記・平準書》:"(天子)行西踰隴,隴西守以行往卒,天子從官不得食,隴西守自殺。"《漢書・元帝紀》:"令從官給事宮司馬中者,得為大父母,父母、兄弟通籍。"顔師古注:"從官,親近天子常侍從者皆是也。"

【從事】

①行事;辦事。(《漢語大詞典》P1869)

建武五年九月癸酉朔壬午,甲渠令史立劾移居延獄,以律令從事。EPT68.15

建武五年十二月辛未朔乙未,第十候長□敢言之,謹居延獄以律從事。EPT68.180

建武五年五月乙亥朔丁丑主官令吏史譚劾移居延獄,以律令從事。EPT68.8

建武六年三月庚子朔甲辰不侵守候長業劾移居延獄,以律令從

事。EPT68.58

建武六年四月己巳朔己丑,甲渠候長昌林劾將良詣居延獄,以律令從事。EPT68.32

以科別從事,官奴婢以西州捕斬匈奴虜反羌購償科別。EPF22.221

建武五年五月乙亥朔壬午,甲渠守候博謂第二隊(燧)長臨,書到,聽書牒署從事如律令。EPF22.247A

六月辛巳張掖行長史事守部司馬從事下當用者如詔書。EPT52.104

按:此用法亦見于傳世文獻。《史記・秦始皇本紀》:"將閭曰:'闕廷之禮吾未嘗敢不從賓贊也,廊廟之位吾未嘗敢失節也,受命應對吾未嘗敢失辭也,何謂不臣! 願聞罪而死。'使者曰臣不得與謀。奉書從事。"

②官名。漢三公及州郡長官皆自辟僚屬,多以從事為稱。(《漢語大詞典》P1869)

掾仁、守卒史□卿、從事佐忠。EPT51.40

◇在所,一詣肩水卒史趙卿發,◇楊齊印,詣從事趙掾在所。EPT52.405

◇月甲午朔己未,行河西大將軍事、涼州牧、守張掖屬國都尉融使告部從事,◇城、武威、張掖、酒泉、敦煌大(太)守,張掖。EPF22.825A

案:武知從事行塞私去署毋(無)狀,◇□致白。EPT59.240

◇祭酒□、從事主事術、令史霸。EPF22.825B

按:《漢書・丙吉傳》:"坐法失官,歸為州從事。"《漢書・雋不疑傳》:"門下諸從事皆州郡選吏,側聽(雋)不疑,莫不驚駭。"顏師古注:"選州郡吏之最者乃得為從事。"

【從吏】(從史)

"從史"即"從吏"。屬吏。(《漢語大詞典》P1868)

右□從吏孟倉,建武五年桼(七)月丙申假濟南劍一,今倉徙補甲渠第七隊(燧)長。EPT59.574、575、576

司馬、千人、候、倉長、丞、塞尉職閒,都尉以便宜財予,從史、田吏如律令。EPF22.70

從史弘受錢千二百。EPT51.5

元延三年五月從史義叩頭死罪死罪,義以四月◇五日書下自罷,其六日幼實受長安苟里李□◇。EPT51.416A

謂從史范弘今罷◇。EPT52.410

右職閒,都尉以便宜予,從史令田。EPF22.79

按:《史記·曹相國世家》:"相舍後園近吏舍,吏舍日飲歌呼。從吏惡之,無如之何。"《漢書·兒寬傳》:"時張湯為廷尉,廷尉府盡用文史法律之吏,而寬以儒生在其間,見謂不習事,不署曹,除為從史,之北地視畜數年。"顏師古注:"從史者,但只隨官僚,不主文書。"《史記·袁盎晁錯列傳》:"袁盎自其為吳相時,嘗有從史,從史嘗盜愛盎侍兒。"

Zòng

直。南北曰從,東西曰橫。

廣七千一步,從二千七十步,積十四萬七千卌步。EPT57.78

按:《詩經·齊風·南山》:"蓺麻如之何,衡從其畒。"《戰國策·秦策二》:"廣從六里。"鮑彪注:"橫度為廣,直為從。"

萃

Cù

通“猝”。倉猝;匆忙。

迺丙午日出一干時虜可廿餘騎萃出塊沙中,略得迹卒趙蓋眾。EPT58.17

先日欲詣門下,迫薰(烽)起,萃萃不及詣門下,毋(無)狀叩頭叩頭。EPF16.40

按:《説文・犬部》:“猝,犬从艸暴出逐人也。”説文無“萃”字,據《居延新簡》則當時表示“倉猝;匆忙”義為“萃”,而非“猝”。二者俱從“卒”得聲,莫非許慎時已通用“萃”作“猝”者,所以許以“犬从艸暴出逐人也”為解,則此字從草從犬均可也。

存

Cǔn

慰問;問候。(《漢語大詞典》P2224)文例見【存問】

《周禮・秋官・大行人》:“王之所以撫邦國諸侯者,歲,遍存;三歲,遍覜;五歲,遍省。”郑玄注:“存、覜、省者,王使臣於諸侯之禮,所謂問也。”孫詒讓正義:“存,恤問也。”《戰國策・秦策五》:“陛下嘗軔車於趙矣,趙之豪桀,得知名者不少。今大王反國,皆西面而望。無一介之使以存之,臣恐其皆有怨心。”高誘注:“存,勞問也。”

【存問】

慰問;慰勞。多指尊對卑,上對下。(《漢語大詞典》P2224)

◇□數存問子橫望◇□□子橫□◇。EPT50.55A

◇苦暑,幸賜書存問◇。EPT54.7B

◇□良兄存問,良叩◇。EPT65.360A

按:此用法亦見于傳世文獻。《漢書・武帝紀》:"今遣博士大等六人分循行天下,存問鰥寡廢疾。"

寸

Cùn

長度名。十分為寸,十寸為尺。(《漢語大詞典》P1265)

又手中創二所,皆廣半寸長三寸。EPT51.324

出錢二百買木一,長八尺五寸,大四韋,以治罷卒籍,令史護買,◇。EPT52.277

◇□馬一匹,騂牡,齒八歲,高六尺八寸,□◇。EPF22.669

人功百五十六尺,用積徒三千人,人受袤尺三寸。EPT58.36

能書會計治官民頗如律令文,年三十二歲,長桼(七)尺五寸,應令。EPT59.104

札長尺二寸當三編。EPT4.58

按:《說文・寸部》:"寸,十分也。人手卻一寸動脈謂之寸口。從又從一。"《漢書・律曆志》:"度者,分、寸、尺、丈、引也,所以度長短也。本起黃鐘之長,以子穀秬黍中者,一黍之廣,度之九十分,黃鐘之長。一為一分,十分為寸,十寸為尺,十尺為丈,十丈為引。"賈誼

《新書·六術》:"十分為寸,十寸為尺。"

莝

Cuò

鍘草。(《漢語大詞典》P5481)文例見【莝斬】

按:《說文·艸部》:"莝,斬芻。從草坐聲。"

【莝斬】

鍘草(喂馬)。

恩又從觻得自食為業將車、莝斬來到居延。EPF22.27

按:《周禮·夏官·司馬》:"射則充椹質,茨牆則翦闔。"(宋)王與之轉引鄭鍔曰:"闔與左傳戎子駒支所謂苫蓋之蓋同,茨牆之時必使圉師翦闔,以其莝斬馬草熟於其事也。"

文獻中又作"斫莝":《漢書·尹翁歸傳》:"豪强有論罪,輸掌畜官,使斫莝,責以員程,不得取代。"顏師古注:"莝,斬芻。"

D

大

Dà

①與"小"相對。形容體積、面積、數量、力量、重要性等方面超過一般或超過所比較的物件。(《漢語大詞典》P1298)

大酒几一,長七尺。EPT51.408

大笥一合,直(值)千。EPF22.25

大苣(炬)卅。EPT49.13B

詡、宗各有大車一兩,用牛各一頭,餘以使相◇。EPF22.657

大黃力十五石具弩一。EPT50.95

移新到□□◇鐵臿、大刀。EPT49.85A

白練複大襲一領。EPT52.187

辭曰,憲帶劍持官弩一,箭十一枚,大革橐一,盛糒三斗,米五斗,騎馬蘭越隊(燧)南塞天田出,西南去。EPT68.26A

匈奴人渡三十井縣(懸)索關門外道上隧(燧),天田失亡,舉一蓬(烽),塢上大表一,燔二積薪。EPF16.6

止北隊(燧)大積薪、小積薪各一。EPT51.188

大飯去廬一,小去廬◇。ESC.100

大連橐直(值)百卌,◇。ESC.96

嚴謂立是大事也,致令◇。EPT59.67

◇□如牒,書到,壹以廣大札明書,與蓬(烽)◇。EPT59.132

尉史並白:教問木大小賈(價)。EPT65.120

出粟大石廿五石。EPT43.78

②大小的程度。(《漢語大詞典》P1298)

石大如羊頭以上三百。EPT48.18A

◇□□酒一杯飲,大如雞子,已飲。EPT53.141

三偶大如小杯。EPT40.24A

③粗。指條狀物横剖面(大)。(《漢語大詞典》P1298)

出錢二百買木一,長八尺五寸,大四韋,以治罷卒籍,令史護買,

◇。EPT52.277

慈其索一,大二韋半,長四丈。EPT51.310

謹問木大四韋,長三丈。EPT65.120

④指年長的人或尊長。(《漢語大詞典》P1298)文例見【大小】

⑤表示範圍廣。(《漢語大詞典》P1298)文例見【大凡】

⑥表示程度深。(《漢語大詞典》P1298)

晏子溉然而大息,其心甚憂,笑而應之曰。EPT51.390

◇所逐驗大逆無道故廣陵王胥御者惠同産弟故長公主弟卿◇字中夫,前為故大(太)子守觀奴嬰齊妻,嬰齊前病死,麗戎從母捐◇。EPT43.92

◇□言不敬,謾,非大不敬,在第三卷五十。EPF22.416

往時◇見告,腸中大懣,不知當柰何,往時言卒當來。EPT59.75B

◇□□□□□□□□□□□□□□謀反,大逆無道及當坐者,移□□□□□◇。EPT53.140

⑦指農曆的一個月從月朔到月晦為三十日。不見于《漢語大詞典》。

二月大。EPT50.27

三月壬子朔大,◇。EPT52.296

四月大。EPT4.90B

六月大。EPT4.90B

八月大。EPT4.90B

十月大。EPT4.90B

◇十月小,十一月大,十二月小。EPF25.13

十二月大。EPT4.90B

⑧文例見【大黃】

【大凡】

總計;共計。(《漢語大詞典》P1300)

大凡卒吏◇餘百卌三◇卒候朢(望)為職,◇。EPT52.442

大凡千一百七十□◇。EPT59.315B

◇□大凡直(值)粟四十九斛。EPT40.76B

按:此用法亦見于傳世文獻。《史記·吳太伯世家》:"大凡從太伯至壽夢十九世。"《漢書·藝文志》:"大凡書六略三十八種五百九十六家,萬三千二百六十九卷。"

【大夫】

①古職官名。周代在國君之下有卿、大夫、士三等;各等中又分上、中、下三級。后因以大夫為任官職者之稱。秦漢以後,中央要職有御史大夫,備顧問者有諫大夫、中大夫、光祿大夫等。(《漢語大詞典》P1300)

◇□君吏六百石大夫,位當有◇。EPT52.164

郎、從官秩下大夫以上得食卿祿,員八。EPF22.63A

◇都水大司空、右大夫使護宛保忠信卿、六卿中室、御僕、黃室御、保成師傅◇長、六隊(隊)大夫、州部牧監、郡卒正、連率、庶尹、關農溝曼大(太)尉承書從事下當用者三十二。EPT59.155A

右五命上大夫增勞名籍。EPT5.32

謹請邑大夫官仄、中功仄君、都謝敖等三人同食。EPT51.224A

按:《周禮·天官冢宰》:"治官之屬大宰:卿一人;小宰:中大夫二人;宰夫:下大夫四人。上士八人,中士十有六人,旅下士三十有二人。"《漢書·百官公卿表》:"郎中令,秦官。掌宫殿掖門户,有丞,武帝太初元年更名光禄勳。屬官有大夫、郎、謁者,皆秦官,又期門羽林皆屬焉。大夫掌論議,有太中大夫、中大夫、諫大夫皆無員,多至數十人。武帝元狩五年初置諫大夫,秩比八百石。太初元年更名中大夫,為光禄大夫,秩比二千石,太中大夫秩比千石。"

②爵位名。漢分爵位為二十級。(《漢語大詞典》P1300)

甲渠候官戍卒内黄平利里大夫馬於年卌。EPT51.26

戍卒魏郡元成正陽里大夫張安世年廿四。EPT53.5

宜穀亭長孤山里大夫孫況年五十七,蕪事。EPF22.60

按:《漢書·百官公卿表》:"爵一級曰公士,二上造,三簪裊,四不更,五大夫,六官大夫,七公大夫,八公乘,九五大夫。"

【大黄】

藥草名。産于四川及西北等地,根可入藥,是一種用途較為廣泛的藥用植物。(《漢語大詞典》P1318)

治養身□◇三分,大黄□◇□消□□□◇。EPT54.14

大黄十分。EPT9.7A

按:大黄作為一種藥用植物,數見于《金匱要略》、《傷寒論》等醫書中。(明)李時珍《本草綱目·草部》:"大黄,釋名:黄良;將軍;火參;膚如。普曰:'生蜀郡北郡或隴西,二月卷生黄赤,其葉四四相當。莖高三尺許,三月花黄,五月實黑,八月采根,根有黄汁。'苦寒無毒。"

【大黄布】

王莽時貨幣名稱之一。不見于《漢語大詞典》。

尉史呂普十月禄大黄布十三枚,十二月辛未自取。EPT59.195

第十桼(七)候長薌良十月祿大黃布十三枚,◇。EPT59.222

不侵候史趙竟十月祿大黃布十三枚,四年正月己丑候長茂取。EPT59.197

俱起隧(燧)長鄒相十月祿大黃布十三枚,四年正月己丑候長陽取。EPT59.202

右第十部士吏以下十一人用大黃布百四十三枚。EPT59.220

按:《漢書》僅有"大布",重量尺寸均與后來發掘的實物不符,不知二者非一物還是《漢書》誤記。《漢書·食貨志》:"莽即眞,以為書劉字有金刀,迺罷錯刀、契刀及五銖錢,而更作金、銀、龜、貝、錢、布之品,名曰寶貨。……大布、次布、弟布、壯布、中布、差布、厚布、幼布、幺布、小布。……上至大布長二寸四分,重一兩,而直千錢矣。"(明)胡我琨《錢通》:"右大黃布刀(附圖),舊譜曰重七銖,長二寸三分。文曰大黃布刀。"(清)厲鶚《東城雜記》:"大黃布刀。長二寸三分,色赤,首有孔,下枝足。文篆書曰:大黃布刀。製亦新室,莽嘗自稱黃虞之後。"

【大鴻臚】

官署名。《漢語大詞典》僅有"鴻臚"一詞。

五月戊辰丞相光下少府、大鴻臚、京兆尹、定□相。EPT48.56

按:《漢書·百官公卿表》:"典客,秦官。掌諸歸義蠻夷,有丞。景帝中六年更名大行令,武帝太初元年更名大鴻臚。"

【大吉】

大吉利。(《漢語大詞典》P1303)

◇午、丙、申大吉。EPT65.57

按:此用法亦見于傳世文獻。《易·家人》:"富家,大吉。"《左傳·僖公十五年》:"對曰:'乃大吉也,三敗必獲晉君。'"《史記·日者列傳》:"曆家曰小凶,天人家曰小吉,太乙家曰大吉,辯訟不決。"

【大將軍】

武官名。始于戰國。(《漢語大詞典》P1320)

府移大將軍莫(幕)府書,曰:姦(奸)黠吏民作使賓客私鑄作錢薄小,不如法度。EPF22.38A

謂官縣寫移書到,如大將軍莫(幕)府書律令。EPF22.71A

建武三年四月丁巳朔辛巳,領河西五郡大將軍張掖屬國都尉融,移張掖居延都尉。EPF22.70

手書大將軍檄。EPT49.45B

◇長□□行大(太)守事,守丞宏移部都尉,謂官縣大將軍莫(幕)府移計簿錢如牒,◇莫(幕)府牒律令。EPF22.173A

封橐一封詣大將軍。EPT49.29

大將軍莫(幕)府守府書曰:具言吏當食奉(俸)者秩別、人名、數,謹移尉以◇。EPF22.425

按:《史記·廉頗藺相如列傳》:"趙王與大将軍廉頗諸大臣謀。"漢代沿置,為將軍最高稱號,多由貴戚擔任,統兵征戰並掌握政權,職位極高。如衛青、霍光為大將軍。衛青為漢武帝皇后衛子夫弟,霍光之兄霍去病為衛子夫姊衛少兒之子。《史記·外戚世家》:"(霍去病)號驃騎將軍,(衛)青號大將軍。"《史記·建元以來侯者年表》:"博陸霍光,家在平陽,以兄驃騎將軍故貴。……中輔幼主昭帝,為大將軍,謹信用事擅治,尊為大司馬,益封邑萬戶。"

【大麥】

一種農作物,果實可食,收穫季節早于小麥,為九穀之一。(《漢

語大詞典》P1318)

到第三置,恩糴(糴)大麥二石付業,直(值)六千。EPF22.13

到弟(第)三置,為業糴(糴)大麥二石。EPF22.25

月八日受隧(燧)長上官武大麥四石七斗五升。EPT10.3

□三斛◇,◇□范立二十五斛◇,◇直(值)大麥四十五◇。EPT59.914A

大麥卅石◇。ESC.51

按:《廣雅》卷十:"大麥,麰也。"王念孫疏證:"大麥之熟先于小麥……今大麥小麥各有有芒無芒二種,無芒者良。大麥可煮食,小麥則作餅用之。鄭注《月令》云麥者接絕續乏之穀,尤重之。故《周官·大宰》九穀,鄭眾注以大小麥並言。"

【大男】

成年男子。(《漢語大詞典》P1306)在《居延新簡》中"大男"指年齡在十五歲以上(含十五歲)的男子。

時市庸(傭)平賈(價)大男日二斗,為穀廿石。EPF22.26

甲渠三堠隊(燧)卒當遂里左豐,父大男長年五十。EPT65.478

父大男辅年六十三。EPT65.145

神爵四年八月壬辰朔丁酉甲渠臨◇□□大男張未央,五月旦苦作俱亡◇。EPT52.452

弟大男政年十八。EPT40.23

按:據《居延新簡》以下用例:

弟使男正年十四。ESC.55

子大男恭年十五。EPT40.27

則十五歲是"大男"和"使男"的年齡界限,"大男"指年齡十五歲以上(含十五歲)的男子。

【大女】

成年女子。(《漢語大詞典》P1300)在《居延新簡》中"大女"指年齡十五歲以上(含十五歲)的女子。

姊大女正為年廿。ESC.55

妻大女憲年廿一。EPT44.1

妻大女君憲年廿四。EPT65.119

妻大女捐年卅四。EPT40.17

武誠隊(燧)卒徐親,妻大女阿年卌五。EPT65.411

按:據《居延新簡》,"大男"指年齡十五歲以上(含十五歲)的男子。與"大男"相對應的"大女",年齡也應該與此一致。《居延新簡》中所見"使女"年紀最大者為十三歲:

◇妻使女貴年十三◇。EPT65.495

《居延漢簡》(甲乙編)中有十五歲的"大女":

妻大女女足年十五,見署用穀二石九升少。五五・二〇圖二五三

【大卿】

推測有二:一、一種敬稱。二、一種官職名。

牛大小八頭,大車一兩,皆與大卿,令為子息之,又子侄前大卿奴及牛廿餘。EPF22.341

獲朢(望)見第一白衣騎,以為大卿。EPF22.530

君所在獲前為書,與王君述子儀死刑狀,不言大卿殺也,今大卿反◇。EPF22.386

□□大卿因對,子侄言粟君逐義,義由殺之□□□長□又前者

◇。EPF22.385

按:《漢語大詞典》"大卿"條釋義:"宋代俗稱中央各寺的正職長官為大卿"。"大卿"于《居延新簡》凡五見,從文例來看,疑非專有人名。推測有二:

一、遍檢漢代及其以前的文獻,"大卿"僅出現一例,《漢書·貨殖傳》:"長安丹王君房,豉樊少翁、王孫大卿,為天下高訾。樊嘉五千萬,其餘皆鉅萬矣。王孫卿以財養士,與雄傑交,王莽以為京司市師,漢司東市令也。""王孫大卿"即后文提到的"王孫卿",王孫卿財勢雄厚,又交往雄傑,且兼為市令,則"大卿"很可能是敬稱或美稱。另"大卿"亦見於(唐)杜佑《通典·職官七》:"漢以太常、光祿勳、衛尉、太僕、廷尉、大鴻臚、宗正、大司農、少府謂之九寺大卿,後漢九卿而分屬三司。"據此則《漢語大詞典》"大卿"條釋義似不確,非"宋代俗稱中央各寺的正職長官為大卿",乃"漢代俗稱中央各寺的正職長官為大卿"。只是王孫卿僅為東市令,非所謂九寺大卿也,疑"大卿"為敬稱。另(唐)樊綽《蠻書》卷三:"天寶四載,閣羅鳳長男鳳伽異入朝宿衛,授鴻臚少卿。七載蒙歸義卒。閣羅鳳立,朝廷冊襲雲南王矣,伽異大卿兼楊、瓜州刺史。"則此"大卿"亦非九寺大卿也。

二、(漢)蔡邕《蔡中郎集》卷五《司空楊公碑》:"(楊秉)乃遷太僕太卿。"漢代"大"、"太"不分,則"大卿"也可能是官職名,惜僅此孤證。

【大司空】

官名。春秋時為天子三公之一,與大司徒、大司馬一起総領百官,並稱三公,為共同負責政務的最高長官之一。晉有大司空之職,主領土木之事,宋為避諱曾經把司空改稱司城。漢成帝綏和元年,改

御史大夫為大司空,哀帝建平二年復大司空為御史大夫,元壽二年再改為大司空,東漢以後但稱司空。(《漢語大詞典》P1303)

大司空罪別之。EPF22.67

元始三年六月乙巳朔丙寅,大司徒宮、大司空少傅豐,◇車騎將軍、左將軍□□□□□中二千石、州牧、郡大(太)守◇□□□九萬半五千叢輕折軸,積薄中天,不慎微小,故多窮貧,子◇□數□千,羔羊萬餘,蒭槀積如山。EPS4T1.11

◇使掌河隄大司空◇。EPW.31

按:《左傳・莊公二十六年》:"二十六年春,晉士蔿為大司空。夏士蔿城絳,以深其宮。"杜預注"大司空,卿官。"《公羊傳・文公八年》:"宋司城來奔。"何休注:"天子有大司徒、大司馬、大司空,皆三公,官名也。諸侯有司徒、司馬、司空,皆卿官也。"《漢書・百官公卿表》:"御史大夫,秦官,位上卿,銀印青綬,掌副丞相。有兩丞,秩千石。……成帝綏和元年更名大司空,金印紫綬,祿比丞相,置長史如中丞,官職如故。哀帝建平二年復為御史大夫,元壽二年復為大司空。"

【大司馬】

官名。《周禮》"大司馬"一職掌邦國政事。春秋時為天子三公之一,與大司徒、大司空一起総領百官,並稱三公。漢代武帝時初置,哀帝時去而復置,主掌武事。大司馬常授予掌權且有將軍稱號的外戚,期間也有不冠將軍稱號的。(《漢語大詞典》P1303)

◇大司馬利苗男臣訢。EPT13.4

◇大司馬官屬□◇。EPT65.533

按:《周禮・夏官・大司馬》:"大司馬之職,掌建邦國之九灋,以佐王平邦國。"《漢書・百官公卿表》:"太尉,秦官,金印紫綬,掌武事。武帝建元二年省。元狩四年初置大司馬,以冠將軍之號。宣帝地節三年置大司馬,不冠將軍,亦無印綬官屬。成帝綏和元年初賜大司馬金印紫綬,置官屬,禄比丞相,去將軍。哀帝建平二年復去大司馬印綬、官屬,冠將軍如故。元壽二年復賜大司馬印綬,置官屬,去將軍,位在司徒上。有長史,秩千石。"《後漢書・百官志一》:"太尉,公一人。"劉昭注:"世祖即位為大司馬,建武二十七年改為太尉。《後漢書・百官志一》:"將軍,不常置。初,武帝以衞青數征伐有功,以為大將軍,欲尊寵之。以古尊官唯有三公,皆將軍始自秦、晉,以為卿號,故置大司馬官號以冠之。"

【大司農】

官名。秦始置,初名治粟内史,漢景帝時更名大農令,漢武帝太初元年更名大司農。掌租稅、貨幣、帑藏、漕穀、鹽鐵、物價和國家的財政收支,為九卿之一。東漢后鹽鐵屬郡縣。(《漢語大詞典》P1303)

七月癸亥宗正丹、郡司空、大司農丞書從事下當用者。EPT50.48

三月丁酉宗正慶忌、丞延年下都司空,承書從事下當用□◇,◇□□甲辰大司農調受簿丞賞行五官丞事,下都内、上農都尉、執金吾◇。EPT52.413

大司農之家◇其減罪一等,當安世以重罪完為城旦,制曰:以贖論。EPT52.279B

陽朔三年正月盡十二月府移大司農部掾條。EPT52.470B

大司農臣延奏罪人得入錢贖品。EPT56.35

◇七十五,元年六月為大司農茇,刃缺,幣盡。EPT51.550

按:《漢書・百官公卿表》:"治粟内史,秦官,掌穀貨,有兩丞。景帝後元年更名大農令,武帝太初元年更名大司農,屬官有太倉、均輸、平準、都内、籍田五令丞,斡官、鐵市兩長丞。又郡國諸倉農監、都水六十五官長丞皆屬焉。"《漢書・食貨志》:"孔僅使天下鑄作器,三年中至大司農,列於九卿。"《後漢書・百官志三》:"大司農,卿一人,中二千石。本注曰:掌諸錢穀金帛諸貨幣。郡國四時上月旦見錢穀簿,其逋未畢,各具别之。邊郡諸官請調度者,皆為報給,損多益寡,取相給足。丞一人,比千石。部丞一人,六百石。本注曰:部丞主帑藏。太倉令一人,六百石。本注曰:主受郡國傳漕穀。丞一人。平準令一人,六百石。本注曰:掌知物賈,主練染,作采色。丞一人。導官令一人,六百石。本注曰:主舂御米,及作乾糒。導,擇也。丞一人。右屬大司農。本注曰:郡國鹽官、鐵官本屬司農,中興皆屬郡縣。"

【大司徒】

官名。周時掌土地與人民,春秋時為天子三公之一,與大司空、大司馬一起総領百官,並稱三公,為共同負責政務的最高長官之一。漢代哀帝元壽二年更丞相為大司徒,東漢稱司徒。(《漢語大詞典》P1303)

元始三年六月乙巳朔丙寅,大司徒宫、大司空少傅豐,◇車騎將軍、左將軍□□□□□中二千石、州牧、郡大(太)守◇□□□九萬半五千叢輕折軸,積薄中天,不慎微小,故多窮貧,子◇□數□千,羔羊萬餘,蒭稾積如山。EPS4T1.11

按:《周禮・地官》:"大司徒之職,掌建邦之土地之圖與其人民之數,以佐王安擾邦國。"《漢書·百官公卿表》:"相國、丞相,皆秦官,金印紫綬,掌丞天子助理萬機。秦有左右,高帝即位,置一丞相,十一年更名相國,緑綬。孝惠、高后置左右丞相,文帝二年復置一丞相。有兩長史,秩千石。哀帝元壽二年更名大司徒。應劭曰:丞者,承也。相者,助也。荀悦曰:秦本次國,命卿二人,是以置左右丞相,無三公官。"《後漢書·百官志一》:"司徒,公一人。本注曰:掌人民事。凡教民孝悌、遜順、謙儉、養生送死之事,則議其制,建其度。凡四方民事功課,歲盡則奏其殿最而行賞罰。凡郊祀之事,掌省牲視濯,大喪則掌奉安梓宫。凡國有大疑大事,與太尉同。世祖即位,為大司徒,建武二十七年,去'大'。"

【大小】

大與小;大或小。(《漢語大詞典》P1299)

與虜為重仇讎,是吏民毋(無)大小所當共為方略,剝斷斬之。EPT65.271

【大尹】

官名。秦稱郡守,負責治理一郡的事務。景帝中二年更名郡太守,王莽時改郡太守為大尹。(《漢語大詞典》P1301)

十月辛酉將屯偏將軍張掖大尹遵尹騎司馬武行副咸(貳)事,試守徒丞、司徒□◇循下部大(太)尉、官縣承書從事下當用者如詔書。EPF22.65A

四月己丑張掖庫宰崇以近秩次行大尹文書事,長史丞下部大(太)尉官縣承書從事下當用者。EPT59.160

部□閭師、郡大尹□□,承書◇。EPW.93

十月丁卯張掖大尹融、尹部騎司馬武行長史事,丞博□□□□行

庫事□□□。EPT59.338

按:《漢書·百官公卿表》:"郡守,秦官,掌治其郡,秩二千石。有丞,邊郡又有長史,掌兵馬,秩皆六百石。景帝中二年更名太守。"《漢書·王莽傳》:"改郡太守曰大尹。"

Tài

①"太"的古字。(《漢語大詞典》P1298)文例見【大常】【大傅】【大師】【大守】【大尉】【大子】

按:《漢語大詞典》無【大守】一詞,【大尉】下無"太尉"這一義項。(清)江沅《說文釋例》:"古只作'大',不作'太',亦不作'泰'。《易》之'大極',《春秋》之'大子'、'大上',《尚書》之'大誓'、'大王王季',《史》《漢》之'大上皇'、'大後',後人皆讀為'太',或徑改本書,作'太'及'泰'。方言中讀大黃、大夫之"大"為 dài([dai]),疑保留了古音,蓋古無輕唇音,大常、大傅之"大"應皆讀為此,以區別表大小之義的大(dà),後重唇輕唇分開,書面語變為 tài,口語中常用之大黃、大夫仍讀為 dài([dai])。古代聲調改變可以區別意義者較常見。如扇,名詞讀 shàn,動詞讀 shān,另外如好、磨、教皆類此。聲調的改變亦會引起書面記錄該詞的文字符號的改變,如蹄(tí),動詞、名詞皆可用該字,後動詞音改為"tī",記錄符號後亦變為"踢",與"大"變為"太"相類。但通過韻尾增減來區別意義者則不是太常見。

②指三分之二升,為"大半"的省略。此義不見于《漢語大詞典》。又見【大半】

弟使女女年十一,用穀一石六斗六升大。EPF25.17

◇□凡出穀九千一百八十七石四斗一升大。EPT52.586B

◇凡□十月盡十二月積□□◇,◇□食粟十三斛三斗三升大。EN.1

◇載榜稈卌一石六斗六升大,已。EPT58.14

居署盡晦,用粟八石一斗六升大,子男張子取。EPT65.411

◇五石,皆省輸甲渠候官,偃已入廿石,少廿一石六斗六升大,大偃已入卅三石□□府□□◇已上。EPT52.197

按:此處因“大”與“大半”義同,而“太半”音“tài”,故此義項係于此處,至於“大”是否音“tài”,尚待考。

【大半】

三分之二。(《漢語大詞典》P1303)

◇用積徒千一十三人少半人,率亭廿六人大半人。EPT58.39

◇徒萬七千一百八十八大半人,率亭一百五十二人少半人。EPT58.40

按:《周禮》:“重三鋝。”鄭玄注:“或以大半兩為鈞,十鈞為環,環重六兩大半。”十個大半兩等于六兩大半(兩),則大半兩即三分之二兩。《淮南子・兵略訓》:“收大半之賦。”高誘注:“貲民之三而稅二。”《漢書》:“有司比再請,削其國,去太半。”顏師古注:“張晏曰三分之二為太半,一為少半。”則“太半”即“大半”也。清人江阮在《說文釋例》中認為古(周以及秦漢)隻作“大”,不作“太”,《史記》、《漢書》里的“大”則被后人徑改為“太”。這也從側面印證了這一論斷。

【太常】(大常)

官名。秦稱奉常,漢景帝六年更名太常,掌宗廟禮儀,兼掌選試博士,王莽時改稱秩宗。(《漢語大詞典》P1361)

南書一封居延都尉章,詣大(太)常府,◇。EPT59.44

按:《漢書・百官公卿表》:“奉常,秦官,掌宗廟禮儀,有丞。景帝中六年更名太常。屬官有太樂、太祝、太宰、太史、太卜、太醫六令丞,又均官、都水兩長丞,又諸廟寢園食官令長丞,又廱太宰、太祝令丞,五時各一尉。又博士及諸陵縣皆屬焉。……王莽改太常曰秩宗。"

【太傅】(大傅)

官職名。為三公之一。周代始置,輔弼天子治理天下。秦廢。漢復置,次于太師。(《漢語大詞典》P1362)

大(太)傅就心公臣晏。EPT13.4

按:《尚書·周官》:"立太師、太傅、太保,茲惟三公,論道經邦,燮理陰陽。"《漢書·百官公卿表》:"太傅,古官,高后元年初置,金印紫綬,後省。八年復置,後省,哀帝元壽二年復置,位在三公上。太師、太保,皆古官,平帝元始元年皆初置,金印紫綬,太師位在太傅上,太保次太傅。"

【太師】(大師)

官職名。三公之最尊者。周置,為輔弼國君之官。秦廢。漢平帝元始元年始置,多為重臣加銜,作為最高榮典以示恩寵,並無實職。亦指太子太師,為輔導太子之官。(《漢語大詞典》P1361)參見【太傅】【太保】

大(太)師特進褒心侯臣匡。EPT13.4

按:《尚書·周官》:"立太師、太傅、太保。"孔安國傳:"師,天子所師法。"《漢書·百官公卿表》:"太師、太傅、太保是為三公。蓋參天子,坐而議政,無不總統,故不以一職為官名。又立三少為之副,少師、少傅、少保是為孤卿,與六卿為九焉。記曰三公無官,言有其人然後充之。……太師、太保皆古官,平帝元始元年皆初置,金印紫綬。太師位在太傅上,太保次太傅。"《漢書·賈誼傳》:"古之王者,太子迺生,固舉以禮。”

【太守】(大守)

官職名。秦置郡守,漢景帝時改名太守,為一郡最高的行政長官。(《漢語大詞典》P1359)

其一封張掖大(太)守章,詣都尉府。EPT51.379

◇月甲午朔己未,行河西大將軍事、涼州牧、守張掖屬國都尉融使告部從事,◇城、武威、張掖、酒泉、敦煌大(太)守,張掖。EPF22.825A

酒泉大(太)守府移丞相府書曰:大(太)守◇迎卒受兵,謹掖檠持,與將卒長吏相助至署所,毋令卒得擅道用弩射禽獸、鬬已。EPT53.63

南陽大(太)守掾史、宛邑令聞安衆侯劉崇謀反欲入宛邑城,先發吏民杜關城門、距射,崇等以故不得入,逐其逆亂者。ESC.1A

臣請列侯、中二千石、諸侯相、邊郡萬騎大(太)守,減中郎一人,二◇中者,減舍人。EPT51.480

◇長□□行大(太)守事,守丞宏移部都尉,謂官縣大將軍莫(幕)府移計簿錢如牒,◇莫(幕)府牒律令。EPF22.173A

十二月乙丑張掖大(太)守延年、長史長壽、丞焚下居延都尉、縣承書從事下當用者,如詔書律令。EPT52.96

九月乙亥涼州刺史柳使下部郡大(太)守、屬國、農都尉承書從事下當用者,明察吏有若能者勿用,嚴教官屬,謹以文理遇百姓,務稱明詔厚恩,如詔書。EPT54.5

按:《漢書·百官公卿表》:“郡守,秦官。掌治其郡,秩二千石,有丞,邊郡又有長史,掌兵馬,秩皆六百石。景帝中二年更名太守。”

【太尉】(大尉)

官職名。秦始置,為全國軍政首腦,與丞相、御史大夫並稱三公。漢武帝時改稱大司馬。東漢時太尉與司徒、司空並稱三公。(《漢語大詞典》P1362)

十月辛酉將屯偏將軍張掖大尹遵尹騎司馬武行副咸(貳)事,試守徒丞、司徒□◇循下部大(太)尉、官縣承書從事下當用者如詔書。EPF22.65A

四月己丑張掖庫宰崇以近秩次行大尹文書事,長史丞下部大(太)尉官縣承書從事下當用者。EPT59.160

◇都水大司空、右大夫使護宛保忠信卿、六卿中室、御僕、黃室御、保成師傅◇長、六隊(隊)大夫、州部牧監、郡卒正、連率、庶尹、關農溝曼大(太)尉承書從事下當用者三十二。EPT59.155A

◇□□隊(燧)長上造李欽,始建國三年十月旦乘塞外盡四年九月晦積三百◇,張掖延城大(太)尉元、丞音以詔書增欽勞□◇。EPT59.339

◇□日令蒙憂,大(太)尉憂恙。EPT59.811A

按:《漢書·百官公卿表》:"太尉,秦官。金印紫綬,掌武事。武帝建元二年省,元狩四年初置大司馬以冠將軍之號,宣帝地節三年置大司馬,不冠將軍,亦無印綬、官屬。成帝綏和元年初賜大司馬金印、紫綬,置官屬,禄比丞相,去將軍。哀帝建平二年復去大司馬印綬、官屬,冠將軍如故。元壽二年復賜大司馬印綬,置官屬,去將軍,位在司徒上,有長史,秩千石。"

【太子】(大子)

君主的儿子中被预定继承君位的人。(《漢語大詞典》P1358)

◇所逐驗大逆無道故廣陵王胥御者惠同産弟故長公主苐卿◇字中夫,前為故大(太)子守觀奴嬰齊妻,嬰齊前病死,麗戎從母捐◇。EPT43.92

單

Dān(襌)

①孤獨。文例見【孤單】(《漢語大詞典》P1619)

②衣物等單層。(《漢語大詞典》P1619)

布襌絝一領。EPT52.93

黃布襌衣一領。EPT52.93

白布襌一領,毋(無)。EPT52.92

布襌一,衣。EPT56.86

布襌衣一,閣。EPT56.86

賣縣官裘一領,過受都內皁布襌衣一領。EPT53.210

皁布章襌衣一領。EPF19.12

布小襌一兩,身,◇。EPT59.51

白布單衣一領。EPT52.94

白布單絝一兩。EPT52.187

白布單□一領。EPT52.94

□白布襲單蜀褒一。EPT52.138

◇布單繻一領。EPT52.139

◇韋單絝一兩。EPT52.136A

◇白練絝一,皁布單絝一,◇。EPT52.141

黄單絝一枚。EPT52.94

白布單二枚。EPT52.94

絳單襦一領直(值)二百九十。EPT52.188

白布單襦一領。EPT52.187

白布單絝一兩。EPT52.259

單衣一領。EPT52.329

布單襦一。EPT52.332

白布單衣一領。EPT52.259

布單皁衣一。EPT51.384

布單絝一。EPT51.384

終古隊(燧)卒王晏言:隊(燧)長房五月廿日貸晏錢百,七月十日藉白單衣一領,積十五日歸。EPT40.6A

白布單絝一兩。EPT52.759

布單襦一領。EPS4T2.11

衣白布單衣、繻絝,步行。ESC.11A

糸經單一直(值)六百。ESC.20

◇□一領,布單絝一領,布單◇。EPT54.21

長七尺二寸,為人中狀,黑色圓面,初亡時衣白布單衣,組(粗)布,步行。ESC.9A

◇□□即日食,以為隊(燧)長充取□□□□隊(燧)渡肩水河◇□掾足□□賜□白布單襦,充□□□□◇□□敢言之。EPT51.460

皁布單衣一領,衣,◇。EPT51.378

◇□安君單衣錢二百卌八◇。EPT59.413

布單衣一領。EPT58.19

布單繻(襖)◇。EPT58.19

嚴病傷汗,即日移病書,使弟赦付覆胡亭卒不審名字,己酉有◇追逐器物,盡壬子積六日,即日嚴持絳單衣、甲帶、旁橐、刺馬刀凡四物其昏時到部,嚴其一日還。EPT59.2

按:《居延新簡》中屢見"禪衣"、"禪絝",佛教傳入中國的時間最早的一種說法是西漢哀帝時期,而《居延新簡》中的大部分簡是武帝后期的,且士卒應該不會作佛教徒裝束,則"禪"與佛教無關也。《居延新簡》中"單"與"禪"的上下文語境一樣,如:

布單絝一。EPT51.384 布禪絝一領。EPT52.93

布單衣一領。EPT58.19 布禪一,衣。EPT56.86

又"單、復"對言,又見"禪、復"對言,如

□復襦一領直(值)六百。絳單襦一領直(值)二百九十。EPT52.188

布單絝一;皁復袍一;布單皁衣一。EPT51.384

皁布□禪衣一領;皁布復襦一領。EPT59.676

知此處"禪"即"單"也。另外,《居延新簡》中有"布禪衣一,閣。EPT56.86",又有"布禪一,衣。EPT56.86"則"布單(禪)衣"可省作"布單(禪)"也,且衣服亦可以用"枚"作量詞,如"黃單絝一枚。EPT52.94",有鑒于此,"白布單二枚。EPT52.94"之"單"亦釋為"衣物等單層"。

Shàn

姓。(《漢語大詞典》P1619)如"單少平"、"單宮"、"單子巽"、"單卿"、"單省"、"單惲"、"單子文"、"單立"、"單充"、"單昌"。

尹君博、路子然、單少平、張幼文、卜子思五人記◇。EPT48.65

第九隊(燧)長單宮,臘錢,十二月辛酉母君程取。EPF22.212

◇自言五月中富昌隊(燧)卒高青為富賣皁袍一領,直(值)千九百,甲渠◇令史單子巽所。EPT51.314

□□隊(燧)單卿受償千三百五十。EPT51.330

兵內戶皆候長封,候史單省不在署,◇。EPT59.530

四月食廩郘卒單惲◇。EPT59.92

單子文十五,◇。EPT56.338

窮虜隊(燧)長單立。EPT40.69

三百五十單充。EPT40.5

鉼庭卒董惲、單昌、沐惲。EPT43.39A

Diǎn

掌管;主持;任職。文例見【典吏】【典主】

【典吏】

主管的官吏。

建始元年九月辛酉朔乙丑張掖大守良、長史威、丞宏敢告居延都尉、卒人,言殄北守候塞尉護、甲渠候誼、典吏社受致廛飯黍肉,護直(值)百卅六。EPT52.99

【典主】

掌管,統理。

案:習典主行檄書不◇。EPF22.149

案:褒典主而擅使丹乘用驛馬,為虜所略得,失亡馬。EPT68.89

宣等皆以書□□□庶士,典主跡候、捕盜為職,□◇。EPF22.684

按:此用法亦見於傳世文獻。《三國志·吳志·呂範傳》:"初策使範典主財計。權時年少,私從有求,範必關白,不敢專許,當時以此見望。"

東

Dōng

①方位詞。日出的方向。與"西"相對。(《漢語大詞典》P2494)又見【東曹】

鼓常縣(懸)塢户内東壁。EPF22.331

◇貰賣雒皁復袍縣絮壯一領直(值)若干千,觻得◇東西南北入,任者某縣某里王丙,舍在某里◇。EPT56.208

亭舉堠上一苣(炬)火,從東方來◇。EPF8.6

匈奴人晝入三十井候遠隧(燧)以東,舉一蓬(烽),燔一積薪,堠上煙一。EPF16.5

◇西楊成有,南馮宜,東李益壽。EPT51.394

◇□内郡蕩陰邑焦里田亥告曰,所與同郡縣□◇□死亭東内中東首,正偃,目冒(盲),口吟,兩手捲,足展,衣◇□當時死,身完,毋(無)兵刃木索迹。EPT58.46

里第八隧(燧)□◇官十五里第九隧(燧)東南去所□□官十八里。EPT51.293

②向東;東去。(《漢語大詞典》P2494)

東鄉(向)石上祭◇。EPT51.525

◇東鄉(向)中央祭◇。EPT51.526

東書二封,皆王臨所詣官,其一封破◇。ESC.88

適行十八日□,今□食莫當因宿,十九日發,宿□□□□至二十一日發,至二十一日莫(暮)至守朢(望)隊(燧),東向出至二十二日莫(暮)因宿守望隊(燧),隊(燧)長□□□卒徐同。EPT59.262

③人名。(《漢語大詞典》P2494)如"張東行"、"東郭赦之"、"東郭章"、"東郭仲"、"郭東田"。

弛(弛)刑張東行。EPT49.28

吞遠隊(燧)長東郭赦之。EPT50.83

終古隊(燧)長東郭昌奉(俸)錢六百。EPT51.409

東郭仲五斗。EPT59.188

自言尉駿所曰毋(無)追逐物,駿遺嚴往來毋過◇日且入時嚴歸,以戊申到郭東田舍。EPT59.2

④地名。(《漢語大詞典》P2494)如"山東"、"東郡"、"河東郡"、"東脩里"、"東進里"、"東城里"、"次東"。

◇□卒良受山東卒嚴□□□◇。ESC.150

戍卒東郡清淵成里宿□□庸同縣◇。EPT52.227

戍卒河東郡北屈務里公乘郭賞年廿六。EPT51.86

却適隊(燧)卒魏郡陰安東脩里王富。EPT51.102

入粟大石廿五石,車一兩,正月癸卯甲渠官掾譚受訾家茂陵東進里赵君壯就人肩水里郅宗。EPT59.100

戍卒南陽郡涅陽邑東城里公乘何鎮年廿四。EPT52.44

次東部吏卒名。ESC.10

卅井次東隊(燧)承索一,長四丈。ESC.26

【東曹】

官名。漢代為丞相吏員。秩六百石。

三月丁丑東曹前史隆受。EPT65.299

按:《漢語大詞典》僅有"官曹""功曹",無"東曹"《漢官舊儀》卷上:"丞相初置吏員十五人,皆六百石。分為東西曹,東曹九人,出督州為刺史;西曹六人,其五人往來白事東廂為侍中,一人留府曰西曹。"

督

Dū

①責備;責罰。(《漢語大詞典》P4586)

部糒不畢,又省官檄書不會會日,督五十。EPT57.108A

按:此用法亦見于傳世文獻。王充《論衡·寒溫》:"父子相怒,夫妻相督。"

②監視。(《漢語大詞典》P4586)

建武桼(七)年六月庚午,領甲渠候職門下督盜賊,敢言之。EPF22.169

嚴等府遣督盜賊、督蓬(烽)、行塞、具吏,檄到,有家屬◇。EPF22.284

◇□□□私去署,之邑中舍,因詣督蓬(烽)周掾所自言,後不欲代詡報。EPT68.208

復漢元年十一月戊辰,居延都尉領甲渠督蓬(烽)掾敢言之,誠北◇。EPF22.423

倉督官為行出還其食,與長妻、張令史取。EPT65.24B

按:《漢書·蕭何傳》:"及高祖起為沛公,何嘗為丞督事。"顔師古注:"督,謂監視之也。"

【督察】

監督視察。(《漢語大詞典》P4587)

會五月朔,從事督察。EPF22.691

按:《漢書·翟方進傳》:"臣幸得奉使,以督察公卿以下為職。"顔師古注:"督,視也。"

F

方

Fāng

①方形。與"圓"相對。(《漢語大詞典》P4037)又見【方寸匕】

長方長方◇。EPT50.126

◇為方版,復上合□◇。EPT52.292

◇從及樂君筵◇葦席,茭内中糸◇為沽酒小方函諸器可欲持者,以令樂君牛車◇持歸。EPT51.459B

按:此用法亦見于傳世文獻。《周禮·考工記·輿人》:"圜者中規,方者中矩。"

②方向;方位。(《漢語大詞典》P4037)

亭舉堠上一苣(炬)火,從東方來◇。EPF8.6

見塞外虜十餘輩從西方來入第十一隊（燧）天田屯止。EPF16.44

得聞南方邑中起居。EPT44.4A

九月土，音南，食午未地，治南方吉，治北方匈（凶）。EPT65.308

③方法；方略。（《漢語大詞典》P4037）文例見【方略】

④方子；方劑。藥方。（《漢語大詞典》P4037）

治除熱方：貝母一分。EPT10.8

◇氣□臟方：補諸與、澤寫、門冬、□□各□◇。EPT65.476

⑤副詞。方始。方才。（《漢語大詞典》P4037）

◇教，等上到，方議罰。EPF22.558

⑥副詞。將；將要。表未來。（《漢語大詞典》P4037）

方循行，考察不以為意者，必舉白。EPF22.168

勉致醫藥，起視事，謹候朢（望），方考行如律令。EPF22.279

會月七日，方往課如律令，令史齊◇。EPF22.502

方有警備，記到，數循行，教勑吏卒明蓬（烽）火、謹候朢（望）。EPF22.459

方察不變更者。EPT51.79

按：此用法亦見于傳世文獻。荀悦《漢紀・高祖紀》："信方斬，歎曰：'悔不用蒯通之言，為女子所執'。"

⑦用作人名。（《漢語大詞典》P4037）如"馮方"、"習方"、"方"、"張毋方"、"呂方政"、"許子方"、"方安"、"姚子方"、"鄭子方"。

馮方印。EPT48.145

習方行部詣官叩頭死罪死罪。EPT44.4B

◇妻大女方年卅五。EPT44.39

史方百卌。EPT52.91A

◇里女子張毋方自言:迺十一◇。EPW.35

◇□□□□□□□四百五十,餘錢一百卅,錢□□□□□□今付◇得二兩,方卿當得二。EPT52.114A

以牛界備北卒呂方政。EPT51.64

甲渠候長殷買許子方楯□,買肩水尉丞程卿牛一,直(值)錢三千五百,已入五百,少三千。EPT53.73

◇□方安兼行尉◇。EPT54.34

約至春錢畢已,姚子方◇。EPT57.72

宋延年、鄭子方、衛益壽。EPT5.14B

【方寸匕】

量具名。多用于量藥。(《漢語大詞典》P4038)

◇一分,栝樓、菽眯四分,麥、丈句、厚付各三分,皆合和。以方寸匕取藥一置杯酒中飲之,出矢鍭。EPT56.228

按:"方寸匕"一詞多見于醫書中,為漢代計量之一種。按明代人朱載堉的說法,一方寸匕大概有十個梧桐子大。

(明)朱載堉《樂律全書·辨曆代權衡之乖》:"凡散藥有云刀圭者,十分方寸匕之一,準如梧桐子大也。方寸匕者,作匕正方一寸,抄散取不落為度。"《金匱要略·百合、狐惑、陰陽毒》:"右為細末,飲服方寸匕,日三服。……右為散,飲服方寸匕,日三服。……右二味杵為散漿,水服方寸匕,日三服。"《金匱要略·中風曆節》:"右十四味杵為散,酒服方寸匕,日一服。……右二味為散,沐後用方寸匕以摩疾上,令藥力行。"《傷寒論》卷三:"右五味為末,以白飲和服方寸匕,日三服。多飲暖水,汗出愈。"《傷寒論》卷六:"服者以水一升煎七沸,内散兩方寸匕,更煎三沸,下火令小冷,少少嚥之。"

【方略】

計劃;權謀;策略。(《漢語大詞典》P4044)

與虜為重仇讎,是吏民毋(無)大小所當共為方略,剝斷斬之。EPT65.271

按:此用法亦見于傳世文獻。《荀子·王霸》:"鄉方略,審勞佚,謹畜積,脩戰備,齺然上下相信,而天下莫之敢當。"《史記·淮南衡山列傳》:"諸辨士為方略者,妄作妖言,諂諛王。"

非

Fēi

①不,不是。(《漢語大詞典》P6835)

恩即取黑牛去,留黃牛,非從粟君借㹀牛。EPF22.9

◇□言不敬,謾,非大不敬,在第三卷五十。EPF22.416

北界,此非其明戒耶。EPF22.350

◇□以為虜,舉火,明旦踵迹,野馬,非虜。EPF22.414

非急不敢道。EPT51.203B

按:此用法亦見于傳世文獻。《周易·坤卦》:"非一朝一夕之故。"

②人名。(《漢語大詞典》P6835)如"張非子"、"董非子"、"樊非人"。

常賢,臨桐隧(燧)長陳傳之,卒張非子等辭驗,常◇。

EPT52.361

第五隊(燧)長董非子粟三石三斗三升少。EPT51.60

戍卒東郡臨邑馬都里樊非人,三石具弩一,完。EPT52.5

③地名。(《漢語大詞典》P6835)如“避非燧”。

◇迹入卅井、辟非隊(燧)西北,出甲渠武賢隊(燧)◇。EPT57.82

【非常】

突如其來的事變。(《漢語大詞典》P6837)

毋(無)非常屋。EPT57.108B

毋(無)非常屋。EPT57.108B

毋(無)非常屋。EPT57.108B

毋(無)非常屋。EPT57.108B

按:“非常屋”為漢代邊防設置中的一種防禦設施,初師賓[①]認為,“非常室可能是‘備非常’的密室,或設暗門復道,倘發生意外不測,瞬即可藏避、隱去。漢簡非常屋黨屬同類安全設施。居延發掘中,曾逢到一些形狀、結構較特殊而用途又不明的房屋,有的類似夾道,有的四面有壁而缺少門戶。這些建築,給人以暗室、‘夾壁’的感覺。它們是否就是非常屋,是值得考慮的”。

Fēn

①分開;劃分。(《漢語大詞典》P977)

---

① 初師賓:《漢邊塞守禦器備考略》,見《漢簡研究文集》,甘肅人民出版社,1984年。

◇追逐格鬭有功,還畜參分,以其一還歸本主。EPF22.228

候尉分部廋索。EPT51.95

按:此用法亦見于傳世文獻。《周易·繫辭上》:"方以類聚,物以羣分,吉凶生矣。"

②節候名。如春分、秋分。(《漢語大詞典》P977)

◇□□□□甲子、丁亥、庚子、秋分。EPT6.146

丙午春分,丙子、丙午◇。EPT65.189

◇庚□初伏,己□□□,戊□秋分,戊□。EPF22.716

③分明;清楚。(《漢語大詞典》P977)文例見【分明】

④分頭,各自。(《漢語大詞典》P977)

◇史、尉史分將詣殄北第七隊(燧)。EPT5.18

按:此用法亦見于傳世文獻。《漢書·王莽傳》:"莽又多遣大夫謁者分教民煮草木為酪。"

⑤分給;散發。(《漢語大詞典》P977)

分之魚肉,怒不取。EPT65.42A

按:此用法亦見于傳世文獻。《史記·李將軍列傳》:"廣廉,得賞賜輒分其麾下,飲食與士共之。"

⑥量詞。計時、長度、重量單位;也可以表示分數。(《漢語大詞典》P977)

去臨木隊(燧)十七里當行一時七分。EPT50.107

十二月廿六日日食一分受武彊驛卒馮斗。EPT49.28

下餔八分,明付吞遠助隧(燧)長董習,習留不以時行。EPF22.143

禹令卒龐耐行書,夜昬(昏)五分付遮虜置吏辛戎。EPT65.315

今月十八日乙未食坐五分,木中隊(燧)長張勳受卅井誠勢北隊(燧)長房岑。EPF22.141

雞鳴五分付居延收降亭卒世。EPT52.83

◇□月丁未日中四分時誠北卒□受執胡卒□。EPT51.504

乙酉平旦五分付不侵卒放。EPT51.273

皆廣三分,深至骨。EPT68.188

視白堅未至逢三分所而絕。EPT40.203

六石弩淵中殘三分。ESC.24

六石弩□三分。ESC.91

◇一分,栝樓、蔬眯四分,麥、丈句、厚付各三分,皆合和以方寸匕取藥一置杯酒中飲之,出矢鍭。EPT56.228

治除熱方:貝母一分。EPT10.8

□□□其直□諸食王田□其□□令有品條之□十分之二。EPT59.311

【分布】

散布。(《漢語大詞典》P979)

又即日平旦,萬歲部以南煙火不絕,虜或分布在塊閒,虜皆◇。EPF16.46

【分別】

①區別;分辨。(《漢語大詞典》P980)

分別部居不雜廁。EPT5.14A

◇卒宗取韭十六束,其三束為中舍,二束掾舍,十一束卒史,車父復來◇二石,唯掾分別知有餘不足者,園不得水,出□多恐乏,今有◇。EPT51.325A

②分頭;各自。(《漢語大詞典》P980)

檄到,分別具言◇。EPF22.581

按:此用法亦見于傳世文獻。《史記·魏其武安侯列傳》:"是時郎中令石建為上分別言兩人事。"《後漢書·袁安傳》:"遂分別具奏。帝感悟,即報許,得出者四百餘家。"

奉

Fèng

①實行;奉行。(《漢語大詞典》P1377)文例見【奉職】

②接受,接到。多用於對尊長和上級,含表敬之意。(《漢語大詞典》P1377)文例見【奉詔】

③通"俸"。俸祿,指官吏所得的薪給。(《漢語大詞典》P1377)漢代俸祿可以是錢,也可以是布帛(布帛稱"祿")或穀、粟等代用品。

□□隊(燧)長亓禹奉(俸)錢六百。EPT51.409

臨木隊(燧)長徐忠奉(俸)錢六百。EPT51.409

居延都尉奉(俸)穀月六十石。EPF22.72

居延都尉丞奉(俸)穀月卌石。EPF22.73

◇卒任奉粟三石二斗二升少,子收取。EPT51.737

今為都尉以下奉(俸)各如差。EPF22.70

大將軍莫(幕)府守府書曰:具言吏當食奉(俸)者秩別、人名、數,謹移尉以◇。EPF22.425

④人名。(《漢語大詞典》P1377)如"奉"、"史奉"、"李奉"、"馬奉親"、"奉世"、"莊奉"、"張奉世"、"史奉親"、"奉宗"。

五月甲寅,守張掖居延都尉譚、丞奉告勸農掾禹、督薰(烽)掾遷等,謂官縣寫移書到,如莫(幕)府書、律令。EPF22.693

奉叩頭死罪死罪,對曰□◇。EPT51.484

◇長史史奉謁伏地再◇。EPT53.21A

甲渠言鉼庭士吏李奉、隊(燧)長陳安國等年老病。EPT51.319

候史李奉自取。EPT51.193

中營左騎士利上里馬奉親。EPT51.12

守卒史穉、守屬奉世。EPT51.202

夫人付奉世眉一石直(值)百五十。EPT57.69A

◇里公乘莊奉年卌二◇。EPT56.211

甲渠第廿五隊(燧)長張奉世◇,元康五年九月戊寅除,◇。EPT51.590

掾定、守卒史奉親。EPT51.190A

今奉宗未得之官,報府,不肯為官易弩言,輒遣傷弩◇。EPT57.52

【奉詔】

接受皇帝的命令。(《漢語大詞典》P1379)

不候望(望),利親奉詔不謹、不敬,以此知而劾,時◇六九五十四。EPT52.222

按:此用法亦見于傳世文獻。《史記·呂太后本紀》:"羣臣皆頓首言:'皇太后為天下齊民計,所以安宗廟社稷甚深。羣臣頓首奉詔。'"

【奉職】

奉行職事。(《漢語大詞典》P1380)

甲渠鄣守候黨免冠叩頭死罪死罪，奉職數毋(無)狀，罪法重疊身死。EPF22.286

甲渠鄣守候君免冠叩頭死罪，奉職數毋(無)狀，罪當萬死，叩頭死罪死罪。EPF16.36

按：此用法亦見于傳世文獻。《東觀漢記·卷十九》："周榮……盡心奉職夙夜不怠。"

G

購

Gòu

獎賞。(《漢語大詞典》P6037) 又見【購賞】

部吏雖手殺人，除其罪，其斬捕渠率者，又予購如列。ESC.5A

◇尤異絕異，其手斬捕渠率者，又加秩四等，民、卒、徒、奴斬捕渠率，皆予購錢卅萬，黨與十五萬，徒、奴又免◇。ESC.3A

山及竹若汶澤中敢有羣輩三人以上為盜，賊殺吏民及強盜者，有能斬捕渠率，予購錢十萬，黨與，人三萬。ESC.7A

有能生捕得反羌從徼外來為間候動靜中國兵，欲寇盜殺略人民，吏增秩二等，民與(予)購錢五萬，從奴它與(予)購如比。EPF22.233

能與眾兵俱追，先登陷陣斬首一級，購購錢五萬如比。EPF22.226

其生捕得酋豪、王、侯、君、長、將率者,一人◇,吏增秩二等,從奴與(予)購如比。EPF22.223

其斬匈奴將率者,將百人以上,一人購錢十萬,吏增秩二等,不欲為◇。EPF22.224

右捕匈奴虜購科賞。EPF22.231

◇言吏,吏以其言捕得之,購錢五萬。EPF22.234

按:此用法亦見于傳世文獻。《後漢書・南蠻西南夷傳序》:"乃訪募天下,有能得犬戎之將吴將軍頭者,購黄金千鎰,邑萬家,又妻以少女。"

【購賞】(購償)

懸賞;獎賞。(《漢語大詞典》P6037)

今以舊制律令為捕斬匈奴虜反羌購賞各如牒。EPF22.221

以科別從事,官奴婢以西州捕斬匈奴虜反羌購償(賞)科別。EPF22.222

明詔捕虜購賞封錫捕虜斬首有功者,候長張況。EPF22.447A

◇有能謁言吏,吏以其言捕得之,半與購賞。EPF22.227

諸有功,校皆有信驗,乃行購賞。EPF22.692

其漑出界,能隨斬捕,購賞半之。ESC.5A

孤

Gū

①孤立;單獨。(《漢語大詞典》P2236)文例見【孤單】

②地名。(《漢語大詞典》P2236)如"孤山"。

宜穀亭長孤山里大夫孫況年五十七，薫事。EPF22.60

入錢七千二百給孤山部吏□人□◇。ESC.147

◇九石三斗三升少，給孤山候長王並五月人馬食，◇。ESC.48

◇給孤山隊（燧）卒徐譚七月食，八月乙未自取。ESC.44

出粟三石三斗三升少，給孤山隊（燧）長王惲五月食，六月戊申卒徐譚取石六斗三升。ESC.40

【孤單】

孤獨；單身無依靠。（《漢語大詞典》P2240）

皆備賀併塞來，南燔乏卒，以鄣中□米糒給孤單，卒有萬分恐不能自守，唯恐為虜所攻得。EPF16.49

功

Gōng

①功勞；功績。（《漢語大詞典》P1062）又見【功勞】

◇追逐格鬬有功，還畜參分，以其一還歸本主。EPF22.228

明詔捕虜購賞封錫捕虜斬首有功者，候長張況。EPF22.447A

諸有功，校皆有信驗，乃行購賞。EPF22.230

◇能持□奴與半功。EPF22.229

中功一。EPT50.10

功令第卌五：候長、士吏、隊（燧）長皆試射，射十◇建昭五年十月盡六年◇。EPT51.417

◇□頗有軍功爵者後減，又爵二級，非身◇六十一◇。EPS4T2.70A

重高功一人,爵九◇。ESC.8A

◇隧(燧)長房黨上功。EPT59.235

元康三年十月庚申朔庚申肩水◇功墨將名籍一編,謁上都尉◇。EPT56.262

居延甲渠候史公乘賈通中功一,勞一歲九月□日,◇。EPT56.99

◇年功勞,功一,勞◇。EPT59.462

出軍行將兩適相當,頗知其勝敗與有功,願得射覆什中七以上。EPT65.318

詔書:吏初除,亟遣之官,案考功。EST115.1

◇五大夫下功二人,爵皆桼(七)級。ESC.72

迺甘露元年十月癸酉以功次遷為甲渠候官斗食令史。EPT56.256

右初元五年功墨。EPT65.302

按:《周禮·夏官·司勛》:"王功曰勳,國功曰功。"《史記·項羽本紀》:"勞苦而功高如此,未有封侯之賞。"

②事情;事業。(《漢語大詞典》P1062)又見【功曹】

《詩經·豳風·七月》:"嗟我農夫,我稼既同,上入執宫功。"朱熹集傳:"功,葺治之事。"

③人名。(《漢語大詞典》P1062)如"功"、"衣功"、"成功直"、"陶立功"、"功孫樂"、"張季功"。

長宜等輿功常會九月十日。EPT6.71

◇功叩頭死罪敢言之。EPT49.72

第八隊(燧)卒魏郡内黄右部里王廣,貰賣莞皁綺橐絮裝(裝)一

兩,直(值)二百七十,已得二百少七十,遮虜辟衣功所。EPT51.125

戍卒魏郡貝丘成樂里成功直◇。EPT56.97

六月丁卯卒陶立功迹◇。EPT51.523

◇長脩車父功孫樂◇。EPT5.108

◇清令張季功書奏居延尉楊卿。EPT56.70

【功曹】

官名。漢代郡守有功曹史,簡稱功曹,除掌人事外,得以參預一郡的政務。(《漢語大詞典》P1064)

◇七月己未功曹佐同封。EPT51.320

功曹叩頭。EPT49.72

◇功曹私僕使民及客子田茭不給公士上事者案致如法。EPT58.38

【功勞】

對事業的貢獻;勞績。(《漢語大詞典》P1064)

居延甲渠候史公乘賈通五鳳四年功勞案。EPT53.22

鴻嘉二功勞案。EPT50.194

謹移所自占書功勞墨將名籍一編敢言之。EPT5.1

◇射署功勞長吏褋(雜)試。EPT53.151

◇年功勞,功一,勞◇。EPT59.462

始建國元年九月庚午朔戊戌,富善隊(燧)長褒□□□◇書功勞墨將名籍一編,敢言之。ESC.73

按:此用法亦見于傳世文獻。《史記·李將軍列傳》:"景帝時,蔡積功勞至二千石。"

官

Guān

①指國家。(《漢語大詞典》P2025)《漢語大詞典》首舉用例為《資治通鑒》胡三省注。

官下名捕詔書曰:清河不知何七男子共賊燔男子李◇強盜兵馬及不知何男子凡六十九人。EPT5.16

②任所。此處指候官任所。(《漢語大詞典》P2025)

◇用中賈人李譚之甲渠官自言責昌錢五百卌八。EPT50.23

新除第廿一隧(燧)長常業代休隧(燧)長薛隆,迺丁卯餔時到官,不持府符。EPF22.170

已召候長當持劾算詣官。EPT48.61A

案:隆丙寅受符,丁卯到官。EPF22.172

鴻嘉二年五月以來對會入官刺。EPT50.200B

吞遠候長卒候匡自言官閣匡帛一匹二丈,官不閣卒。EPF22.293

第四守候長原憲詣官,候賜憲、主官譚等酒。EPT68.18

◇坐勞邊使者過郡飲,適鹽卌石輸官。EPT51.323

按:此用法亦見于傳世文獻。荀悅《漢紀·成帝紀四》:"秋七月,有星孛于東井,時谷永為北地太守,方之官,上使使問永所欲言。"

③官職;官位;官銜。(《漢語大詞典》P2025)又見【五官】【鐵官】

能不宜其官◇。EPT50.78

◇□市人等名縣爵里年姓官除辭。EPT52.155

按:此用法亦見于傳世文獻。《荀子·正論》:"夫德不稱位,能不稱官,賞不當功,罰不當罪,不祥莫大焉。"

④官吏;官員。(《漢語大詞典》P2025)文例見【官曹】【官府】【官吏】【官民】【官職】【候官】【縣官】

錢三萬,吏增秩二等,不欲為官者與購如比。EPF22.232

真官到,若有代,罷。EPF22.248

詰邊官,前使尉史憲自行視茭,邊何□◇。EPT51.400

六月壬申,守張掖居延都尉曠、丞崇告司馬、千人官。EPF22.71A

按:此用法亦見于傳世文獻。《論語·憲問》:"君薨,百官總己以聽於冢宰三年。"

⑤指屬于國家的、政府的或公家的。(《漢語大詞典》P2025)

◇幸所服官六石具弩一,叩頭□□□附尚子春車來歸,行到河上,河水溺失亡衣物、穀、粟及弩矢,求索弩不可卒得,□掾卿哀為求弩中官用者,請辨賈(價)直(值)。EPF22.463A

憲帶劍持官六石具弩一,稾矢銅鍭十一枚,持大□橐一盛糒三斗米五斗,騎馬蘭越隧(燧)南塞天田出。EPT68.21

以科別從事,官奴婢以西州捕斬匈奴虜反羌購償科別。EPF22.221

最凡稾矢、寅矢萬桼(七)千五百桼(七)十八,又官四千四百,凡二萬一千九百桼(七)十八。EPF22.185

官弩一。EPT49.13B

官鼓、戟、盾各一。EPT49.13B

皆共盜官兵,臧(贓)千錢以上。EPT68.60

⑥人名。(《漢語大詞典》P2025)如"上官武"、"上官隆"、"上官子任"、"官"、"李官"。

臨木候長上官武、隊(燧)長陳陽等辭。EPF22.135

第十八隊(燧)長上官隆,七月食三石,七月丁巳自取。EPF22.109

二月二十二日莫(暮)俱食,上官卿米一石,鄭卿米一石。EPT59.65

上官子任牛□□十三◇。EPT43.37A

◇□廿賁,六月乙丑掾朢(望)□◇直(值)卌五,官取。EPT52.232

居延甲渠候官第廿七隊(燧)長士伍李宮,建昭四年以令秋射,發矢十二,中帠矢六,當◇。EPT52.95

【官曹】

官吏辦事機關;官吏辦事處所。(《漢語大詞典》P2031)

謹案:尉史給官曹治簿書府,官繇使乘邊候朢(望)為百姓潘幣,縣不肯除。EPT59.58

◇官曹士吏萬□長□◇。EPT51.738

【官府】

公家的府庫。(《漢語大詞典》P2028)

官府調正月盡二月吏卒食三百六十六斛。EPF22.451

按:此用法亦見于傳世文獻。《左傳·昭公十六年》:"宣子有環,其一在鄭商。宣子謁諸鄭伯,子產弗與,曰:'非官府之守器也,寡君不知。'"

【官吏】

官員。(《漢語大詞典》P2027)

案:立,官吏,非乘亭候望(望)而以弩假立,立死不驗,候當負。EPF22.289

願善視官吏。EPT50.42B

縣田官吏令長丞尉見蓬(烽)火起,亟令吏民□蓬(烽)□□誠勢北隧(燧)部界中民田畜牧者,□□◇為令。EPF16.15

按:此用法亦見于傳世文獻。《史記·秦始皇本紀》:"於是二世乃遵用趙高,申法令。乃陰與趙高謀曰:'大臣不服,官吏尚彊,及諸公子必與我爭,為之奈何?'"

【官民】

官吏和百姓。(《漢語大詞典》P2027)

能書會計治官民。EPT50.10

居延甲渠第四隊(燧)長公乘陳不識中勞二歲九月七日,能書會計治官民,頗知律令文。EPT52.36

能書會計治官民頗如律令文,年三十二歲,長桼(七)尺五寸,應令。EPT59.104

按:此用法亦見于傳世文獻。《史記·儒林列傳》:"其治官民皆有廉節,稱其好學。"

【官職】

官吏的職責。(《漢語大詞典》P2035)

願君◇且慎風寒、謹候望、忍下愚吏士、慎官職、加強湌(餐)食、數進所便。EPT44.8B

按:《周禮·天官·大宰》:"以八灋治官府……二曰官職,以辨邦治。”孫詒讓正義:“官職,謂六官之職者。職者主領之言,即叙官注云:各有所職,而百事舉也。凡三百六十職,通謂之官職。”

H

何

Hé

①疑問代詞。什麼。(《漢語大詞典》P519)

到隊(燧)問業,隊(燧)長侯雲以何時亡。EPF22.271

◇何以殊毋(無)報為至今何意不得者問李序。EPT49.46B

官去府七十里,書一日一夜當行百六十里,書積二日少半日乃到,解何。EPS4T2.8A

天子勞吏士拜,它何疾苦禄食盡得不。EPF22.243

□□公當云何乎。EPT49.89A

②疑問代詞。誰,哪個。(《漢語大詞典》P519)又見【何日】

◇□從何日月作盡何月日止。EPT59.259

③疑問代詞。哪里,什麼地方。(《漢語大詞典》P519)

□□日山伐薪舍程横舍,年讓謂横:何舍?□□令夜行檄。EPT59.543

官下名捕詔書曰:清河不知何七男子共賊燔男子李◇强盜兵馬及不知何男子凡六十九人。EPT5.16

何所來?EPT8.15

④疑問代詞。怎麼樣。(《漢語大詞典》P519)文例見【何如】【如何】

⑤疑問代詞。為什麼,什麼緣故。(《漢語大詞典》P519)

◇何以殊毋(無)報為至今何意不得者問李序。EPT49.46B

詰邊官,前使尉史憲自行視茭,邊何□◇。EPT51.400

◇會月十日,何故至今乃詣官,又後假千人◇。EPT51.464

武老人也,何優債守候也,數召不詣官,反移病書,未忍◇。EPF22.281

財物者,非上書及計事者耶,何為不◇。EPT52.87

⑥用作人名。(《漢語大詞典》P519)如"何自不"、"何鎮"、"何憲"、"何尉"、"何君"、"竇何"、"何齊"、"何建"、"叔何"、"徐何"、"張何"。

第三十隊(燧)塢南面壞,候長何自不言建武六年七月丁未,召臨之隊(燧)長徐業詣官,問士吏孫良。EPF22.269

戍卒南陽郡涅陽邑東城里公乘何鎮年廿四。EPT52.44

萬歲候長何憲,守卅井塞尉。EPF22.257

何尉在酒泉,但須召耳。EPF22.325B

何君、刑褚、刑房。EPT51.224B

城北候長竇何,十一月食一斛五斗,十月丙寅掾譚取。EPT65.8B

謹下塞尉何齊。EPT56.295

萬歲候長何建,守卅井尉。EPF22.249

復從叔何取。EPT49.62B

戍卒東郡須昌上里徐何,有方一,完。EPT51.372

◇卒王□◇卒張何◇。EPF19.8

【奈何】

怎么樣,怎么辦。

往時◇見告,腸中大懣,不知當柰何,往時言卒當來。EPT59.75B

案:官中候以下□◇力䜌(蠻)奈何,反遣吏去而從後逐之,時熢(烽)起至今絕,留府。EPF16.51

陳辭□身病不□□◇□□欲將奈何,毋周□言守□□◇子高、丁子良、王君□□□□□。EPS4T1.3B

教憂光,又隧(燧)□□□□□□時相見者,當為奈何,長仲◇。EPT65.330B

◇嚴死當奈何奈何,頓首叩頭再拜白,◇□時哀憐善善,復□□□□。EPT65.98A

按:此用法亦見于傳世文獻。《戰國策・趙策三》:"辛垣衍曰:'先生助之奈何?'魯連曰:'吾將使梁及燕助之。齊楚則固助之矣。'"

【幾何】

若干,多少。

◇以知善惡,賈(價)幾何,願□◇。EPT58.67

按:此用法亦見于傳世文獻。《史記・白起王翦列傳》:"於是始皇問李信:'吾欲攻取荆,於將軍度用幾何人而足?'"

【如何】

怎樣。

◇誠毋(無)已,自遣,當如何如何。EPT65.77

按:此用法亦見于傳世文獻。《尚書・堯典》:"帝曰:'俞,予聞,如何?’”

【何如】

如何,怎麼樣。用於詢問。

告家廩為名狀何如。EPT50.22

◇而空亭云人力少,狀何如,詰問◇。EPF22.519A

狀何如。EPT5.97

按:此用法亦見于傳世文獻。《左傳·襄公二十七年》:“子木問於趙孟曰:‘范武子之德何如?’”

【何日】

哪一天,什麼時候。

以何日到止害,言已毋(無)所復聞,辭具此。EPF22.394

詰況私去署,以何日還到隧(燧),具對。EPF22.383

◇何日量穀,具對狀。EPT59.33

按:《漢語大詞典》首舉用例為(清)吴騫的《扶风传信录》。“何日”數見於漢代以及早期的傳世文獻中。《詩經·小雅·隰桑》:“心乎愛矣,遐不謂矣,中心藏之,何日忘之。”《後漢書·王常傳》:“光武見(王)常甚歡,勞之曰:‘王廷尉良苦,每念往時共更艱戹,何日忘之。’”《後漢書·郭伋傳》:“及事訖,諸兒復送至郭外,問:‘使君何日當還?’”

候

Hòu

①伺望;偵察。(《漢語大詞典》P606)又見【候望】【候伺】

第十一隊(燧)卒高青不候。EPT51.189A

◇□吏卒不候。EPT51.415

跡候備盜賊寇虜為職。EPT68.35

案:良林私去署,皆□宿止且乏跡候。EPT68.112

◇□□頭死罪敢言之,輔備邊竟以跡候設兵。EPT51.468

宣等皆以書□□□庶士,典主跡候、捕盜為職,□◇。EPF22.684

◇吏卒明蓬(烽)火謹跡候,吏各清□◇兩行百,札二百,繩十枚。EPT59.153

②軍中任偵察之事者。(《漢語大詞典》P606)文例見【間候】

③邊境伺望、偵察敵情的設施。亦作"堠"。(《漢語大詞典》P606)

萬歲候長□□治所,門下白發。EPS4T2.129

省蓬(烽)干鹿盧索完堅調利,候卒有席薦不。EPF22.238

九日掾付候卒便錢四千二百七十八。EPT51.277

元壽二年十二月庚寅朔戊申張掖居延都尉博、庫守丞賢兼行丞事,謂甲渠鄣候言,候長楊褒私使卒並積一日。EPT59.548A

第八隊(燧),攻候鄣。EPF16.48

匈奴人晝入三十井候遠隧(燧)以東,舉一蓬(烽),燔一積薪,堠上煙一。EPF16.5

燔燒隊(燧)中內堠上蓬、蓬干及◇。EPT44.33A

夜入,燔一積薪,舉堠上一苣(炬)火,毋絕至明。EPF16.5

隊(燧)長陳陽為舉堠上二蓬(烽)、塢上大表一,燔一積薪。EPT68.96

後復入三十井以內部,累舉堠上直上蓬(烽)。EPF16.8

褒不以時燔舉,而舉堠上一苣(炬)火,燔一積薪。EPT68.91

堠上煙竇,突出埤堄二尺,要中央三尺,□明廣三尺,突□□八寸,□□□□□◇。EPS4T2.56

當曲隊(燧),舉堠上一蓬(烽),燔一積◇。EPF22.529

堠塢不塗,見葦三百束。EPT56.107

堠高四丈,上堞高五尺,為四陬。EPT52.27

十三里百七十步可作堠壍,用積徒□千五百七十人,去薪塞外三里。EPT57.77

堠塢不涂堊,負十六算。EPT59.6

堠戶厭破不事用,負二算。EPT59.6

武賢隊(燧)和受城北隊(燧)堠上一蓬(烽)◇。EPT27.28

舉堠上一苣(炬)火非通俱起隧(燧)◇。EPT43.96

四人治堠塗。EPT65.268

按:此用法亦見于傳世文獻。《後漢書·馬成傳》:"築保壁,起烽燧,十里一候。"《揚子雲集·解嘲》:"東南一尉,西北一堠。"

④官名。為候官的長官。戍邊官吏,秩六百石或比六百石。(《漢語大詞典》P606)又見【候官】

甲渠鄣候敦煌廣至□□慶里張獲,秩六百石。EPT65.104

最凡候以下吏百八人。EPT52.376

建始元年九月辛酉朔乙丑張掖大(太)守良、長史威、丞宏敢告居延都尉、卒人,言殄北守候塞尉護、甲渠候誼、典吏社受致廛飯黍肉,護直(值)百卅六。EPT52.99

司馬、千人、候、倉長、丞、塞尉職閒,都尉以便宜財予,從史、田吏如律令。EPF22.70

今候奏記府,願詣鄉爰書是正,府錄,令明處更詳驗問,治決言。EPF22.30

建武四年五月辛巳朔戊子,甲渠塞尉放行候事敢言之。EPF22.48A

建武六年七月戊戌朔乙卯,甲渠鄣守候敢言之。EPF22.38A

去年十二月中,甲渠令史華商、尉史周育當為候粟君載魚之觻得賣。EPF22.22

建武桼(七)年六月庚午,領甲渠候職門下督盜賊,敢言之。EPF22.169

建武五年八月甲辰朔,甲渠鄣候敢言之,府下赦令。EPF22.163

建武四年十一月戊寅朔乙巳,甲渠鄣守候博叩頭死罪。EPF22.126A

建武三年十二月癸丑朔乙卯,都鄉嗇夫宮以廷所移甲渠候書召恩詣鄉。EPF22.1

府告,居延甲渠鄣候卅井關守丞匡十一月壬辰檄。EPF22.151A、B

去年十二月中,甲渠令吏華商、尉史周育當為候粟君載魚之觻得賣。EPF22.4

建武三年十二月癸丑朔丁巳,甲渠鄣候獲叩頭死罪敢言之。EPF22.187A

建武六年七月戊戌朔乙卯,甲渠鄣候敢言之。EPF22.53A

三月癸未甲渠守候博移居延,寫移如律令。EPT48.7

永始四年五月甲辰渠鄣候護敢言之。EPT50.5

右以祖脫穀給,歲竟壹移計居延城司馬、千人、候、倉長、丞、塞

尉。EPF22.78

建武三年十二月候粟君所責寇恩事。EPF22.36

甲渠鄣候以郵行。EPT50.147

新始建地皇上戊四年八月候行塞,起居◇。EPF22.336

元始元年九月丙辰朔乙丑甲渠守候政移過所。EPT50.171

正月乙巳,府告甲渠鄣候,遣隊(燧)長◇。EPF22.476

□□□□□□戊辰朔戊子居延都尉誼、丞誼、居延鄣候延◇□□辭:行道卅餘日,死。EPT52.401A

匈奴人入塞,候、尉吏亟以檄言匈奴人入,薰(烽)火傳都尉府毋絕如品。EPF16.12

其誤,亟下薰(烽)滅火,候、尉吏以檄馳言府。EPF16.10

建武五年四月丙午朔癸酉,甲渠守候讁第十四◇。EPF22.250A

九月壬午甲渠候□移居延,寫移書到如律令。EPT68.79

始建國天鳳四年六月甲申朔丁酉三十井鄣候習敢言之,謹移四月盡六月當食者案敢言之。EPT68.194

府告居延、甲渠、卅井、殄北鄣候。EPF22.459

按:右障候一人,秩比六百石。《居延漢簡》(甲乙編)二五九·二

《漢書·百官公卿》:"中尉,秦官。掌徼循京師,有兩丞、候、司馬、千人。"顔師古注:"候及司馬及千人皆官名也。"

【候伺】

觀望;偵察。

◇慎出入,遠候司(伺)來人。EPT48.14B

按:"候伺"(候司)于漢代常見。《漢書·杜周傳》:"周為廷尉,

其治大抵放張湯,而善候司。”顔師古注:“觀望天子意。”《史記·魏其武安侯列傳》:“平明令門下候伺,至日中丞相不來。”《漢書·灌夫傳》作“平明令門下候司,至日中丞相不來”。《史記·魏其武安侯列傳》:“太后亦已使人候伺,具以告太后,太后怒不食。”

【候官】

此義不見于《漢語大詞典》。據永田英正在《試論居延漢簡所見的候官》[1]中所言,候官是一個介於都尉府和前綫候、燧之間的承上啓下的機構。它統轄着候、燧,把都尉府的命令傳達給候、燧,又把前綫的情况報告給都尉府。候官是邊疆軍事地區公私經濟生活的中心。

居延甲渠候官鴻嘉三年七月盡九月吏名籍。EPT50.31

居延甲渠候官第廿七隊(燧)長士伍李宫,建昭四年以令秋射,發矢十二,中帋矢六,當◇。EPT52.95

發玼家車牛載輸候官。EPT50.51

莫(暮)宿候官,廿七日旦。EPT50.15

三十井候官始建國天鳳四年四月盡六月當食者案。EPT68.207

彭祖免歸氐池,至今積四歲,君佚今復責錢,自證爰書在殄北候官,毋(無)詣官。EPS4T2.52

◇隊(燧)長昌特牛詣殄北候官。EPT51.64

建世二年三月癸亥朔甲渠守候移殄北候官當◇。EPT65.44

◇一封,居延令印,詣廣地候官,◇者方遣罷卒,議徙勮處,毋悔後患□。EPT51.499

① 《簡牘研究譯叢》(第一輯),中國社會科學出版社,1983年,第197頁。

建始元年九月辛酉朔庚午次◇官令殄北候官收責,不服負◇。EPT52.485

載積薪,五人省作候官,二人受閣,二人稟廿三隧(燧)。EPT53.44

氐池檄以即日平旦時到候官。EPT59.126

【候樓】

供瞭望用的小樓。

第七隊(燧)長徐譚,候樓毋(無)屏,已作治成。EPT59.41

堠上候樓一□◇。EPT59.661

按:《詩・大雅・崧高》:"王命召伯,徹申伯土疆,以峙其粻,式遄其行。"孔穎達疏:"候樓,可以觀望者也。"

【候望】

伺望;偵察,為邊疆基層士吏的日常工作之一。

◇主隊(燧)七所,以候朢(望)、徼迹、通蓬(烽)火◇。EPT52.260

方有警備,記到,數循行,教勑吏卒明蓬(烽)火、謹候朢(望)。EPF22.459

願君◇且慎風寒、謹候望、忍下愚吏士、慎官職、加強湌(餐)食、數進所便。EPT44.8B

不候朢(望),利親奉詔不謹、不敬,以此知而劾,時◇六九五十四。EPT52.222

案:嚴軟弱不任候朢(望),吏◇。EPT48.8

以塞候朢(望)為耳目。EPF22.167

得掾明時數又壬午言,虜燔燒孝隊(燧),其日出時乘鄣□□張

駿等候朢(望)。EPF16.41

法:候朢(望)私去署壹宿以上,□□□□□◇。ESC.77

城北隊(燧)助吏李丹候朢(望)。EPT68.86

大凡卒吏◇餘百卌三◇卒候朢(望)為職,◇。EPT52.443

勉致醫藥,起視事,謹候朢(望),方考行如律令。EPF22.279

案:立,官吏,非乘亭候朢(望)而以弩假立,立死不驗,候當負。EPF22.289

騎士徐戎穀四石五斗,代戎乘第二隧(燧)候望。EPF22.534

去署,乏候朢(望),不憂事邊。EPF22.627

卒遠去家乘塞,晝夜候朢(望),塞◇。ESC.56

致且怒力自愛,慬候望,毋憂家也。EPT65.53B

按:《急救篇·卷四》:"亭長游徼共雜診。"顏師古注:"秦漢之制,十里一亭,亭有高樓,所以候望,鄉嗇夫治之。"

【候長】

斥候之長。漢代邊境主管偵察、報警的官員。候长一般管理数个亭和燧;具体职责为带领兵卒进行日迹、候望等日常的边防工作以及防备敌人入侵以及盜贼等。

爰書:不侵候長居延中宿里□業,主亭隊(燧)桼(七)所。EPF22.700

署第十七部,候長,主亭隊(燧)七所,兵弩扁戾不檠持,毋(無)鞍馬。EPF22.399

趙氏為甲渠候長,署第十部,以主領吏跡候備寇虜盜賊為職。EPT68.165

第廿三候長□□行傳詣官毋留。EPT48.119A

張掖居延甲渠塞有秩候長公乘樊立。EPT50.18

功令第卌五:候長、士吏、隊(燧)長皆試射,射十◇建昭五年十月盡六年◇。EPT51.417

甲渠候長觻得延壽里趙猛。EPT48.17

永光四年八戊申朔丁丑臨木候長◇謹移吏日迹簿一編敢言之。EPT48.1

後

Hòu

①時間較遲或較晚,與"先"相對。(《漢語大詞典》P1847)

後二三當發,粟君謂恩曰:黄牛微瘦,所得育牛黑特雖小,肥,賈(價)直(值)俱等耳。EPF22.8

府記曰,卅井關守丞匡檄言居延都田嗇夫丁宮、禄福男子王歆、郭良等入關檄留遲,後宮等到。EPF22.128

◇□□□私去署,之邑中舍,因詣督蓬(烽)周掾所自言,後不欲代詡報。EPT68.208

後復入甲渠部,累舉旁河蓬(烽)。EPF16.8

史將軍發羌騎百人,司馬新君將,度後三日到居延。EPF22.325B

其莫(暮)日入後欲還歸邑中。EPT68.37

◇正月辛巳雞後鳴九分不侵郵卒建受吞遠郵卒福。EPT51.6

辛丑夜昏(昏)後乘第十七隊(燧)長張岑私去署,案:岑◇。EPF22.527

◇習為萬歲隊(燧)長黄禹償卒□◇月十九日後休。EPT27.68

◇□□□時毋時夜□◇種田作必毋後時◇。EPT53.158B

按:此用法亦見于傳世文獻。《漢書·佞倖傳·石顯》:"恐後漏盡宮門閉,請使詔吏開門。"

②指動作或事情完成之後。(《漢語大詞典》P1847)《漢語大詞典》首舉用例為宋。

買後不知洗沐。EPT49.48A

恩與業俱來到居延後,恩欲取軸、器物去。EPF22.25

③後代,子孫。(《漢語大詞典》P1847)文例見【後嗣】【後子】

④后世。(《漢語大詞典》P1847)

以新除故,請財適三百里,以戒後。EPT5.6

按:此用法亦見于傳世文獻。《呂氏春秋·長見》:"故審知今則可知古,知古則可知後。"

⑤指與"前"或"上"相對的方位。(《漢語大詞典》P1847)

◇□所持鈹,即以疑所持胡桐木丈(杖),從後墨擊意項三下,以辜一旬內立死。EPF22.326

虜二騎從後來共圍遮,略得丹及所騎驛馬持去。EPT68.88

◇□寓廩車罳◇□前後□□◇。EPT52.686B

按:此用法亦見于傳世文獻。《尚書·武成》:"前徒倒戈,攻于後以北。"

⑥落在後面。(《漢語大詞典》P1847)

永即還與放馬,持放馬及駒隨放後歸止害隊(燧)。EPF22.195

良隋(隨)後出。EPT68.169

案:官中候以下□◇力䜌(孌)奈何,反遣吏去而從後逐之,時蓬(烽)起至今絕,留府。EPF16.51

【後嗣】

後代;子孫。

以教後嗣,幼子承詔,謹慎敬戒。EPT56.27A

以教後嗣。EPT50.1A

按:此用法亦見于傳世文獻。《尚書·伊訓》:"敷求哲人,俾輔于爾後嗣。"

【後子】

後代;子孫。

蒼頡作書,以教後子,◇□史□□。EPT56.40

按:《漢語大詞典》"後子"僅有兩個義項:一、嫡嗣;長子;二、後妻之子。從《居延新簡》用例來看,以上兩個義項均不符合。"後子"者,與"後嗣"同也。

【後備】

為補充而准備。(《漢語大詞典》P1852)

後備吏、騎士勝敞◇。EPT43.293

按:此詞僅一見,亦不見于同時代文獻中。初仕賓《簡牘集成》此條下注:"當為邊塞低級吏員之後備者。"

J

吉

Jí

①吉利;吉祥。(《漢語大詞典》P1480)又見【吉凶】

荊棘杏梓不吉,◇。EPT65.165B

◇午、丙、申大吉。EPT65.57

九月土,音南,食午未地,治南方吉,治北方匈(凶)。EPT65.308

按:此用法亦見于傳世文獻。《易經·繫辭上》:"吉,無不利。"《逸周書·武順》:"禮義順祥曰吉。"

②人名。(《漢語大詞典》P1480)如"吉"。

行事候長吉發。EPT51.195B

耳尉吉敢言之。EPT51.204

◇吉行尉事,吞遠候長、第廿三候長◇。EPT59.505

③地名。(《漢語大詞典》P1480)如"吉延"。

◇屬吉延部。EPT57.28

【吉昌】

吉祥。(《漢語大詞典》P1482)

正北吉昌。EPT5.57A

按:此用法亦見于傳世文獻。焦贛《易林·恆之複》:"逃時曆舍,所之吉昌。"

【吉日】

吉利的日子,好日子。(《漢語大詞典》P1481)

◇□農掾戎謂官縣,以令祠社稷,今擇吉日如牒。EPC.35

謹以吉日吉時視事敢言之。EPT51.92A

今擇吉日如牒。EPT20.4A

今擇吉日如牒。EPF22.153A

按:此用法亦見于傳世文獻。《詩經·小雅·吉日》:"吉日維戊,既伯既禱。"

【吉凶】

禍福。(《漢語大詞典》P1481)

◇□憲隊(燧)長□□加慎械後,後不改,吉凶自在◇。EPF22.549

◇□□□不辨,吉凶自在,皆毋犯◇。EPF22.299

五月移徙吉凶。EPT5.57A

按:此用法亦見于傳世文獻。《易經·乾卦》:"與鬼神合其吉凶。"《史記·日者列傳》:"方辯天地之道,日月之運,陰陽吉凶之本。"

即

Jí

①指當時,當天。亦表示以後不久的時間。(《漢語大詞典》P962)

即滅亡。EPT49.3

匈奴人即入塞,千騎以上,舉蓬(烽),燔二積薪。EPF16.14

◇□所持鈹,即以疑所持胡桐木丈(杖),從後墨擊意項三下,以辜一旬內立死。EPF22.326

候長王褒即使丹騎驛馬一匹,馳□□◇里所,胡虜四步人從◇得丹及所騎驛馬。EPT68.98

◇又詣官,充即將載詣官,時誼對府。EPT52.359

夜即聞匈奴人及馬聲。EPF16.11

按:此用法亦見于傳世文獻。《左傳·僖公二十四年》:"蒲城之役,君命一宿,女即至。"

②副詞。便;就。(《漢語大詞典》P962)

永即還與放馬,持放馬及駒隨放後歸止害隧(燧)。EPF22.194

恩即取黑牛去,留黄牛,非從粟君借牛。EPF22.24

商即出牛一頭,黄特,齒八歲,平賈(價)直(值)六十石。EPF22.22

待叩頭叩頭,亟不事事在掾,叩頭叩頭,即有弩處來人幸語賈(價)直(值)得奉(俸)穀往,叩頭叩頭。EPF22.463B

已自取錢十月奉(俸),弘即取彊十月奉(俸)◇。EPT52.358

習即持火出,隆隨火◇。EPW.97

◇□時第九隧(燧)不和,即遣卒小狗告◇。EPT52.545

候長常富校計,充即謂福曰:福負卒王廣袍、襲錢,便□□十二月奉(俸)錢六百。EPT56.9

◇□怨昌劾輔火誤守乏,即誣筩言昌,今昌部吏卒◇合檄自曉,府君如是。EPT56.175

Jí

【即日】

當日。(《漢語大詞典》P963)

◇辛亥朔庚午令史義敢言之,迺己巳直符◇者,即日平旦付尉史宗,敢言之。EPT65.451

候長敞言□□隊(燧)卒陳崇迺□病傷汗頭瘜(痛)抚(慨)□□即日加□腹◇。EPT4.101

即日平旦付令史宗敢言之。EPT65.398

即日尉史萬發門下◇。EPT2.9B

□□命第七吏即日下餔時起◇。EPT40.147B

按:此用法亦見于傳世文獻。《史記・項羽本紀》:"項王即日因留沛公與飲。"

【即時】

當下;立刻。(《漢語大詞典》P964)

◇□□□□不即時誅滅,貰貸榜箠,復反得生見日月,恩澤誠深誠◇。EPF22.645

候即時與令史立等逐捕到憲治所。EPT68.25

按:此用法亦見于傳世文獻。《東觀漢記・和熹鄧后傳》:"宫人盜者,即時首服。"

今

Jīn

①現在。(《漢語大詞典》P456)

粟君用恩器物幣(敝)敗,今欲歸恩,不肯受。EPF22.32

故吏陽里上造梁普年五十,今除補甲渠候官尉史,代鄭駿。EPF22.58

今擇吉日如牒。EPF22.153A

今張掖發兵屯諸山谷,麥熟石千二百,帛萬二千,牛有賈(價),馬如故。EPF22.325A

今以舊制律令為捕斬匈奴虜反羌購賞各如牒。EPF22.221

按:此用法亦見于傳世文獻。《孟子・離婁上》:"今天下溺矣,夫子之不援,何也?"

②指今日,即當天。(《漢語大詞典》P456)《漢語大詞典》首舉用例為巴金的《春》。

今旦,候者見北□□□◇言府,候行部,庚戌宿臨桐隊(燧)。EPF22.711A

遣隊(燧)長鄭奴持食詣官會今,當省治臨桐□◇。EPF22.650

竟將伐胡隊(燧)長政詣官,會今,如律◇。EPT59.255

按:此用法亦見于傳世文獻。《漢書・韓延壽傳》:"今旦明府早駕,久駐未出,騎吏父来至府門,不敢入。騎吏聞之,趨走出謁,適會明府登車。以敬父而見罰,得毋虧大化乎?"(唐)王燾《外臺秘要方・療瘧方》:"明旦欲服,今晚漬於銅器中,露置星月下高浄處,横刀其上。"

【今年】

本年。指說話時的那一年。(《漢語大詞典》P457)

今年八月中候繆訢客男子賈襄持酒當死。EPT20.6

今年正月中從女子馮□借馬一匹,從今年駒。EPF22.188

◇職至今年十二月。EPT50.77

盡今年正月,閏月,二月,積作三月十日,不得賈(價)直(值)。EPF22.26

今年正月中從女子馮□借馬一匹,從今年駒。EPF22.188

今年正月中府掉調業守候長,署不侵部,主領吏跡候備寇虜盜賊為職。EPT68.69

第七隊(燧)長徐循今年四月中休田。EPF22.433

至今年二月中,女子齊通耐自言責恭鼓一,恭視事積三歲,通耐夫當未□□□□鼓□將尉卿,使執胡隊(燧)長李丹持當隊(燧)鼓詣

尉治所,恭本不見丹持鼓詣吞◇。EPF22.694

今年二月中戍詣居延與◇誼不留難敞變事滿半日。EPT51.17

按:《漢語大詞典》首舉用例為晉代李密《陳情事表》。"今年"一詞亦見于漢代傳世文獻中。《史記·孝武本紀》:"今年豐廡未有報,鼎曷為出哉?"

【今日】

本日;今天。(《漢語大詞典》P457)

今日當到。EPT4.46

又今日囚廢曰天雨,恐有戎兵。EPF22.372

宜及今日草次為◇。EPT48.34B

【今月】

本月。(《漢語大詞典》P457)

今月四日食時受府符諸候官。EPF22.171

今月四日詣候長治鉼庭隊(燧)。EPF22.339

迺今月三日壬寅,居延常安亭長王閎、閎子男同、攻虜亭長趙常及客民趙閎、范翕等五人俱亡。EPT68.70

迺今月十一日辛巳日且入時,胡虜入木中隊(燧)塞天田,攻木中隊(燧)。EPT68.95

迺今月十一日辛巳日且入時,胡虜入甲渠木中隊(燧)塞天田,攻木中隊(燧)。EPT68.83

敢言之,迺今月二日乙丑,胡虜卌餘騎犯塞入,攻燔◇。EPF22.371

趙良蘭越塞,驗問,良辭曰,今月十八日,毋(無)所食,之居延博望亭部采胡于。EPT68.36

至今月八日客民不審。EPT68.17

迺今月三日壬寅,居延常安亭長王閎、閎子男同、攻虜亭長趙常及客民趙閎、范翕一等五人俱亡。EPT68.59

按:此用法亦見于傳世文獻。《漢書·王莽傳》:"又今月癸酉,不知何一男子遮臣建車前,自稱漢氏劉子輿成帝下妻子也。"

家

Jiā

①人所居;住房。(《漢語大詞典》P2060)

家去大(太)守府千六十三里。EPT50.10

◇十一日封符直休,居家廿日。EPC.61

◇□不忍行重罰遏歸其家不悔過,反政捕拟求當報,使兄首加非法於君,以故不以時臨。EPT52.165

大司農之家◇其減罪一等,當安世以重罪完為城旦,制曰:以贖論。EPT52.279B

◇長七尺五寸,居延昌里,家去官八十里。EPT52.137

粟米常陳,家室富有,家解慢哉,故命為禽子。EPS4T1.12

卒遠去家乘塞,晝夜候望(望),塞◇。ESC.56

致且怒力自愛,慬候望,毋憂家也。EPT65.53B

捲力不能相使第廿三候長兒政兼部,相去城遠家毋(無)見穀,當買車及牛,乃及能自起田作,掾命◇。EPT65.41A

按:此用法亦見于傳世文獻。《莊子·山木》:"夫子出於山,舍於故人之家。"

②家族；家庭。(《漢語大詞典》P2060)又見【家屬】

甲渠候官建武桼(七)年桼(七)月貧隊(燧)長及一家二人為寒吏。EPF22.651

按:此用法亦見于傳世文獻。《禮記・樂記》:"脩身及家,平均天下,此古樂之發也。"

③謙詞。對別人稱說自己的親屬。(《漢語大詞典》P2060)

□田在三堠隊(燧)旁城,使家孫自田之,當歸,繇人力少,唯君哀◇。EPT65.319

按:《漢語大詞典》作"謙詞。對別人稱說自己親屬中的長輩或年長者"。義不確。如此處的"家孫",另外如"家小"指的是家屬,可以是妻子兒女,也可以是妻子,都不是長輩或年長者。

④人名。(《漢語大詞典》P2060)如"家横"。

◇□寅士吏強兼行候事敢言之,爰書:戍卒潁川郡長社臨利里樂德,同縣安平里家横告曰,所為官牧橐他◇戊夜僵卧草中以□行,謹案:德、横□到橐他尉辟推,謹毋(無)刀刃木索迹,德、横皆證所言它如爰書,敢◇。EPT57.85

【小家】

低微人家;窮苦人家。

□□榮小未傳為譯騎,皆小家子,貧急不能自給,實◇。EPT58.30

按:此用法亦見于傳世文獻。《管子・山國軌》:"臣家美修其宫室者,服重租;小家為室廬者,服小租。"《後漢書・陳蕃傳》:"小家畜産百萬之資,子孫尚恥愧失其先業,況乃産兼天下,受之先帝,而欲懈怠以自輕忽乎?"

【家丞】

官名。漢代太子家令的輔佐官。諸侯國亦設此職。主管家事。

今更為毋都王丞印,章曰毋都家丞故印。EPT52.118

按:此用法亦見于傳世文獻。《史記·魏其武安侯列傳》:“詔書獨藏魏其家,家丞封。”《後漢書·朱暉傳》:“永平初,顯宗舅新陽侯陰就慕暉賢,自往候之,暉避不見。復遣家丞致禮,暉遂閉門不受。”

【家室】

家庭;家眷。

具書曰輓力家室,毋(無)它。EPT65.314

按:此用法亦見于傳世文獻。《詩經·周南·桃夭》:“之子于歸,宜其家室。”毛傳:“家室,猶室家也。”

【家屬】

戶主本人以外的家庭成員。亦指官兵等本人以外的家庭成員。

男子訢、相、賜,茂陵女子紀姣皆有罪,疑殊死以上,與家屬俱亡,章所及姦能,當窮竟◇。EPT43.31

嚴等府遣督盜賊、督蓬(烽)、行塞、具吏,檄到,有家屬◇。EPF22.284

◇□□皆徒家屬邊◇,◇□臣昧死◇。EPT58.80

第廿三部建平三年七月家屬妻子居署省名籍。EPT40.18

◇一歲食,遣吏迎受,今遣適吏家屬五家◇。EPT65.378

◇年二月戍卒家屬居署名◇。EPT65.134

按:此用法亦見于傳世文獻。《管子·立政》:“凡過黨,在其家屬,及於長家。”《史記·五宗世家》:“有司請廢王后脩,徙王勃以家屬處房陵,上許之。”

【家長】

一家之主。(《漢語大詞典》P2063)

厭魃書:家長以制日疏魃名。EPT49.3

按:此用法亦見于傳世文獻。《詩經·周頌·載芟》:"侯主侯伯",毛傳:"主,家長也。"孔穎達疏:"《坊記》云:家無二主。主是一家之尊,故知'主,家長'也。"

甲

Jiǎ

①用皮革、金屬等製成的護身服。(《漢語大詞典》P4610)又見【甲卒】

革甲六百五十。EPT59.183

白玄甲十三領。EPT59.183

嚴病傷汗,即日移病書,使弟赦付覆胡亭卒不審名字,己酉有◇追逐器物,盡壬子積六日,即日嚴持絳單衣、甲帶、旁橐、刺馬刀凡四物其昏時到部,嚴其一日還。EPT59.2

按:此用法亦見于傳世文獻。《周禮·考工記·函人》:"函人為甲,犀甲七屬,兕甲六屬,合甲五屬。"

②天干的第一位,與地支配和用以紀年、月、日。(《漢語大詞典》P4610)

臨桐隊(燧)長張業迹詣官,五月甲子下餔入。EPT65.3

◇五月壬子盡辛巳積卅日,日迹從呑遠隧(燧)□◇,◇五月壬子盡甲寅積三日,日迹從呑遠隧(燧)◇。EPT51.616

建武五年八月甲辰朔丙午，居延令丞審告尉謂鄉移甲渠候官，聽書從事如律令。EPF22.56A

言居延都田嗇夫丁宮、祿福男子王歆等入關檄甲午日入到府，留遲。EPF22.134

八月乙巳盡甲戌積卅日，日迹從第卅隊(燧)南界盡鉼庭隊(燧)北界，◇。EPT51.396

◇卒左朔十月已巳迹盡癸未積十五日，◇卒張定十月甲申迹盡戊戌積十五日，凡◇。EPT51.393

③代詞。(《漢語大詞典》P4610)指代失傳、虛構或不欲明言的人名。

戍卒魏郡貝丘某里王甲。EPT56.113

④地名。(《漢語大詞典》P4610)如"甲渠"、"甲溝"。

居延甲渠候官鴻嘉三年七月盡九月吏名籍。EPT50.31

匈奴人晝入甲渠河南道上塞，舉二蓬(烽)，塢上大表一，燔一積薪。EPF16.3

八月庚戌甲渠候長以私印行候文書事，告尉謂第四候長憲等，寫移檄到。EPF22.158

二月庚辰甲溝候長戎以私印行候文書事。EPT48.25

始建國天鳳五年桼(七)月乙丑甲溝守候恭謂第四◇。EPF22.675

甲溝候官新始建國地皇上戊四年桼(七)月盡九月折傷兵出入簿。EPF25.2

居成部甲溝候官新始建國地皇上戊二年桼(七)月盡九月吏名籍及□◇。EPW.91

【甲卒】

披甲的士卒,泛指士兵。(《漢語大詞典》P4612)

◇壬申下餔九分城北甲卒董宗受臨◇。EPT49.37

◇□□人犯此省為甲卒,前遣子孫小□□□◇□□人犯□□□□平者遣□□◇二十三。EPT59.798A

按:《淮南子·覽冥訓》:"是故質壯輕足者,為甲卒。"高誘注:"甲,鎧也。在車曰士,步曰卒。"《漢書·李廣利傳》:"益發戍甲卒十八萬酒泉、張掖北,置居延、休屠以衛酒泉。"

教

Jiào

①教育。(《漢語大詞典》P2922)

九月乙亥涼州刺史柳使下部郡大守、屬國、農都尉承書從事下當用者,明察吏有若能者勿用,嚴教官屬,謹以文理遇百姓,務稱明詔厚恩,如詔書。EPT54.5

②教導;指點。(《漢語大詞典》P2922)又見【教告】【教敕】

吏得毋(無)侵冤,假貸不賞有者言,吏士明聽教。EPF22.245

子偉足下◇謹因吳子威伏地奏文受教。EPT51.98B

昨遣使持門菁子一升詣門下受教。EPT2.5B

嚴教□得絡更已事不歸。EPT53.185

◇遣少卿至君長前受教。EPT51.271

毋(無)狀當教。EPT5.6

建平四年四月□召宣有鞫教,書到,定名□□◇。EPT65.122

③告訴。(《漢語大詞典》P2922)

坐傷人論,府教適◇。EPT53.177

有所聞見,亟言,有教。EPF22.459

Jiāo

①把知識或技能傳授給人。(《漢語大詞典》P2923)

蒼頡作書,以教後子,◇□史□□。EPT56.40

以教後嗣,幼子承詔,謹慎敬戒。EPT56.27A

②使;令;讓。(《漢語大詞典》P2923)

尉史並白:教問木大小賈(價)。EPT65.120

請令良以桼備,教並貰,並復令□備之。EPF22.456

無長吏教使劾者。EPT68.28

【教敕】

教誡;教訓。(《漢語大詞典》P2923)

領職教敕吏毋(無)狀。EPF22.131

教敕吏毋(無)狀,當坐罪當死,叩頭死罪敢言之。EPF22.538

隊(燧)長侯倉、候長樊隆皆私去署,誠教敕吏毋(無)狀,罪當死。EPF22.424

方有警備,記到,數循行,教敕吏卒明蓬(烽)火、謹候朢(望)。EPF22.459

◇教敕,毋忽如律令。EPF22.769

按:此用法亦見于傳世文獻。《漢書・江充傳》:"非愛車馬,誠不欲令上聞之,以教敕亡素者。"《漢書・王尊傳》:"又出教勑掾功曹'各自底厲,助太守為治。其不中用,趣自避退,毋久妨賢。'"

【教告】

猶教導;教誨。(《漢語大詞典》P2923)

教告尉史記即到。EPT44.4A

教告卒率道毋(無)狀。EPT51.123

K

考

Kǎo

考察,考核。文例見【考察】【考功】【考行】

【考察】

對官吏政績的考核。(《漢語大詞典》P4995)

方循行,考察不以為意者,必舉白。EPF22.168

爵疑者讞作士,督臧者考察無令有姦(奸)。EPF22.64

褒、尚考察不以為意者輒言,如律令。EPF22.154

【考功】

按一定標準考核官吏的政績。(《漢語大詞典》P4995)

詔書:吏初除,亟遣之官,案考功。EST115.1

按:此用法亦見於傳世文獻。《漢書·京房傳》:"詔使房作其事,房奏考功課吏法。"晉灼注:"令丞尉治一縣,崇教化亡犯法者輒遷。有盜賊,滿三日不覺者則尉事也。令覺之,自除二,尉負其辠。率相准如此法。"

【考行】

考察行為事迹。(《漢語大詞典》P4995)

勉致醫藥,起視事,謹候朢(望),方考行如律令。EPF22.279

方考行,如◇。EPF22.161

按:《漢語大詞典》首舉用例為唐元稹的《贈于頔謚》。

寬

Kuān

①不嚴;寬大對待。(《漢語大詞典》P2111)又見【寬大】

甚賜木功事,充欲時至中君次公前,問中君次公,徼急,迺吏候望為職,以故不敢,左右幸寬□,充叩頭謹幸甚幸甚,充與吏爭言。EPT56.87A

②用作人名。(《漢語大詞典》P2111)如"寬"、"朱寬"、"王幼寬"、"樂寬"、"氾寬"、"牟寬"、"王寬"。

候長寬、候史安世,四◇。EPT57.36

謹移戍卒朱寬等五人貰賣候史鄭武所。EPT51.199

◇觻得平利里張良◇,◇里王幼寬◇。EPT51.498

□□隊(燧)定陵岸里樂寬私衣橐。EPT59.361

第十四隊(燧)卒氾寬不在署。EPT59.68

◇庭隊(燧)卒濟陰壽貴里牟寬。EPT40.187

◇王寬取。EPT40.122

【寬大】

大度;寬厚,不苛刻。(《漢語大詞典》P2111)

◇□刻務行寬大。EPF22.346

L

留

Liǔ

①停止在某一處所或地位上不動;不離去。(《漢語大詞典》P4631)又見【留遲】

元□◇◇使時詣前,不敢久留。ESC.63A

收虜隧(燧)卒留署所□◇。EPT53.126A

往來積私去署八日,除往來日積私留舍六日,辭具。EPF22.387

所騎馬更,取留隧(燧)驛馬一匹騎歸吞遠隊(燧)。EPF22.195

推辟請知火所絕留,具言狀□。EPF16.57D

②保存;遺留。(《漢語大詞典》P4631)又見【留意】

俱南隊(燧)長范譚留出入檄,適為驛馬運鉼庭茭廿石致止害隊(燧)。EPT59.72

恩即取黑牛去,留黃牛,非從粟君借牛。EPF22.24

謹發餘留兵,慎毋忽如律令。EPT53.42

◇□第一車皆留官,未◇。EPS4T2.47

③拖延;擱置。(《漢語大詞典》P4631)

第廿三候長□□行傳詣官毋留。EPT48.119A

告上,遣卒武取兩行來毋留。EPT51.337

下餔八分,明付吞遠助隧(燧)長董習,習留不以時行。EPF22.144

不以時遣,遣吏卒又私留,不詣官署,以證為解◇。EPT52.401A

◇隧(燧)長賞留火四分,毋傷隊(燧)長宣◇。EPT65.350A

④地名。(《漢語大詞典》P4631)如"陳留"。

陳留大(太)守章。EPT58.115

裘絑(襪)橐,封以□□里趙野,戍卒陳留郡平丘。EPT58.115

【留遲】

稽留延遲。(《漢語大詞典》P4631)

府記曰,卅井關守丞匡檄言居延都田嗇夫丁宮、祿福男子王歆、郭良等入關檄留遲,後宮等到。EPF22.128

甲渠言卅井關守丞匡檄言都田嗇夫丁宮□等入關檄留遲,謹推辟如牒。EPF22.125

言居延都田嗇夫丁宮、祿福男子王歆等入關檄甲午日入到府,留遲。EPF22.134

檄丁酉食時到府,皆後宮等到,留遲。EPF22.151A、B

言男子郭長入關檄丁酉食時到府,留遲。EPF22.139

下餔八分明付吞遠隊(燧)助吏□□,皆中程,留遲不在界中敢言之。EPF22.464

持行到府,皆後宮等到,留遲。EPF22.324

□壬子餔時到官,留遲。EPF22.507

候長赦、嘉、隊(燧)長親等舉表留遲。EPT51.96

◇坐閏月乙卯官移府行事檄留遲三時九分,不以馬行。EPT59.96

◇傳詔書及言火事留遲◇。EPT59.417

丁丑到留遲,封破毋(無)旁封。EPT59.504

元延二年九月己未朔戊寅第◇,七月辛未、乙未表火留遲,推辟◇。EPT65.437

按:此用法亦見于傳世文獻。《史記·李將軍列傳》:"漢法,博望侯留遲後期,當死,贖為庶人。"《後漢書·李郃傳》:"郃遂所在留遲,以觀其變。"《三國志·魏志·郭淮傳》:"黄初元年,(郭淮)奉使賀文帝踐阼,而道路得疾,故計遠近為稽留。及羣臣歡會,帝正色責之曰:'昔禹會諸侯於塗山,防風後至便行大戮。今溥天同慶,而卿最留遲,何也?'"

【留意】

關心;注意。(《漢語大詞典》P4631)

充國唯翁孟留意。EPT53.65

按:此用法亦見於傳世文獻。《漢書·禮樂志》:"是時上方征討四夷,鋭志武功,不暇留意禮文之事。"

閭

Lǘ

①見【閭師】

②人名。如"閭丘勲"。

十月己巳第十四卒閭丘勲以來。EPT59.376

【閭師】

官名,周代始設。漢代平帝時設,秩六百石。(《漢語大詞典》

P7163)

部□閭師、郡大尹□□,承書◇。EPW.93

按:《周禮·地官·司徒下》:"閭師,掌國中及四郊之人民、六畜之數,以任其力,以待其政令,以時徵其賦。"鄭玄注:"國中及四郊是所主數,六鄉之中自廛里至遠郊也,掌六畜數者,農事之本也,賦謂九賦及九貢。"《周禮》:"閭師,掌四郊之民時其徵賦也。"《漢書·平帝紀》:"(元始元年)二月置羲和官,秩二千石;外史、閭師,秩六百石。班教化,禁淫祀,放鄭聲。"

M

米

Mǐ

去皮的穀實;特指去皮的稻實。又見【米糒】

粱米二斗◇。EPT44.62

辭曰,憲帶劍持官弩一,箭十一枚,大革橐一,盛糒三斗,米五斗,騎馬蘭越隧(燧)南塞天田出,西南去。EPT68.27

粟米常陳,家室富有,家解懮哉。EPS4T1.12

◇黍米一斗,黍米一斗,雞◇。EPF22.633

閏月二日有黄米四參,月二日又舂一石米六斗,計訖二日算。EPT56.76A

二月二十二日莫(暮)俱食,上官卿米一石,鄭卿米一石。

EPT59.65

善米一石,糒米三石,食之。EPT57.68B

又梁(粱)米一斗。EPT26.5

用稗米四斗八升。EPT4.56

麤米一石三斗。EPT40.201

萬卿初炊靡米二斗。EPT26.5

又粟二斛,得米一斛一斗半。EPT65.70A

【米糒】

米糧。(《漢語大詞典》P5386)

其二百廿五石米糒。EPT44.43

米糒三斛。EPF8.2、3

君與主官譚等格射各十餘發,虜復僿塞百騎,亭但馬百餘匹,橐他四五十匹,皆備賀僿塞來,南燔乏卒,以鄣中□米糒給孤單,卒有萬分恐不能自守,唯恐為虜所攻得。EPF16.49

其二百卅五石米糒。EPT52.586A

◇三以盛米糒◇。EPT52.628

其二百卅一石米糒。EPT56.232

其二百廿五石米糒,積前□◇。EPT51.626

右米糒簿。EPT59.180

其二百卌一石米糒,五千◇□卅一石米,◇。EPT56.329

府記曰:米糒少簿二百二十六斛六斗六升□□□。EPT6.54

◇其二百卅五石米糒□百卌七石八斗九升少粟◇。EPT5.95

甲溝言:米糒少簿。EPT6.65

部載米糒。EPT13.3

按:此用法亦見于傳世文獻。《後漢書·趙孝傳》:"可且歸,更持米糒來。"《後漢書·南匈奴傳》:"又轉河東米糒二萬五千斛,牛羊三萬六千頭,以贍給之。"

明

Míng

①天亮;黎明。(《漢語大詞典》P2992)又見【明旦】

歸,莫(暮)當還,待至明不到,屬詡妻詡◇。EPF22.547

夜入,燔一積薪,舉堠上二苣(炬)火,毋絕至明。EPF16.3

傳今出直天明久獨◇示厚哉得以時白直◇。EPT20.19B

莫宴到臨渠宿,明七日還到隊(燧),八日詣官,宿廿三隊(燧),九日宿第九隊(燧),十日到官。EPF22.375

②潔淨。舊時祭神、供神之物皆潔淨,故以明泛指祭神、供神之物。(《漢語大詞典》P2992)文例見【鮮明】

按:《禮記·中庸》:"使天下之人,齊明盛服,以承祭祀。"鄭玄注:"明,猶潔也。"

③明白;清楚。(《漢語大詞典》P2992)文例見【明白】、【明察】、【明處】

④懂得;了解;通曉。(《漢語大詞典》P2992)

◇吏卒明蓬(烽)火謹跡候,吏各清□◇兩行百,札二百,繩十枚。EPT59.153

方有警備,記到,數循行,教勑吏卒明蓬(烽)火、謹候朢(望)。EPF22.459

◇□□不能奉言毋(無)以明。EPT2.10

諸事皆掾所明,叩頭叩頭。EPF22.463B

明畫天田。EPT5.59

按:此用法亦見於傳世文獻。《荀子・正名》:"以兩易一,人莫之為,明其數也。"

⑤公開;不隱蔽。(《漢語大詞典》P2992)又見【明白】

北界,此非其明戒耶。EPF22.350

⑥副詞。明白地。(《漢語大詞典》P2992)

匿之,明告吏民,諸作使秦胡盧水士民畜牧田作不遣,有無四時言。EPF22.43

明詔捕虜購賞封錫捕虜斬首有功者,候長張況。EPF22.447A

◇□如牒,書到,壹以廣大札明書,與蓬(烽)◇。EPT59.132

吏得毋(無)侵冤,假貸不賞有者言,吏士明聽教。EPF22.245

⑦人名。(《漢語大詞典》P2992)如"明"、"郭子明"、"王明"、"朱明"、"候明"、"許明"、"蘇明"、"王承明"、"范明"、"孟明"。

下餔八分,明付吞遠助隧(燧)長董習,習留不以時行。EPF22.143

郭子明牛頭◇,◇常長心羊□◇。EPT52.193A

北隊(燧)長岑,餔時勳付城北隊(燧)助吏王明。EPF22.464

◇十一月癸亥盡辛卯積廿九日,卒朱明迹◇,◇其三人梁充、董安國、孫地餘省作伩不迹◇。EPT52.433

甲渠塞候候明伏地再拜進記。EPT53.83A

◇敬老里男子許明,出逋更茭□算錢少。EPS4T2.136

窮虜隧(燧)卒蘇明。EPT58.19

居延甲渠第卅八隊(燧)長王承明。EPT51.238

五月辛酉食坐時臨木卒范明受□◇,EPT48.147

候史孟明。EPT50.75

⑧地名。如"野明"、"平明里"。

野明隊(燧)長郭政,病,卒張回◇中營右騎士安國里馮詡。ESC.74

野明隊(燧)長鄭放。ESC.24

◇受平明里劉親就人◇。EPT57.25

脩行居延平明里公乘徐彊年廿年廿三,今除為甲渠◇。EPT56.284

【明白】

確實。(《漢語大詞典》P2992)

盜所主隧(燧)長徐宗等奉(俸),候君與□□□誠宣罪名明白,令史◇。EPS4T2.115

按:此用法亦見於傳世文獻。《史記·淮南衡山列傳》:"淮南王安甚大逆無道,謀反明白,當伏誅。"

【明察】

謂觀察入微,不受蒙蔽。(《漢語大詞典》P2992)

九月乙亥涼州刺史柳使下部郡大守、屬國、農都尉承書從事下當用者,明察吏有若能者勿用,嚴教官屬,謹以文理遇百姓,務稱明詔厚恩,如詔書。EPT54.5

九月乙亥涼州刺史柳使下部郡大守、屬國、農都尉承書從事下當用者,明察吏有若能者勿用,嚴教官屬,謹以文理遇百姓,務稱明詔厚恩,如詔書。EPT54.5

【明處】

明確地作出判斷。(《漢語大詞典》P2992)

今候奏記府,願詣鄉爰書是正,府錄,令明處更詳驗問,治決言。EPF22.30

記到驗問明處言,會月廿五日,前言解。EPF22.191

按:《周禮·地官·大司徒》:"歲終則令教官正治而致事。"鄭玄注:"教官其屬六十,正治明處其文書,致事上其計簿。"賈公彥疏:"云正治而致事者,謂正直治理其文書,不得濫失以為公狀,然後致其職事以待考注。"(漢)劉向《中論·貴驗第五》:"夫辯者求服人心也,非屈人口也。故辯之為言別也,為其善分別事類而明處之也,非謂言辭切給而以陵蓋人也。"

【明旦】

天亮的早晨。(《漢語大詞典》P2992)

◇□以為虜,舉火,明旦踵迹,野馬,非虜。EPF22.414

按:此義亦見于傳世文獻。《史記·孟嘗君列傳》:"君不見夫趣市朝者乎? 明旦,側肩争門而入;日暮之後,過市朝者掉臂而不顧。"

N

納

Nà

入;使入。(《漢語大詞典》P5623)文例見【納言】

【納言】

官名。主出納王命。秦時名治粟内史,漢承秦制,景帝後元年更名大農令,武帝太初元年更名大司農,王莽依古制,改大司農為納言。(《漢語大詞典》P5624)

制紹納言:農事有不收藏積聚牛馬畜獸有之者取之不誅。EPT59.62、63

制詔納言:其令百遼屢省所典脩厥職務順時氣。EPT59.61

◇丙辰納言、元士。EPT65.175

按:《尚書·舜典》:"命汝作納言,夙夜出納朕命,惟允。"孔傳:"納言,喉舌之官,聽下言納於上,受上言宣於下,必以信。"《漢書·百官公卿表》:"王莽改大司農曰羲和,後更為納言。初,斡官屬少府,中屬主爵,後屬大司農。"

年

Nián

①時間單位。為三百六十五日又四分之一。(《漢語大詞典》P274)又見【萬年】

去年十二月中,甲渠令史華商、尉史周育當為候粟君載魚之觻得賣。EPF22.21

今年八月癸酉除為不侵候史,以日迹為職,嚴新除,未有追逐器物。EPT59.1

始建國天鳳二年二月戊辰朔戊寅第十桼(七)候長良敢言之。EPT48.136

士吏辛廣宗粟三石三斗三升少,始元六年省卒仰田殷取。EPT52.4

建世二年二月甲午朔甲渠鄣守候◇。EPT43.67

按:《史記·曆書》:"大餘五。"司馬貞索隱:"周天三百六十五度四分度之一,日行一度。"

②年紀,歲數。(《漢語大詞典》P274)

恩辭曰,潁川昆陽市南里,年六十六歲,姓寇氏。EPF22.3

甲渠言鉼庭士吏李奉、隧(燧)長陳安國等年老病。EPT51.319

居延甲渠第十二隧(燧)長居延當遂里公乘程宣,年廿六。EPT51.395

東郡白馬武始里張奴年卅五。EPT57.53B

Niú

【牛車】

用牛拉的車。(《漢語大詞典》P3478)

◇男子字游,為麗戎聟,以牛車就(僦)載,藉田倉為事,始元◇。EPT43.92

永光四年十月盡五年九月戍卒折傷牛車出入簿。EPT52.394

入二年戍卒牛車十三兩,◇。EPT56.133

塱虜隊(燧)長房良負故候長周卿錢千二百卅◇持牛車詣居延。EPT52.3

◇中蓋三乘,牛車五◇。EPT53.288

◇傷牛車出入簿。EPT56.315

新卒假牛車十五兩,皆毋◇。EPT53.188

◇從及樂君筵◇葦席,茭內中糸◇為沽酒小方函諸器可欲持者,以令樂君牛車◇持歸。EPT51.459B

奴

Nú

【奴婢】

男女仆人的泛称。指丧失自由、为主人无偿服劳役的人。其來源有罪人及其家屬。(《漢語大詞典》P2259)

又以其所捕斬馬牛羊奴婢財物盡予之。EPT52.569

出入奴婢良日,乙丑、辛◇。EPT65.165A

犯者沒入所齎奴婢財物縣官。EPF22.45A

以科別從事,官奴婢以西州捕斬匈奴虜反羌購償科別。EPF22.221

建◇居延◇卅井◇□□□官奴婢捕虜乃調給,有書。EPF22.580

按:《周禮·秋官·司厲》:"其奴男子入于罪隸,女子入于舂稾。"鄭玄注:"今之為奴婢,古之罪人也。"

官府亦有官奴婢。《漢書·食貨志》:"私鑄作泉布者,與妻子沒入為官奴婢。"《漢官舊儀》:"武帝時使上林苑中官奴婢及天下貧民貲不滿五千徙置苑中養鹿因收撫鹿矢人日五錢。到元帝時七十億萬以給軍擊西域。"

P

裨

Pí

副貳;輔佐。(《漢語大詞典》P5348)

新始建國地皇上戊三年五月丙辰朔乙巳,裨將軍輔平居成尉伋,丞謂城倉、閒田、延水、甲溝、三十井、殄北卒未得◇。EPT65.23A

Q

區

Qǔ

【區處】

居處;處所。

◇□先以證不請律辨告,乃驗問,定◇□□□□□前游君前亡去,不知區處來中◇。EPT52.417

按:此用法亦見于傳世文獻。《漢書・張敞傳》:"(張)敞以耳目發起賊主名區處,誅其渠帥。"顏師古注:"區謂居止之所也。"(漢)王充《論衡・辨祟》:"鳥有巢棲,獸有窟穴,蟲魚介鱗,各有區處,猶人之有室宅樓臺也。”

R

日

Rì

①太陽。(《漢語大詞典》P2961)又見【日入】【日中】

欲知幣劍以不報者及新器者,之日中騂視白堅隨湪(烽)上者,及推處白黑堅分明者,及無文,縱有文而在堅中者,及雲氣相遂,皆幣合人劍也。EPT40.204

迺丙午日出一干時虜可廿餘騎萃出塊沙中,略得迹卒趙蓋眾。EPT58.17

若日且入時,見匈奴人在塞外,各舉部薰(烽)次亭,晦不和。EPF16.11

◇戊寅日蚤食起不侵隊(燧)。EPT65.356

日下餔◇分時付臨木卒楚。EPT51.504

檄以五月十八日日下餔時受善哉卒杜同,付孤山候史司馬禹,予驩喜隧(燧)還,召□。ESC.173

三月庚午日出三分吞遠卒賜受不侵卒。EPT51.14

得掾明時數又壬午言,虜燔燒孝隊(燧),其日出時乘鄣□□張駿等候望(望)。EPF16.41

②從天亮到天黑的一段時間;白天。(《漢語大詞典》P2961)

夜入,舉一苣(炬)火,毋絕盡日,夜滅火。EPF16.11

◇直符一日一夜,謹行視財物臧◇言之。EPT52.393

官去府七十里,書一日一夜當行百六十里,書積二日少半日乃到,解何。EPS4T2.8A

◇敢言之,迺丁巳直符一日一夜,謹行視錢財◇□敢言之◇。EPT65.221

◇長自言,謂日夜自致隧(燧)前記告,言長◇。EPT59.91

③地球自轉一周的時間,一晝夜。(《漢語大詞典》P2961)

辭以定,滿三日而不更言請者,以辭所出入罪反罪之律辨告,乃爰書驗問。EPF22.21

後二三日當發。EPF22.23

為吏五歲三月十五日。EPT50.10

候長鄭赦七月己卯盡丁未積廿九日。EPT48.6

三四日復用一分。EPT50.26

按:《尚書・洪範》:"五紀:一曰歲,二曰月,三曰日,四曰星辰,五曰曆數。"孔穎達疏:"從夜半以至明日夜半,周十二辰為一日。"

④記曆的單位。特指一個月內的某一天。(《漢語大詞典》P2961)

建武五年四月十二日,甲渠守候長永敢言之,隊(燧)長◇立和受敢言之。EPF22.152

謹驗問放、憲、恭辭皆曰,今年四月九日,憲令隊(燧)長焦永行府卿蔡君起居檄至庶虜。EPF22.192

會月廿六日。EPF22.151C、D

五月廿五日參餔時受萬年驛卒徐訟合二封。EPT49.45A

檄甲午日入到府。EPF22.151A、B

⑤光陰;時間。(《漢語大詞典》P2961)

用日約少誠快意。EPT5.14A

◇用日◇約少誠快◇。EPF19.2A、3

⑥指某個時日。(《漢語大詞典》P2961)《漢語大詞典》最早用例為(宋)陸遊詩。

書到日令史受□驗□◇。EPT51.55

迫卒罷日促,毋失期,如律。EPT56.115

謹案:九月庚子,府告甲渠鄣候尉史忠平甬府,事已遣之官,日時在檢中,到課言。EPF22.290

十一月辛丑,甲渠守候告尉,謂不侵候長憲等寫移檄到,各推辟界中相付受日時具狀。EPF22.151C、D

按:此用法亦見於傳世文獻。(晉)袁宏《後漢紀·孝明皇帝紀第十》:"匈奴使到日何故不白?"

⑦地名。(《漢語大詞典》P2961)如"日勒"。

日勒至鈞著置五十里。EPT59.582

删丹至日勒八十七里。EPT59.582

【晦日】

農曆每月最後的一天。

會八月晦日平旦。EPT5.18

◇卒常會晦日旦。EPT5.18

訖九月晦日。EPT51.246

晦日平旦須集移府。EPT56.115

按:此用法亦見于傳世文獻。《公羊傳·僖公十六年》:"何以不日？晦日也。”

【昨日】

今天的前一天。

掾昨日幸許◇。EPT2.5A

昨日◇。EPT49.36B

按:此用法亦見于傳世文獻。《呂氏春秋·察微》:“昨日之事,子為制;今日之事,我為制。”

【旦日】

明天,第二天。

之第五辟取罠,當時去,告卒旦日一人行山畫天田杷頭,當時◇。EPT51.64

旦日欲使偃持歸補之,願子惠幸哀憐,且幸藉子惠□□綺一、二日耳,不敢久留。唯賜錢,非急不敢道。叩□□。EPT51.203B

◇□官下未定,以故失會,◇□與掾相見,詣旦日蚤◇。EPW.130A

旦日欲使偃持歸補之。EPT51.203B

按:《漢書·高帝紀上》:“於是饗士,旦日合戰。”顏師古注:“旦日,明日也。”

【良日】

吉日;好日子。

出入奴婢良日,乙丑、辛◇。EPT65.165A

□□良日。EPT6.99

按:此用法亦見于傳世文獻。《史記·淮陰侯列傳》:“王必欲拜之,擇良日,齋戒,設壇場,具禮,乃可耳。”

【會日】

聚會的日期。

別會日各如牒。EPF22.523

逐召明未得,未能會會日。EPS4T2.111

旦乃詣官,不期會日,解何,□◇。EPT51.511

按:此用法亦見于傳世文獻。《後漢書·黨錮傳·范滂》:"間以會日迫促,故先舉所急,其未審者,方更參實。"王先謙集解引胡三省曰:"會日,謂三府掾屬會於朝堂之日也。"

【旬日】

十天。亦指較短的時日。

不相見旬日邑邑,想思親候,拘迫不得□◇有失仁者,起居屬事。EPT65.200B

按:此用法亦見于傳世文獻。《周禮·地官·泉府》:"凡賒者,祭祀無過旬日。"《後漢書·楊賜傳》:"有形埶者,旬日累遷;守真之徒,曆載不轉。"

【日食】

指吃飯的時候。"日食"此義于文獻中僅一見。不見于《漢語大詞典》。

誠北部省卒竟野等八人,迺乙丑日食到部。EPT52.379

按:《漢書·淮南王傳》:"初,安入朝,獻所作内篇,新出,上愛秘之。使為離騷傳,旦受詔,日食時上。"

【日餔】

日交申時而食。指申時。

吏捕□之亭日餔時。EPT51.240

四月己未日餔時第一隧(燧)長巨老以來。EPT56.47

日餔時所到。EPT40.44

按:此用法亦見于傳世文獻。《史記·呂太后本紀》:"日餔時,遂擊産,産走。"

【日入】

太陽落下去。(《漢語大詞典》P2961)

正月戊申食時當曲卒王受收降卒敞,日入臨木卒僕付卅井卒得。EPT51.357

◇□曰:日入到止害□◇。EPS4T2.147

其莫(暮)日入後欲還歸邑中。EPT68.37

◇正月戊午夜半臨木卒賞受城勢卒勝,己未日入當曲卒□◇付收降卒海。EPC.26

按:此用法亦見于傳世文獻。《穀梁傳·莊公七年》:"日入至於星出,謂之昔。"王充《論衡·說日》:"平旦,日入光銷,故視大也。"

【日迹】

在所屬範圍内進行日常巡邏。為基層士吏日常工作之一。據《居延新簡》中的記載,進行"日迹"的士吏可以根據天田中是否遺留下痕迹來判定有無人擅自出入。

◇閏月己卯盡丁未積廿九日,日迹從第九隧(燧)北界盡第四隧(燧)南界毋(無)越塞蘭出入天田迹。EPT56.26

今年八月癸酉除為不侵候史,以日迹為職,嚴新除,未有追逐器物。EPT59.1

候望日迹毋離部方◇。EPT65.174

日迹從不侵隊(燧)南界盡當曲隊(燧)塞天田◇。EPT48.6

永光四年八戊申朔丁丑臨木候長◇謹移吏日迹簿一編敢言之。EPT48.1

日迹行廿三里,久視天田中,目玄,有亡人越塞出入◇它部界中,候長候史直日迹,卒坐匿不言迹,◇。EPT51.411

八月乙巳盡甲戌積卅日,日迹從第卅隊(燧)南界盡鉼庭隊(燧)北界,◇。EPT51.396

永光四年六月己酉朔□□□□候長齊敢言之謹移吏日迹簿一編敢言之。EPT48.2

按:"日迹"不見于《漢語大詞典》。也可單言"迹":

士吏候長常以日中迹。EPF22.167

日迹行廿三里,久視天田中,目玄,有亡人越塞出入◇它部界中,候長候史直日迹,卒坐匿不言迹,◇。EPT51.411

周代有"迹人",為掌管狩獵之官。《周禮·地官·序官》:"迹人,中士四人。"鄭玄注:"迹之言迹,知禽獸處。"孫詒讓正義:"此迹人亦掌蹤迹禽獸,知其所藏之處。"《左傳·哀公十四年》:"迹人來告曰:'逢澤有介麇焉。'"杜預注:"迹人,主迹禽獸者。""迹人"是根據禽獸遺留下的痕迹判定禽獸的藏身處,它與士兵進行的日迹有相同之處,即根據遺留的蛛絲馬迹來判定是否有目標物的出現。

【日月】

太陽和月亮。(《漢語大詞典》P2962)

署第十七部候長,主亭隊(燧)七所,兵弩扁戾不檠持,毋(無)鞍馬,◇□給得見日月,譚願飢餓以二石食餳,不敢復◇。EPF22.400

得復見日月,叩頭死罪死罪。EPF22.686

◇□□□□不即時誅滅,貰貸榜箠,復反得生見日月,恩澤誠深

誠◇。EPF22.645

將軍哀貰貸罪法復令見日月,叩頭死罪死罪。EPF16.54

按:此用法亦見于傳世文獻。《漢書·五行志》:"賀即位,天陰,晝夜不見日月。"

【日中】

正午。(《漢語大詞典》P2962)

第五隊(燧)長季官詣門下白言事,正月癸未日中入。EPT65.199

第黍隊(燧)長莊建詣廩,賤子周恭字少仲,再拜,二月癸未日中入。EPT59.29A

新始建國地皇上戊四年八月庚戌,日中起官。EPF22.377

日中復舉◇地二單表一通,通府。EPC.36

◇□月丁未日中四分時誠北卒□受執胡卒□。EPT51.504

◇□月丙寅日中入。EPT10.26

按:此用法亦見于傳世文獻。《史記·司馬穰苴列傳》:"穰苴既辭,與莊賈約曰:'旦日日中會於軍門。'"

如

Rú

隨順;依照。文例見【如比】

【如比】

如規定所述,與例同。不見于《漢語大詞典》。

□它既(溉)田,秋以穀如比,◇。EPT65.256

其生捕得酋豪、王、侯、君、長、將率者,一人◇,吏增秩二等,從奴

與購如比。EPF22.223

能與眾兵俱追,先登陷陣斬首一級,購錢五萬如比。EPF22.226

錢三萬,吏增秩二等,不欲為官者與購如比。EPF22.232

有能生捕得反羌從儌外來為間候動靜中國兵,欲寇盜殺略人民,吏增秩二等,民與購錢五萬,從奴它與購如比。EPF22.233

按:"如比"為一法律術語,最早見于《周禮·地官·司徒下》:"其家衆男為餘夫,亦以口受田如比。"

【如常】

照常。

少平湌(餐)食如常。EPT44.5

◇湌(餐)食如常。EPT44.8A

君萬年湌(餐)食如常。EPT44.4A

志傳謝張次叔□◇為高執事起居平善湌(餐)食如常,甚善善。EPT65.200A

◇□言□□叩頭叩頭,財亦□亡◇□□□平安如常,甚善善。EPT65.127B

S

賞

Shǎng

①賞賜,獎賞。文例見【賞賜】

②通“償”。賠償;償還。

吏得毋(無)侵冤,假貸不賞(償)有者言,吏士明聽教。EPF22.243

③用作人名。如“賞”、“孟賞”、“榦賞”、“郭賞”、“掩賞”、“尹賞”、“吳賞”、“王賞”、“閻賞”、“徐賞”。

三月丁酉宗正慶忌、丞延年下都司空,承書從事下當用□◇,◇□□甲辰大司農調受簿丞賞行五官丞事,下都內、上農都尉、執金吾◇。EPT52.413

第十守候長賞詣官謁,四月甲戌食坐入。EPT65.2

隊(燧)長忠、卒賞等辭皆曰名郡縣爵里年姓官除各如牒。EPT51.228

臨桐隊(燧)長孟賞,十月食三石,十月甲寅自取。EPF22.107

臨穎定里榦賞,練復襲一。EPT51.384

戍卒河東郡北屈務里公乘郭賞年廿六。EPT51.86

第十五隊(燧)長掩賞◇。EPT52.508

鄣卒尹賞自言責第廿一隧(燧)徐勝之長襦錢。EPT51.8

止蜚隊(燧)長吳賞。ESC.91

鄣卒王賞,子大男◇,子大男◇。EPT59.97

中營右騎士三十井里閻賞◇。EPT59.237

第廿一隊(燧)長徐賞。EPT59.151

【賞賜】

尊長把財物送給卑幼者。(《漢語大詞典》P6025)

官屬明詔有驩(歡)欣嘉詳吉事賞賜未尚不蒙恩也,恩德固可毋(無)報哉。EPT59.9A

◇再□相國事羌人父母賞賜皆負云拜為侍郎。EPT43.57B

按:此用法亦見于傳世文獻。《漢書・吳王傳》:"(吳王)歲時存問茂材,賞賜閭里。"

少

Shǎo

【少半】

三分之一。(《漢語大詞典》P1436)

◇鹽少半升。EPT2.31

◇用積徒千一十三人少半人,率亭廿六人大半人。EPT58.39

◇徒萬七千一百八十八大半人,率亭一百五十二人少半人。EPT58.40

官去府七十里,書一日一夜當行百六十里,書積二日少半日乃到,解何。EPS4T2.8A

按:此用法亦見于傳世文獻。《周髀算經・卷上之三》:"列一衡間一萬九千八百三十三里少半里,倍之得三萬九千六百六十六里太半里。"《史記》:"漢有天下太半。"裴駰集解:"韦昭曰凡數三分有二為太半,一為少半。"

省

Xǐng

視察;察看。文例見【省察】

【省察】

審察;仔細考察。(《漢語大詞典》P4566)

府省察,令居延除吏次備補惲等缺,叩頭死罪敢言之。EPF22.351

府省察,叩頭死◇。EPT59.414

收

Shōu

【收藏】

收聚蓄藏;收集保存。(《漢語大詞典》P2899)

制詔納言:農事有不收藏積聚牛馬畜獸有之者取之不誅。EPT59.62、63

侍

Shì

【侍祠】

陪從祭祀。(《漢語大詞典》P557)

令、丞以下當侍祠者齋戒。EPF22.154

當侍祠者齋戒。EPF22.159

當侍祠者齋械(戒)。EPF22.161

按:《史記·孝文本紀》:"諸侯王列侯使者侍祠天子,歲獻祖宗之廟。"裴駰集解引張晏曰:"王及列侯,歲時遣使詣京師,侍祠助祭也。"

燧（㸂、隊）

Suì

烽火臺。（《漢語大詞典》P4179）

第六㸂（燧）長皇隆，正月食三石。EPF22.83

第十一㸂（燧）長陳當，臘錢八十，十二月乙丑妻君閒取。EPF22.208

第九㸂（燧）鎧、鍉瞀各一。EPT48.156

甲渠言永以縣官事行警檄，牢駒㸂（燧）內中，駒死，永不當負駒。EPF22.186

㸂（燧）隊（燧）長陳陽為舉堠上二蓬（烽）、塢上大表一，燔一積薪。EPT68.84

塞上亭㸂（燧）見匈奴人在塞外，各舉部蓬（烽）如品，毋燔薪。EPF16.10

候長武光、候史拓閏月辛亥盡己卯積廿九日，日迹從第卅㸂（燧）北盡鉼庭㸂（燧）北界，毋（無）蘭越塞天田出入迹。EPT52.82

觻得廐（廄）嗇夫欒子恩所貰買甲渠鉼庭隊（燧）卒究科毋尊布一匹。EPT51.329

◇隊（燧）去府二百七里，當行二時一分，行□□◇。EPT51.551

責第卅三隊（燧）卒紀常富字子嚴布二匹直（值）千五百。EPT59.70

入粟大石五十石，車二兩輸吞遠隊（燧）倉。EPT65.412

按:《漢語大詞典》有㷭而無隊,可補充。大字典則僅有燧字,未列任何古文字字形。另據《居延新簡》,"燧"僅為邊疆地區的防禦措施,報警的烽火中有表、烽(薰)、苣火,但並未見"燧"作為報警的烽火。

【燧長】

主燧之吏。为边防的較低级别的官吏。一般每燧有戍卒四人。不見于《汉语大词典》。

第八隊(燧)長梁習,四月食三石,四月辛亥自取。EPF22.94

不侵隊(燧)長石野,臘錢八十,十二月壬戌妻君寧取。EPF22.206

建武三年三月丁亥朔己丑,城北隊(燧)長黨敢言之。EPF22.80

第卅隊(燧)長馮長,十二月食三石,十二月戊午自取。EPF22.114

出粟三石三斗三升少,給伏胡隊(燧)長綦臨五月食,四月戊午卒成並取。ESC.31

第十八隊(燧)長上官隆,七月食三石,七月丁巳自取。EPF22.109

狀辭曰,居延中宿里公乘年五十八歲,良林所部主隊(燧)長鄭孝,侯雲亡,蘭越塞天田,出不得,歸第八亭部田舍。EPT68.108

乘卅井,五月豐自乘卅井,隊(燧)長李意代豐乘甲渠◇。EPT68.126

自言責甲渠驚虜隊(燧)長◇□庸□◇。EPT52.487

T

田

Tián

【田官】

即農官。職掌農事、糧稅等。(《漢語大詞典》P4607)

地節三年四月丁亥朔丁亥將兵護民田官、居延都尉◇□庫守丞漢書言,戍卒且罷,當豫繕治車,毋(無)材木◇。EPT58.43

◇將兵護民田官,居延◇大(太)守府書律令◇。EPT57.9A

十一月辛丑將兵護民田官、居延都尉章,◇候官,寫移書到,以簿餘穀道里便廩,毋留如律◇。EPT57.10A

按:此用法亦見于傳世文獻。劉向《新序·雜事四》:"夫墾田刱邑,闢土殖穀,盡地之利,則臣不若甯戚,請置以為田官。"桓寬《鹽鐵論·復古》:"孝武皇帝攘九夷,平百越,師旅數起,糧食不足。故立田官,置錢,入穀射官,救急贍不給。"

鐵

Tiě

【鐵官】

古代官名。主管鐵器鑄造等。(《漢語大詞典》P7099)

豤(墾)田以鐵器為本,北邊郡毋(無)鐵官,卬器內郡,令郡以時博賣予細民,毋令豪富吏民得多取販賣細民。EPT52.15

按:此用法亦見于傳世文獻。《史記·酷吏列傳》:"趙國以冶鑄為業,王數訟鐵官事,湯常排趙王。"

亭

Tíng

【亭長】

主亭之吏。秦漢時在鄉村每十里設一亭,置亭長,掌治安,捕盜賊,理民事,兼管停留旅客。多以服兵役期滿的人充任。此外設於城內和城廂的稱"都亭",設於城門的稱"門亭",亦設亭長,職責同上。東漢後漸廢。(《漢語大詞典》P893)

亭長廿一人。EPT50.3

迺今月三日壬寅,居延常安亭長王閎、閎子男同、攻虜亭長趙常及客民趙閎、范翕等五人俱亡。EPT68.71

宜穀亭長孤山里大夫孫況年五十七,蕉事。EPF22.60

狀辭皆曰,陳樂以建平二年二月中除為鄭步亭長,郭樂◇樂部□樂放詣,今言卅井徼迹卒李孝□。ESC.12

◇今換為居延臨道亭長代張陵。EPT52.7

◇□居延中宿里,年卅六歲,姓陳氏,為鄭步亭長。ESC.14

按:《漢書·高帝紀》:"(高祖)為泗上亭長。"顏師古注:"秦法,十里一亭,亭長者主亭之吏也。亭謂停留行旅宿食之館。"《史記·高祖本紀》:"〔高祖〕為泗水亭長。"張守節正義:"秦法,十里一亭,十亭一鄉。亭長,主亭之吏。高祖為泗水亭長也。《國語》'有寓室'即今之亭也。亭長蓋今里長也。民有訟諍,吏留平辨,得成其政。"

同

Tóng

【同產】

同母所生;同母所生者。(《漢語大詞典》P1492)

◇同產子皆得以為嗣繼統◇。EPT5.33

木中隊(燧)長徐忠同產姊不幸死。EPT50.9

往十餘歲,父母皆死,與男同產兄良異居。EPF22.330

◇居延平明里下受男同產三人。EPT59.322

文史,父母男同產三人◇。EPC.52

◇所逐驗大逆無道故廣陵王胥御者惠同產弟故長公主弟卿◇字中夫,前為故大(太)子守觀奴嬰齊妻,嬰齊前病死,麗戎從母捐◇。EPT43.92

推

Tuī

①推究;審問。文例見【推辟】

②見【推處】

【推處】

指刀劍開刃之時留下的戧削的痕迹[1]。

欲知幣劍以不報者及新器者,之日中騂視白堅隨逢(烽)上者,及推處白黑堅分明者,及無文,縱有文而在堅中者,及雲氣相遂,皆幣合人劍也。EPT40.204

欲知劍利善、故器者,起拔之,視之身中無推處者,故器也。EPT40.202

按:文獻用例中"推處"用為名詞者僅一例。《欽定日下舊聞考·官署二》:"原入端門内則六科也,東曰闕左門,在東松林會推處也;西曰闕右門。"

【推辟】

依據法令,追究罪責。詳見第三章"《居延新簡》'推辟'考"。

W

萬

Wàn

①極言其多。(《漢語大詞典》P5498)文例見【萬騎太守】【萬年】【萬死】【萬歲】【萬物】【萬載】

②用作人名。(《漢語大詞典》P5498)

鄧萬歲、秦眇房、郝◇。EPT48.49

---

① 陳力:《〈居延新簡〉相利善刀劍諸簡選釋》,《考古與文物》2002年第6期。

關門所萬因不還,遣宏逐索不得,疑萬為賊所略得。EPF22.342

◇宏代隊(燧)長萬富。EPF16.30

萬謂敞,候故使萬留,受□□◇。EPT52.357

◇奉(俸)用錢六百,正月甲戌入,自取,守尉萬賦。EPT52.211

□□隊(燧)長陳萬□粟三石三斗三升少,◇粟三石三斗三升少,自取。EPT52.697B

第一隊(燧)長王萬年自取。EPT51.193

不侵部卒宋萬等自言治壞亭當得處食記到。EPT51.213A

萬子卿五斗二升月二日食。EPT53.49D

③用作地名。(《漢語大詞典》P5498)如"萬歲"、"萬年"。

第十四隊(燧)長居延萬歲里上造馮彊年二十五,始建國天鳳五年正月辛亥除,補甲溝候官尉史,代夏侯常。EPF22.439

萬歲部四月都吏□卿行塞舉。EPT50.44

萬歲部建武三年七月校兵物少不備簿。EPF22.373

辭皆曰:望為萬年隊(燧)長,至更始三年五月中,望隊(燧)失亡◇。EPF22.358

萬年隧(燧)長范護十月祿大黃布十三枚,四年正月己丑候長詡取。EPT59.205

遣萬歲隊(燧)長王遷為隊(燧)載𡐦。EPT50.171

萬歲隊(燧)長訾千秋十二月奉(俸)用錢六百◇。EPT51.250

【萬騎太守】

據史料,"萬騎太守"為漢代武帝元朔年間到成帝綏和年間的上郡、西河的郡太守。"萬騎太守"出現在出土簡牘中,且明言為"邊郡万騎太守",足可佐證"万騎太守"一職確實在漢代邊郡存在過。

臣請列侯、中二千石、諸侯相、邊郡萬騎大(太)守,減中郎一人,二◇中者,減舍人。EPT51.480

按:此用法亦見于傳世文獻。(漢)衛宏《漢官舊儀》:"元朔三年,以上郡、西河為萬騎太守,月奉二萬。綏和元年省大郡萬騎員秩,以二千石居。"

【萬年】

祝禱之詞。猶萬歲;長壽。(《漢語大詞典》P5498)

居延都尉府行者走,免承幼子,崇伏地言王萬年毋(無)恙。EPT50.6B

十一月廿二日具記,習叩頭死罪言,君萬年湌(餐)食如常,不哀憐賜記,恩澤誠深厚。EPT44.4A

願君加湌(餐)食永安萬年,為國愛身。EPT44.4B

以安萬年,迫未詣門下,甚◇。EPT65.227

按:《詩・國風・鳲鳩》:"正是國人,胡不萬年。"鄭玄箋:"正,長也,能長人則人欲其壽考。"《詩・大雅・既醉》:"君子萬年景命有僕。"毛亨傳:"僕,附也。"鄭玄箋:"成王女既有萬年之壽,天之大命又附著於女,謂使為政教也。"《漢書・王褒傳》:"遵遊自然之埶,恬淡無為之場,休徵自至,壽考無疆,雍容垂拱,永永萬年,何必偃卬詘信若彭祖,呴嘘呼吸如僑、松,眇然絶俗離世哉!"

【萬死】

死一萬次。形容罪重當死。(《漢語大詞典》P5498)

責猛,罪當萬死有餘,猛叩頭死罪死罪敢言之。EPT52.113

◇坐罪當萬死◇。EPF22.631

甲渠鄣守候君免冠叩頭死罪,奉職數毋(無)狀,罪當萬死,叩頭

死罪死罪。EPF16.37

按:此用法亦見于傳世文獻。《漢書·東方朔傳》:“糞土愚臣忘生觸死,逆盛意,犯隆指,罪當萬死。”《漢語大詞典》“罪重當死”義首舉用例為唐。

【萬載】

萬年。極言年代之久遠。

◇□前捕之,臣愚以為,批辛承滿,貫通萬載,宜有禁防。ESC.94

按:《漢語大詞典》有“千載”、“萬年”而無“万載”。“萬載”于漢代常見。《漢書·匈奴傳》:“其後深惟社稷之計,規恢萬載之策,廼大興師數十萬,使衛青、霍去病操兵,前後十餘年。”《後漢書·張敏傳》:“又輕侮之比,寖以繁滋,至有四五百科,轉相顧望,彌復增甚,難以垂之萬載。”《後漢書·馬融傳》:“豐千億之子孫,歷萬載而永延。”

又漢有“萬載宮”。《漢書·武五子傳》:“(燕)王憂懣,置酒萬載宮,會賓客羣臣妃妾坐飲。”

【萬物】

統指宇宙間的一切事物。(《漢語大詞典》P5499)

其馬牛各且倍平,及諸萬物可皆倍,犧和折威侯匡等所為平買,夫貴者徵賤,物皆集聚於常安城中,亦自為極賤矣。EPT59.163

按:此用法亦見于傳世文獻。《易經·乾卦》:“大哉乾元,萬物資始。”《史記·平準書》:“大農之諸官盡籠天下之貨物,貴即賣之,賤則買之。如此富商大賈無所牟大利,則反本,而萬物不得騰踊。”

未

Wèi

【未嘗】

未曾,不曾。

駿對曰,前為縣校弟子,未嘗為吏,貧困毋(無)以具皁單衣冠鞌(鞍)馬。EPT59.58

五

Wǔ

【五官】

官名。指五官中郎將,為郎中令屬官。(《漢語大詞典》P154)

建昭六年三月庚午朔五官掾光◇。EPT52.98

三月丁酉宗正慶忌、丞延年下都司空,承書從事下當用□◇,◇□□甲辰大司農調受簿丞賞行五官丞事,下都內、上農都尉、執金吾◇。EPT52.413

□五官掾廣地,翌月◇。ESC.60

按:《漢書·百官公卿表》:"郎中令,秦官。……屬官有大夫、郎、謁者,皆秦官。……郎……有議郎、中郎、侍郎、郎中,……中郎有五官、左、右三將,秩皆比二千石。"

漢代傳世文獻中見五官掾一職。《漢書·王尊傳》:"五官掾張輔懷虎狼之心,貪汙不軌,一郡之錢盡入輔家。"

塢

Wù

【塢長】

主塢之吏。塢為小型城堡。

絮巾一直(值)廿,謹驗問,威辭:迺二年十月中所屬候史成遂徙補居延第三塢長,威以◇不五十,至今年三月中廿三日遂復以錢廿予威,曰以償威所送遂絮錢◇。EPT51.301

按:《說文・土部》:"塢,小障也,一曰庳城也。"

X

下

Xià

①降下;降落。(《漢語大詞典》P130)

匈奴人入塞,守亭鄣不得下燔薪者,旁亭為舉薰(烽),燔薪。EPF16.9

其誤,亟下薰(烽)滅火,候尉吏以檄馳言府。EPF16.10

②位置在低處。(《漢語大詞典》P130)

田中桼樹下有石。EPT40.24A

◇創□日□□□□□□□旦以湯器置阬下。EPT50.26

◇四尺,下廣丈二尺,深四尺,積卅二萬一千卌八尺。EPT58.37

二里五十步,可作欙格,下廣丈二尺,上廣八尺,高丈二尺,積卌六萬八千尺。EPT58.36

第四隧(燧)弩稾矢銅鍭百,其卌二完,五十八干呞呼,左下編。EPS4T2.46

③次序或時間在后。(《漢語大詞典》P130)

書言官三月毋(無)郵書過界中,書中上下不相應。EPT65.30

④指等級低。(《漢語大詞典》P130)

◇五大夫下功二人,爵皆桼(七)級。ESC.72

⑤攻克;征服。(《漢語大詞典》P130)

匈奴人攻亭不得下。EPT50.8

按:《史記·項羽本紀》:"廣陵人召平於是為陳王徇廣陵,未能下。"張守節正義:"以兵威服之曰下。"

⑥頒佈;發佈。(《漢語大詞典》P130)

高皇帝詔書數下◇。EPT65.295

官下名捕詔書曰:清河不知何七男子共賊燔男子李◇強盜兵馬及不知何男子凡六十九人。EPT5.16

君下檄勑部。EPT48.3

⑦交付;發給。(《漢語大詞典》P130)

聞赦詔書未下部。EPF22.325B

五月戊辰丞相光下少府、大鴻臚、京兆尹、定□相。EPT48.56

甘露三年三月甲申朔癸巳甲渠鄣候漢彊敢言之,府下詔書曰:徒髡鉗袪(鈦)左◇。EPT56.280A

◇都尉萬年丞□下甲渠鄣候書從事,◇書。EPT51.336A

州牧各下所部如詔書,書到言。EPF22.67

七月癸亥宗正丹、郡司空、大司農丞書從事下當用者。EPT50.48

⑧對尊長表示謙遜之詞。(《漢語大詞典》P130)文例見【足下】

⑨次序或時間在后。(《漢語大詞典》P130)文例見【以下】

⑩量詞。表示動作的次數。(《漢語大詞典》P130)

◇□所持鈹,即以疑所持胡桐木丈(杖),從後墨擊意項三下,以辜一旬內立死。EPF22.326

根前所白候爰書言,敞後不欲言,今乃言,候擊敞數十下,多所◇。EPT52.178

【足下】

古代下稱上或同輩相稱的敬辭。

子翘、子玉足下善毋(無)恙。EPT50.42A

鄭卿足下毋(無)恙。EPT48.16

並伏地言,少倩御者馬足下,◇□□甚□叩頭叩頭□□並□伏地叩頭□。EPT52.278A

臨叩頭言,大伯足下勞諸事邊□◇。EPT52.448A

按:此用法亦見于傳世文獻。《韓非子・難三》:"今足下雖强,未若知氏;韓魏雖弱,未至如其在晉陽之下也。"

【天下】

指全國。

詔書曰:其赦天下。EPF22.164

此天下利善劍也。EPT40.203

除天下必貢所當出半歲之直(值)以為牛酒之資,民不贅聚,吏不得容姦(奸)、便臣,秩郎、從官及中人各一等,其奉(俸)共養宿衛常樂宮者又加一等。EPF22.63A

按:此用法亦見于傳世文獻。《尚書·大禹謨》:"奄有四海,為天下君。"《後漢書·朱穆傳》:"昔秦政煩苛,百姓土崩,陳勝奮臂一呼,天下鼎沸。"

【門下】

①猶閣下。對人的尊稱。

戴君門下。EPT50.110

君門下奏發。EPT59.376

先日欲詣門下,迫蓬(烽)起,萃萃不及詣門下,毋(無)狀叩頭叩頭。EPF16.40

周夫子門下□□。EPT40.73

以安萬年,迫未詣門下,甚◇。EPT65.227

昨遣使持門菁子一升詣門下受教。EPT2.5B

按:《漢語大詞典》首舉用例為宋朱熹《與江東陳帥書》。

②謂在某人的門庭之下。

建武桼(七)年六月庚午,領甲渠候職門下督盜賊,敢言之。EPF22.169

建武桼(七)年六月庚午,領甲渠候職門下督盜賊鳳,謂第四守候長恭等,將軍令。EPF22.166

按:《漢語大詞典》釋義為"謂在某人的門庭之下",觀此處用例,釋為"在某官職下任職"更為合適,此處是指在甲渠候手下任職,對甲渠候負責,是屬於甲渠候管轄的級别比甲渠候低的官吏。

【下大夫】

官名。周代始置。周王室及諸侯各國卿以下有上大夫、中大夫、下大夫。(《漢語大詞典》P131)

郎、從官秩下大夫以上得食卿祿,員八。EPF22.63A

按:此用法亦見于傳世文獻。《左传·哀公三年》:"克敵者,上大夫受縣,下大夫受郡。"

【下餔】

太陽西斜剛過了吃晚飯的時間。(《漢語大詞典》P140)

餔時付第十三隊(燧)長王習,習即日下餔付第十隊(燧)助吏陳當。EPF22.343

下餔八分,明付吞遠助隧(燧)長董習,習留不以時行。EPF22.143

◇戌餔時誠北卒世受臨木卒丙,下餔◇時付吞遠卒壽。EPT52.365

四月戊申下餔九分時臨木隊(燧)卒沓受卅井卒乾□,昏時五分付殄北隊(燧)卒楊最□。EPT52.405

甲辰下餔時臨木卒得付卅井城勢北卒參,界中九十八里,定行十時,中程。EPW.1

五月戊寅下餔推木隊(燧)卒勝有受三十井誠勢隊(燧)卒樊隆,己卯蚤食五分當曲隊(燧)卒蔡崇付居延收降亭卒尹□□。EPT59.156

縣

Xiàn

【縣官】

朝廷;官府。(《漢語大詞典》P5711)

諸販賣發冢衣物於都市,輒收沒入縣官。EPF22.39

犯者沒入所齎奴婢財物縣官。EPF22.45A

甲渠言永以縣官事行警檄,牢駒隊(燧)內中,駒死,永不當負駒。EPF22.186

◇案:尊以縣官事賊傷辨治◇。EPT68.191

自今以來獨令縣官鑄作錢,令應法度,禁吏民毋得鑄作錢及挾不行錢輒行法。EPF22.39

等以縣官事,公白晝攻牢獄入殺故縣長,斷頭投人眾中,所◇敗俗傷□湫不可長,當以時□誅如惲言□可□臣請□◇。EPT59.551

盜所主守隊(燧)縣官驚糒四斗五升□◇。EPT52.339

◇載縣官財物不如實,予有執家,輒販於民□取利,具移◇。EPT59.241

縣官直用常徒者,請丞相之當輸者,給有缺補。EPS4T2.44

按:此用法亦見于傳世文獻。《史記・孝景本紀》:"令內史郡不得食馬粟,没入縣官。"《漢書・食貨志》:"貴粟之道,在於使民以粟為賞罰。今募天下入粟縣官,得以拜爵,得以除罪。"

【縣長】

為人口萬戶以下的縣之行政長官,俸三百石至五百石。秦時始

置,漢承秦制。(《漢語大詞典》P5711)

◇卿縣長將過□□□守□□□◇。EPT65.155

等以縣官事,公白晝攻牢獄入殺故縣長,斷頭投人衆中,所◇敗俗傷□滦不可長,當以時□誅如惲言□可□臣請□◇。EPT59.551

按:《漢書·百官公卿表》:"縣令、長,皆秦官,掌治其縣,萬户以上為令,秩千石至六百石。減萬户為長,秩五百石至三百石。"

Y

言

Yán

①話;言語。(《漢語大詞典》P6506)

口舌使語言不可聽聞。EPT49.9

迺九月庚辰,甲渠第四守候長,居延市陽里上造原憲,與主官人譚與憲爭言鬭,憲以劍擊傷譚匈(胸)一所。EPT68.25

◇言語如故。EPT52.356B

◇有能謁言吏,吏以其言捕得之,半與購賞。EPF22.227

②說;説話。(《漢語大詞典》P6506)

與偃未曾言有怨。EPT51.16

第廿五隊(燧)卒唐憙自言貰賣白紬襦一領直(值)千五百,交錢五百。EPT51.302

甲渠言部吏毋(無)嫁娶過令者。EPF22.44

張掾言隊(燧)長董放言循在部。EPT2.1A

書到言毋出月廿八日。EPF22.68

有所聞見,亟言,有教。EPF22.459

君所在獲前為書,與王君述子儀死刑狀,不言大卿殺也,今大卿反◇。EPF22.386

③告知;告訴;報告。(《漢語大詞典》P6506)

◇言吏,吏以其言捕得之,購錢五萬。EPF22.234

史馮白呑遠候長章,檄言遣卒范詡、丁放、張況詣官,今皆到。EPT59.36

移校簿十牒言府,會◇。EPT52.174

今言府請令就醫。EPF22.82

其誤,亟下蓬(烽)滅火,候尉吏以檄馳言府。EPF16.10

匈奴人入塞,候、尉吏亟以檄言匈奴人入,蓬(烽)火傳都尉府毋絕如品。EPF16.12

檄到馳持事詣官,須言府,會月二十八日日中。EPF22.454

書言官三月毋(無)郵書過界中,書中上下不相應。EPT65.30

◇□長、丞拘校必得事實,牒別言與計偕。EPT53.33A

日時在檢中,到課言。EPF22.473B

今候奏記府,願詣鄉爰書是正,府錄,令明處更詳驗問,治決言。EPF22.31

右止城旦舂以下及複作品,書到言所◇。EPT56.281

◇頭應(痛)寒熱,飲藥五齊(劑),不偷(癒),戎掾言候官,請◇。EPT59.269

□兵物當言府。EPT6.63

叩頭悉言白。EPT5.76B

第五隊（燧）長季官詣門下白言事，正月癸未日中入。EPT65.199

按：《漢語大詞典》無“報告”義，按《居延新簡》釋文，“言吏”者，報告給官吏也；“移校簿十牒言府”者，是把校過的簿籍送到都尉府；“以檄馳言府”者，以“檄書”的形式把出現了失誤的情況報告給都尉府。以上用例都是下級對上級有情況要報告，則“告知；告訴”者釋義不符，而“說；説話”者，應該由人來發出，而“以檄言”者，並非由人口頭來説的。以上諸例中的“言”釋為“報告”似更為穩妥。

④官名。文例見【納言】

以

Yǐ

①介詞。拿；用。（《漢語大詞典》P458）

恩以大車半櫎軸一，直（值）萬錢。EPF22.24

威以◇不五十，至今年三月中廿三日遂復以錢廿予威，曰以償威所送遂絮錢◇。EPT51.301

時粟君以所得商牛黄特齒八歲、穀廿七石予恩顧（雇）就（僦）直（值）。EPF22.23

駒素罷（疲）勞病死，放又不以死駒付永，永不當負駒。EPF22.200

時粟君以所得商牛黄特，齒八歲，以穀廿七石予恩顧（雇）就

（僦）直（值）。EPF22.8

②介詞。表示動作行為的凴借或前提。猶言凴、根據。（《漢語大詞典》P458）

右職閒，都尉以便宜予，從史令田。EPF22.79

四兩，以此知而劾，無長吏使劾◇。EPT68.52

須以政不直者法亟報。EPF22.35

以道次傳。EPT50.48

甲渠鄣候以郵行。EPF22.151A、B

③介詞。介紹具有的身份或資格。（《漢語大詞典》P458）

八月戊辰，張掖居延城司馬武，以近秩次行都尉文書事，以居延倉長印封。EPF22.68

④介詞。在；于。（《漢語大詞典》P458）

又恩子男欽以去年十二月廿日為粟君捕魚，盡今正月、閏月、二月。EPF22.15

下餔八分，明付吞遠助隧（燧）長董習，習留不以時行。EPF22.144

委以甲寅餔時至候官。EPT50.165A◇

鉼庭月廿三日隊（燧）長日迹符，以夜半起行詣官。EPT65.159

及以月一日去當作迹。EPT48.14A

⑤介詞。自；從。（《漢語大詞典》P458）

詰況私去署，以何日還到隧（燧），具對。EPF22.383

到隊（燧）問業，隊（燧）長侯雲以何時亡。EPF22.271

以何日到止害，言已毋（無）所復聞，辭具此。EPF22.394

⑥介詞。與；同。（《漢語大詞典》P458）

浚去宰(滓),以酒飲。EPS4T2.65

⑦助詞。用在單純方位詞前,組成合成方位詞或方位結構,表示時間、方位、數量的界限。(《漢語大詞典》P458)又見【以上】【以下】

又即日平旦,萬歲部以南煙火不絕,虜或分布在塊閒,虜皆◇。EPF16.46

又攻壞燔燒第十一隊(燧)以北。EPF16.43

虜四五攻壞燔燒第桼(七)隊(燧)以南盡昏(昏)實,煙火不絕。EPF16.45

天子將兵在天水,聞羌胡欲擊河以西。EPF22.325A

⑧通"已"。已經。(《漢語大詞典》P458)

辭以(已)定,滿三日而不更言請者,以辭所出入罪反罪之律辨告,乃爰書驗問。EPF22.21

【以上】

表示品第、數量、級別、位置等在某一點之上。(《漢語大詞典》P458)

男子訢、相、賜,茂陵女子紀姣皆有罪,疑殊死以上,與家屬俱亡,章所及姦能,當窮竟◇。EPT43.31

匈奴人即入塞,千騎以上,舉蓬(烽),燔二積薪。EPF16.14

出軍行將兩適相當,頗知其勝敗與有功,願得射覆什中七以上。EPT65.318

其斬匈奴將率者,將百人以上,一人購錢十萬,吏增秩二等,不欲為◇。EPF22.224

◇□吏為尤異,二人以上為絕異。EPT59.120

【以為】

認為。(《漢語大詞典》P460)

獲望(望)見第一白衣騎,以為大卿。EPF22.530

其䜌(蠻)人它以為羌候,予金二百。ESC.6A

◇□以為虜,舉火,明旦踵迹,野馬,非虜。EPF22.414

◇□前捕之,臣愚以為批辛承滿,貫通萬載,宜有禁防。ESC.94

【以下】

表示位置、品第、級別、數量等在某一點之下。(《漢語大詞典》P458)

定長吏以下五十四人。EPT50.3

關內侯以下至宗室及列侯子,娉(聘)聚(娶)各如令。EPF22.45A

令、丞以下當侍祠者齋戒。EPF22.153A

今為都尉以下奉(俸)各如差。EPF22.70

自殊死以下諸不當得赦者皆赦除之。EPF22.164

右第十桼(七)部候長以下吏九人,◇。EPT59.223

最候以下吏百桼(七)人用大黃布千三百◇。EPT59.226A

常安城中庶士以下穀它予直(值)泉,穀度足皆予者而先奏焉。EPT59.266

按:此用法亦見于傳世文獻。《論語·雍也》:"子曰:'中人以上,可以語上也;中人以下,不可以語上也。'"《史記·孝文本紀》:"(宋昌)至渭橋,丞相以下皆迎。"

月

Yuè

①月球;月亮。(《漢語大詞典》P3856)又見【日月】

月生,民皆布在田野。EPF22.167

按:此用法亦見于傳世文獻。《禮記·禮運》:"故天秉陽垂日星,地秉陰竅於山川,播五行於四時,和而后月生也。是以三五而盈,三五而闕。"鄭玄注:"言地持陰氣出内於山川,以舒五行於四時,此氣和乃后月生,而上配日。"

②計時單位。農曆按月相朔、弦、望、晦的變化周期,即初一至月盡為一月,一年一般分十二月,如遇上閏月,則一年實際變成十三個月。(《漢語大詞典》P3856)

第十三隊(燧)長王習,正月食三石。EPF22.84

迺二月壬午病加兩脾雍(臃)種(腫),匈(胸)脅丈(漲)滿,不耐食飲,未能視事。EPF22.80

新始建國地皇上戊二年閏月盡十二月四時簿。EPT6.35B

閏月庚子甲渠鄣候,謹寫移◇敢言之,尉史□。EPT52.108

候長武光、候史拓閏月辛亥盡己卯積廿九日,日迹從第卅隊(燧)北盡鉼庭隊(燧)北界,毋(無)蘭越塞天田出入迹。EPT52.82

按:《漢語大詞典》未提及閏月。

③每月。(《漢語大詞典》P3856)

吏員秩別奉(俸)月用穀石斗如牒。EPF22.427

Z

訾

Zī

①通“貲”。錢財。(《漢語大詞典》P5999)又見【貲産】

宜之隊(燧)長張僤伐閱官簿累重訾(貲)直(值)。EPT6.78

第二隊(燧)長建平五年二月累重訾(貲)直(值)官簿。EPT43.73

第卅三隊(燧)長始建國元年五月伐閱訾(貲)直(值)累重官簿。隧(燧)長張嘉休。EPT17.3

◇甲溝累重訾(貲)直(值)伐閱簿。EPT65.482

按:《漢書・司馬相如傳上》:“相如既學,慕藺相如之為人也,更名相如。以訾為郎,事孝景帝,為武騎常侍,非其好也。”顏師古注:“訾讀與貲同。貲,財也。”

②人名。如“訾千秋”。

萬歲隊(燧)長訾千秋十二月奉(俸)用錢六百◇。EPT51.250

◇陽里公乘訾千秋年卅五。EPT65.430

【貲産】(訾産)

資産,財産。(《漢語大詞典》P6000)

甲渠言:謹驗問尉史張詡、隊(燧)長張宗訾(貲)産。EPF22.657

主

Zhǔ

①公主。(《漢語大詞典》P294)文例見【公主】

②主人。指財務土地的所有者。(《漢語大詞典》P294)

◇追逐格鬬有功,還畜參分,以其一還歸本主。EPF22.228

按:此用法亦見於傳世文獻。《公羊傳・桓公二年》:"器從名,地從主人。"何休注:"(器)從本主名名之。"《漢語大詞典》首舉用例為(唐)柳宗元的《鈷鉧潭西小丘記》。

③主人。指當事人。(《漢語大詞典》P294)

不中程車一里奪吏、主者勞各一日。EPS4T2.8B

記到,各推辟界中,定吏主當坐者名。EPF22.129

④主宰;主持;掌管。(《漢語大詞典》P294)又見【主領】【主守】【典主】

署第十七部候長,主亭隊(燧)七所,兵弩扁戾不檠持,毋(無)鞍馬,◇□給得見日月,譚願飢餓以二石食餳,不敢復◇。EPF22.399

◇府告居延甲渠鄣候,言主驛馬不侵候長業,城北候長宏□◇。EPF22.477A

先以從所主及它部官卒買◇三日而不更言請書律辨告。EPT51.228

⑤人名。(《漢語大詞典》P294)如"安主"。

◇□渠士吏安主以私印行候事,謂士吏章,候◇。EPT52.195A

士吏輔、安主、候長充□等寫移如府◇。EPT58.24

【主領】

主管領導。(《漢語大詞典》P299)

趙氏為甲渠候長,署第十部,以主領吏跡候備寇虜盜賊為職。EPT68.165

狀辭曰,上造居延累山里年卌八歲,姓周氏,為甲渠候官斗食令史,以主領吏備寇虜為職。EPT68.94

今年正月中府掉調業守候長,署不侵部,主領吏跡候備寇虜盜賊為職。EPT68.69

按:此用法亦見于傳世文獻。《漢書・禮樂志二》:"僕射二人主領諸樂人。"

【主守】

負責守護。(《漢語大詞典》P295)

盜所主守隧(燧)縣官驚糒四斗五升□◇。EPT52.339

【主簿】

官名。漢代中央及郡縣官署多置之。其職責為主管文書,辦理事務。(《漢語大詞典》P299)

主簿敞再拜言,騎吏樊黨今旦不詣府,謹追直事。ESC.76

Zú

①士兵。(《漢語大詞典》P371)

戍卒潁川郡許西京里游禁。EPT51.385

吏卅九人用穀百廿七石四斗四升,其百廿一石四斗四升粟,□◇

卒六十九人用穀二百廿一石八斗六升，其卌八石三斗粟，百◇，凡吏卒百八人用穀三百卌九石三斗，其百六十九◇。EPT51.359

◇卒宗取韭十六束，其三束為中舍，二束掾舍，十一束卒史，車父復來◇二石，唯掾分别知有餘不足者，園不得水，出□多恐乏，今有◇。EPT51.325A

省薰（烽）干鹿盧索完堅調利，候卒有席薦不。EPF22.238

止北隧（燧）戍卒魏郡陰安左池里贾廣，十二月丙寅病寒熱腂（喉）痛（痛）。EPT59.10

七月十日使晏伐茭七百束，又從卒利親貸平二件。EPT40.6A

戍卒武安茲仁里張仲年廿五，魏郡，庸同縣廣陽里焦趙有，年廿七。EPT51.441

正月戊申食時當曲卒王受收降卒敞，日入臨木卒僕付卅井卒得。EPT51.357

當曲隧（燧）長陳殷粟三石三斗三升少，卒王富昌取。EPT51.345

鴻嘉元年六月省卒伐茭積作簿。EPT50.138

左右射皆毋（無）所見，檄到令卒伐慈其治更著，務令調利，毋令到不辦，毋忽如律令。不。簿。EPF22.291

官府調正月盡二月吏卒食三百六十六斛。EPF22.451

十月戊午鄣卒十人，省卒六人，其一人守邸。EPT65.422

②見【卒正】

③終于，最後。（《漢語大詞典》P371）

初雖勞苦，卒必有意。EPT50.1B

按：《漢書・楊惲傳》："惲材朽行穢，文質無所底，幸賴先人餘業得備宿衞遭遇時變，以獲爵位，終非其任，卒與禍會。”顏師古注：“卒亦終也。”

【卒正】

王莽時仿周官王制所建，為郡内的長官，爵位相當於侯，世襲。不見于《漢語大詞典》。

◇都水大司空、右大夫使護宛保忠信卿、六卿中室、御僕、黃室御、保成師傅◇長、六隊(隊)大夫、州部牧監、郡卒正、連率、庶尹、關農溝曼大(太)尉承書從事下當用者三十二。EPT59.155A

按：據《禮記・王制》：“千里之外設方伯。五國以為屬，屬有長；十國以為連，連有帥；三十國以為卒，卒有正；二百一十國以為州，州有伯。”“卒正”原為周代三十方國的最高統治者。《漢書・王莽傳》：“莽以周官王制之文，置卒正、連率、大尹，職如太守屬。令屬長職如都尉，置州牧部監二十五人，見禮如三公。監位上大夫，各主五郡。公氏作牧，侯氏卒正，伯氏連率，子氏屬令，男氏屬長，皆世其官。其無爵者為尹。”

Cù

突然。文例見【倉卒】

第三章　詞語討論

壹、《居延新簡》"推辟"考

《居延新簡》中常見"推辟"的說法,有15例之多,而字典辭書未見收錄和解釋。筆者調查了"推辟"所出現的語境,並參考字典辭書的相關線索,現考釋如下。

據調查,《居延新簡》中"推辟"主要用在追究傳檄、舉燧火等事宜中出現了行為過失的情況。如:

(1)元延二年九月己未朔戊寅第◇,七月辛未、乙未表火留遲,推辟◇。EPT65.437①

"表火留遲"指沒有按照規定時間而是延遲了舉烽火的時刻,因此"推辟"。又如:

(2)甲渠言卅井關守丞匡檄言,都田嗇夫丁宮□等入關檄留遲,謹推辟如牒。EPF22.125

① 本書所引《居延新簡》文例均出自《居延新簡——甲渠候官》,中華書局,1994年。引用時不再注明書名。但在文例后標出原出土探方號和簡號。下文同,不再一一說明。

（3）十一月辛丑，甲渠守候告尉，謂不侵候長憲等寫移檄到，各推辟界中相付受日時，具狀。EPF22.151C、D

（4）記到，各推辟界中相付日時，具言狀。EPF22.324

（5）謹推辟。案：過書刺正月乙亥人定七分不侵卒武受萬年卒蓋；夜大半三分付當曲卒山；雞鳴五分付居延收降亭卒世。EPT52.83

以上四條均為"推辟"檄書傳送的事。例（2）是"推辟"都田嗇夫丁宮傳檄"留遲"的事，例（3）（4）（5）都是"推辟"文書傳遞過程中交付的具體時日，顯然也是出現"留遲"等問題，所以要"推辟"。

也有"推辟"官吏失職事的。如：

（6）新始建國地皇上戊四年十一月丁丑朔，甲申，甲溝鄣候獲叩頭死罪敢言之，即日薰（烽）通君，推辟到第十桼（七）燧、第廿一燧，候長趙駿乘，第廿一燧長成，多不在署，驗問。EPF22.273—274

這很可能是追究候長、燧長擅離職守的事。

"推辟"在《居延新簡》中常與"驗問"同時出現。如：

（7）推辟到第廿桼（七）燧，驗問燧長徐並，辭曰：第廿三燧◇。EPT44.30A

（8）推辟驗問第二十三燧長放、候長政，辭：辛卯夜◇。EPT48.23

（9）謹推辟界中，驗問候長上官武、隊（燧）長董習等。辭：相付受◇。EPF22.129

（10）謹推辟驗問臨木候長上官武、燧長陳陽等。辭：不受卅井關守丞匡，言宮男子王歆等入關檄不過界中。EPF22.135

案："驗問"《漢語大詞典》釋為"檢驗查問"，多用於追究責任或罪責。如：

京師知其以子故稱病不朝,驗問實不病。(《史記·吳王濞列傳》)

這是查驗裝病不朝的過錯。又如：

時江陰士人徐經於主文者有夤緣,為華給事中昶所奏,下制獄驗問。[(明)陸粲《庚己編·方學》]

這是下獄驗問罪責。“推辟”、“驗問”連用,後面還常見“辭”,“辭”在古代有訴訟供詞的意思。可見“推辟”和追究罪責或過失有關。

“推辟”還常和表示治罪的“當坐”一起出現,如：

(11)記到,各推辟界中,定吏主当坐者名。EPF22.129

(12)記到,各推辟界中,定吏主当坐者名。EPF22.151A、B

這是追究驗問後決定定罪的事。

還有幾例“推辟”,内容也與追究罪責有關：

(13)推辟請知火所絕留,具言狀□。EPF16.57D

(14)◇□□□□詔書過記到,各推辟界中,具言,會十一月。EPT4.3

(15)建昭四年四月辛巳朔,庚戌,不侵候長齊敢言之,官移府所移郵書課舉曰,各推辟部中,牒別言,會月廿七日。EPT52.83

而“推辟”于傳世文獻中亦數見,文獻中用例如下：

(1)(魏)王弼《周易注》卷十:“觀之者可以經緯天地,探測鬼神,匡濟邦家,推辟咎悔。雖人非上聖,亦近代一賢臣。”

(2)朱彝尊《經義考》卷十:“邢氏(邢璹,《周易略例序》作者——筆者注)稱其總一部之指歸,明六爻之得失,可以經天緯地,探測鬼神,推辟咎悔。”

(3)朱彝尊《經義考》卷五十二:“(易)近而可以淑厥身心,推辟咎悔,誠三才之樞鑰,六藝之宗統也。”

(4)(元)姚燧《牧庵集》卷十七《袁公神道碑銘》:“殫力竭謀,惴不自支,一日集將佐使各推辟所知可與計事者。”

查《漢語大詞典》未見“推辟”。上述用例(1)、(2)、(3)均指《易經》而言,“咎悔”在《易經》常見,如:

《周易口義》卷七:“九四剛也,初六柔也,剛柔交際同心,以解天下之難,其義自然無咎矣。以時言之則患難初解,亨通將至,其義必無咎悔也。”

(宋)李衡《周易義海撮要・雜論》:“無咎之義有三:有善補過而無咎者;有過由已作不可更責咎者;有徇節遇凶不可責以咎者。悔者,過而知之能自克責之名也,故其咎不大。《系辭》曰悔吝者,言乎其小疵也。”

則“咎悔”指“災禍、災患”也。觀“探測鬼神,匡濟邦家,推辟咎悔”,三者為排比句式,前兩者皆近義連用,則“推”“辟”義亦近邪?《說文》:“推,排也。”有排除的意思。《詩經・大雅・雲漢》:“旱既太甚,則不可推。”毛傳:“推,去也。”鄭玄箋:“旱既不可移去,天下困於饑饉。”孔穎達疏:“推是遠離之辭。”

《易經》中亦見“辟咎”。

《周易・離卦》:“初九:履錯然敬之無咎。象曰:履錯之,敬以辟咎也。”

《周易・睽卦》:“初九:悔亡,喪馬勿逐,自復見惡人無咎。象曰:見惡人以辟咎也。”

據上述分析,此處“推辟”義大致應當是“排除,遠離”。

例(4)的“推辟”義與前三例似有不同。“可與計事者”指的是可以一起計議大事,謀事畫策的人。則“推辟”的是可以謀事畫策的人才。推有“推薦;薦舉”義,如:

《禮記·儒行》:“上弗援,下弗推。”孔穎達疏:“下弗推者……弗為民下所薦舉。

“辟”亦有“推薦;薦舉”義,如:

《漢書·鮑宣傳》:“大司馬衛將軍王商辟宣,薦為議郎,後以病去。”

則此處“推辟”義為“推薦;薦舉”。

《居延新簡》中“推辟”的用例,很顯然和以上兩種用法不同。案“推”有“推尋;推究”義,為常見義。如:

《字彙·手部》:“推,尋繹也。”

《漢書·劉向劉歆傳贊》:“劉氏《洪範論》發明《大傳》,著天人之應;《七略》剖判藝文,總百家之緒;《三統曆譜》考步日月五星之度。有意其推本之也。”顏師古注:“言其究極根本,深有意也。”

“推”的推尋、推究常有窮委竟源的意味。《類篇·手部》:“推,窮詰。”因而“推”也常指推究過錯或案件。如:

《文選·潘岳〈馬汧督誄〉》:“雍州從事忌敦勳効,極推小疵。”呂延濟注:“言忌其功效,推窮小過也。”

《後漢書·獨行傳·王烈》:“後有老父遺劍于路,行道一人見而守之,至暮,老父還,尋得劍,怪而問其姓名,以事告烈。烈使推求,乃先盜牛者也。”

《後漢書·皇甫嵩傳》:“使鉤盾令周斌將三府掾屬,案驗宮省直衛及百姓有事角道者,誅殺千餘人,推考冀州,逐捕角等。”

“推”由“尋求;推斷”引申出的“審問”義,還保留在傳世文獻中。如:

《三國志·吳志·孫亮傳》:“日于苑中習焉”,裴松之注引《吳曆》:“侍中刁玄、張邠啟:‘黄門、藏吏辭語不同,請付獄推盡。’”

《魏書·任城王澄傳》:“請以見事付廷尉推究,驗其為刼之狀,察其栲殺之理。”

《隋書·裴蘊傳》:“蘊知上意,遣張行本奏威罪惡,帝付蘊推鞫之,乃處其死。”

(唐)白居易《酬和元九東川路詩·〈山枇杷花〉之二》:“若使此花兼解語,推囚御史定違程。”

《新唐書·宦者傳下·李輔國》:“置察事聽兒數十人,吏雖有秋豪過,無不得,得輒推訊。”

(宋)蘇軾《和蔡准郎中見邀游西湖》之一:“君不見錢塘遊宦客,朝推囚,暮決獄,不因人喚何時休!”

《宋書·徐羨之傳》:“政刑多所未悉,可如先二公推訊。”

(元)佚名《爭報恩》第三折:“如今把姐姐拖到宮中,三推六問,屈打成招。”

“辟”的本義為刑法:

《說文·辟部》:“辟,法也。从卩辛,节制其罪也。从口,用法者也。”

“辟”的甲骨文字形作𨐨,為一人跪着,背後有“辛”(刑具)。為犯人受刑的形狀。有的字形還加“口”,表示宣告受刑者所犯之罪。“辟”由本義“法”引申出動詞義“用法治理”。

《尚書·金縢》:“我之弗辟,我無以告我先王。”陸德明釋文:“辟,治也。”

《左傳·文公六年》:“宣子於是乎始為國政,制事典,正法罪,辟獄刑,董逋逃,由質要,治舊洿,本秩禮,續常職,出滯淹。”杜預注:“辟猶理也。”

“辟獄刑”就是根據法律治理案件,找出案件的真相從而判定當事人有罪與否。

根據以上線索,筆者認為《居延新簡》中的“推辟”指的應該是推究事故發生的原因,依法追究責任。“推辟”類似的用法在《居延新簡》凡 15 見,而目前尚未見於傳世文獻,很可能這是漢代西北邊塞文書的常用術語。

貳、《居延新簡》“辨告”考

《居延新簡》有“辨告”一詞,其出現場合比較一致,常見句式一般是“某某律辨告”,後面緊跟“乃爰書驗問”或“乃驗問”等表示案問的詞語,“辨告”一詞于《居延新簡》中共出現 9 次,較完整的句例如下:

(1)先以證財物故不以實,臧(贓)五百以上;辭已定,滿三日而不更言請者,以辭所出入罪反罪之律辨告,乃爰書驗問。EPF22.2

(2)爰書:雜與候史輔驗問隧長忠等七人,先以從所主及它部官卒買◇三日而不更言請書律辨告,乃驗問。EPT51.228

(3)◇而不更言請,辭所出入罪反罪之律辨告,乃爰書驗問。

EPF22.330

(4)◇□先以證不請律辨告,乃驗問,定◇□□□□□前遊君前亡去,不知區處來中◇。EPT52.417

《漢語大詞典》收有"辨告"詞條,釋義為:"頒佈。辨,通'班'。"而"頒佈"的意思據《漢語大詞典》解釋為"謂公佈、頒發法令、條例等"。但從《居延新簡》的用例來看,例(1)為"候粟君所責寇恩事"簡冊中的內容,上文是"都鄉嗇夫宮以廷所移甲渠候書召恩詣鄉",則"辨告"發生的地點是鄉里,主持這一事件的人也不過是一個都鄉嗇夫而已,且上文涉及的律文是已經頒佈並且正在使用中的成法,都鄉嗇夫似乎沒有權力也沒有必要專門在此"公佈、頒發法令、條例"。後面三例與例(1)大致相同。例(2)為臨木候長上報的爰書,"辨告"發生的地點應該在臨木候長的管轄範圍內,驗問者是候史輔等人;例(3)是萬歲候長召秦恭詣治所進行驗問;例(4)雖然不知道具體的驗問者,但是可以看出驗問的事情涉及一位逃亡者,應該也是發生在邊關。《漢語大詞典》"辨告"所舉用例出自《漢書》,《漢書・高帝紀下》:"吏以文法教訓辨告,勿笞辱。"這是高祖初定天下,要原來的避難者重歸故里,"今天下已定,令各歸其縣,復故爵田宅"。且明令"吏"不許"笞辱"避難者,那麼"吏"應該是可以接觸到這些避難者的下級官吏,按理他們沒有權利"頒佈"法令。《居延新簡》的大量"辨告"釋為"頒佈"也解釋不通。因此筆者認為對於"辨告"的解釋應當重新探討。

據調查,"辨告"一詞于傳世文獻中並不多見。先秦作品僅見於《禮記》一例:

《禮記・內則》:"師辨告諸婦諸母名。……夫告宰名,宰辨告諸男名。”陸德明音義:“辨音遍。”孔穎達疏:“宰謂屬吏也者,此經所陳謂卿大夫以下,故以名徧告同宗諸男也。”

據孔疏,“辨告”的意思是“徧告”。這個解釋在字書中也可找到異文例證。如《古音駢字續編·仄韻·二十號》“辨告”下注《禮記》作“徧告”。

案“辨”有“周遍”義:

《廣雅》卷二上:“周、帀、辨、接、選、延,徧也。”王念孫疏證:“辨、辯、徧並通。”

“辨”、“徧”通用還有一例可以旁證:

《五音集韻·線第十一》:“辨,方見切。周也。《說文》:帀也。”

查今本說文無“辨”字,但有“徧”字:

《說文·彳部》:“徧,帀也”。

《說文》中存在大量同訓現象,雖然此處不能排除這一可能,但是比較奇怪的是今本《說文》無“辨”字。《說文》在傳抄過程中存在被改寫的現象,我們揣測至遲在《五音集韻》成書時代,《說文》中仍有“辨,帀也”一條,後來隨着詞義的發展變化,此條被改為“徧,帀也”並挪至彳部。

“辨”和“辯”古代通用:

《禮記·樂記》:“其功大者其樂備,其治辯者其禮具。”鄭玄注:“辯,徧也。”陸德明音義:“辯,夲又作辨。舊音遍。”

(宋)衛湜《禮記集說》卷七十二:“嚴陵方氏曰:名則辯告之以示於眾。”

《禮記》原文作“辨告”。

而“辯”通“徧”者多見。

《儀禮·鄉飲酒禮》:"衆賓辯有脯醢。"鄭玄注:"今文辯皆作徧。"陸德明音義:"辯音遍。"

《史記》曰:"辯於羣神。"今本《尚書》作"徧於羣神"。

《左傳·定公八年》:"子言辨舍爵于季氏之廟而出。"杜預注:"辨猶周徧也。"

《禮記·曲禮上》:"三飯,主人延客食胾,然後辯殽。"鄭玄注:"每所以至三飯後乃食胾者,以胾為加。故三飧前未食,食胾之後乃可徧食殽也。"

則"辨告"可作"辯告",亦可以寫作"徧告"。另外,"徧告"一詞多見於文獻:

《司馬法·仁本》:"徧告于諸侯,彰明有罪。"

《史記·五帝本紀》:"徧告以言,明試以功,車服以庸。"

《史記·趙世家》:"屠岸賈者,始有寵於靈公,及至于景公而賈為司寇,將作難,乃治靈公之賊以致趙盾,徧告諸將。"

《禮記·曾子問》:"大宰命祝史以名徧告於五祀山川。"陸德明音義:"徧,音遍。"

"遍"為"徧"的俗字:

《重修廣韻》卷四:"遍,俗。"

十三經中僅有"徧"字,無"遍"字。如

《公羊傳·襄公十六年》:"徧刺天下之大夫也。"

《左傳·襄公二十三年》:"徧拜之。"

《孟子·離婁下》:"徧國中無與立談者。"

"徧告"也就是"遍告"。另外《居延新簡》中有寫為"變告"者:

◇□詔書律變告。EPT51.270

上例雖然殘斷,仍然可以看出上下文語境與“辨告”相同。

《大戴禮記·文王官人》:“變官民能,曆其才藝。”王引之《經義述聞·大戴禮記下》:“變讀為辯。辯,徧也;曆,相也。言徧授民能以官而相度其才藝也。”

“變”僅在“周遍”義上通“辯”,“辯”和“辨”二者可通,可旁證“辨告”即“遍告”也。

“辨告”一詞于漢代傳世文獻中僅一見:

《漢書·高帝紀下》:“吏以文法教訓辨告,勿笞辱。”顏師古注:“辨告者分別義理以曉喻之。”王念孫《讀書雜誌·漢書一》:“辨讀為班。班告,布告也。謂以文法教訓,布告眾民也。”

王念孫說“辨”通“班”,這是有文獻依據的,如:

東漢《武斑碑》第6行:追昔劉向,辯(班)、賈之徒,比□萬矣。

此處“辯”讀為“班”,指班固;賈指賈逵。也就是說“辯”(辨)通“班”在漢代確實存在,那麼王念孫所謂的“班告,布告”到底是什麼意思呢?是否就是我們現在所謂的“頒佈”,或者說是“公佈、頒發法令、條例”呢?我們先看一下文獻中“班告”的用例。如:

(1)(清)徐乾學《讀禮通考·喪制四》:“先時山中多猛獸,至是絕迹,野鳥馴狎,棲宿簷宇。武帝嘉之,以班告宗室。”

(2)《冊府元龜·招懷》:“明帝大和二年,蜀將諸葛亮寇邊。帝幸長安,露布天下並班告益州。”

(3)《魏書·肅宗紀》:“班告內外,咸使聞知。”

(4)《晉書·藝術》:“勒班告境內,慎無食蔥。”

(5)《冊府元龜·恤下第二》:“宜班告天下知朕意焉。”

(6)《三國志·吳志·孫琳傳》:“以亮罪狀班告遠近。”

例(1)講武帝嘉許蕭脩的孝行,並把他的事蹟"班告"宗室(以班告宗室),則此處很明顯不是"公佈、頒發法令、條例"。例(2)中的"露布"是一種不緘封的文書,此處是征討蜀將諸葛亮"棄父母之國,阿殘賊之党,神人被毒,惡積身滅。亮外慕立孤之名,而內貪專擅之實"等等罪狀的檄文。則"露布天下"和"班告益州"者內容一也,亦可以證明"班告"非"公佈、頒發法令、條例"。

"班"有"徧"義。

《國語·晉語四》:"車班內外,順以訓之。"韋昭注:"班,徧也。"

如"班告"解作"徧告",也就是"遍告",則上引各例意思豁然開解,例(2)中所謂"露布天下並班告益州"者,乃因益州的特殊性(曾為劉備長期統治),指的是露布天下,又專門遍告益州也。從語境來看,"班告"後一般有"遠近"、"境內"、"內外"、"天下"等範圍副詞來限定"班告"的範圍,如例(3)—(6)。亦可旁證"班告"即"遍告"也。

下面我們再看一下王念孫所謂"布告"的意思。"布"亦有"遍"義。

《漢書·司馬相如傳》:"匪唯偏我,汜布護之。"顏師古注:"布護言遍布也。"

《文選·長笛賦》:"氣噴勃以布覆兮。"李善注:"布覆,周布四覆也。"

《山海經·海內經》:"禹鯀是始布土。"郭璞注:"布猶敷也。"

《毛詩傳疏·小雅·小旻》:"旻天疾威,敷於下土。"毛亨傳:"敷,布也。"鄭玄箋:"雲旻天之德,疾王者以刑罰威恐萬民。其政教乃布於下土,言天下徧知。"

則"布告"亦"遍告"的意思。由於"遍告"需要行政力量的支

第四章　文字研究

壹、《居延新簡》用字調查

《居延新簡》是1972年至1976年，甘肅文物考古工作者在居延漢代遺址清理發掘出來的漢代簡牘。出土的《居延新簡》中紀年簡最早為西漢昭帝始元五年（公元前81年），最晚為東漢安帝永初五年（公元111年）①，處於西漢中期到東漢初期。據統計，《居延新簡》總字數為112219，共有2289個字樣，本書對《居延新簡》中的用字作了一個封閉式的調查，希望對《居延新簡》涉及的漢代實際用字有所發現，以此就教於大方之家。

總體來看，《居延新簡》的用字規範度不夠，有138個字形和我們傳統慣用字不同，所謂傳統慣用字以《漢語大詞典》為准，即《漢語大詞典》中的"通×"、"同×"、"後多做×"或"見×"中的"×"確定為慣

① ①1982年又採集到一枚太康四年的紀年簡，是西晉時在該地短暫戍務的遺留，由於沒有其他同時代相關的簡牘，仍然把《居延新簡》的下限定為東漢安帝永初五年。另，《居延新簡》中還有少數的《蒼頡篇》、《晏子》異文，其內容產生的時代並不同于《居延新簡》產生的時代，但由於數量極少，故忽略不計。

用字。此處不用“正體字”這一概念,是因為我們現在確立為慣用字的字形從傳承上來看,有些並不是正體字,比如“欬”和“咳”,《說文解字·欠部》:“欬,屰氣也。從欠亥聲。”《說文解字·口部》:“咳,小兒笑也。從口亥聲。”邵瑛《說文解字群經正字·卷十七·欬》:“此字經典固無所誤……今作‘咳’,沿俗訛。”東漢簡牘中表“咳嗽”用的就是本字“欬”,但由於“咳”行已久,本書則把“咳”確定為慣用字,“欬”為非慣用字,在簡文中,以在“欬”後加括弧的方式注出“咳”字。再比如“辭”和“辤”。前者按《說文解字》來說指“訴訟的供詞”,後者指“推辭”,但兩者很早就混而為一了,“並”和“竝”、“彊”和“強”情況與此相同。從漢字記錄詞語的功能來看,這 162 個字形可以分成兩類:1. 從漢代到現在,該字記錄該詞的功能不變;但該詞的慣用字發生了變化;2. 記錄同一個詞的所有漢字在今天已經分化記錄不同的詞彙。

一、古今字詞關係一致①

字詞關係一致即現在依然認為是記錄同一個詞的不同文字,該字在從漢代到現在的漫長歷史中,並沒有發展出記錄其他詞彙的功能,根據產生之初是否記錄同一個詞來看,可以分成兩個小類:第一,在產生之初是記錄不同詞彙的,但在《居延新簡》時代已經混同並持續到現在,如“並、竝”、“辭、辤”;“德、悳”;“臘、臈”;“奸、姦”;“彊、

① “所謂古今字詞關係一致”是以漢簡中的字詞關係為古,現在的字詞關係為今。如“姦”和“奸”按考證來說,是兩個記錄不同詞彙的漢字,前者指“私通,淫亂”,後者指“干犯”。但在《居延新簡》中二者已經混同,今天依然如此,則認為該組古今字詞關係一致。

強”共七組,用例如下:

凡並直(值)二千◇。(EPT51.302)

◇直(值)卅,并直(值)三百。(EPT50.58)

充辭曰:上造河東安邑龐氏里,年二十桼(七)歲,姓梁氏。(EPT5.5)

張博、史臨辤曰:黨閏月中受刑博魚廿頭,三月中◇。(EPT20.11)

◇信悳(德)伏地再拜。(EPT53.133)

恩德固可毋(無)報哉,臣子之職寧可廢耶!(EPT59.9A)

具移部吏、卒所受臈肉斤兩、人。(EPF22.202)

煮雞腊(臈)□尉願取一行。三老來過,希欲備之。(EPT52.40)

姦黠吏民作使賓客私鑄作錢薄小,不如法度。(EPF22.38A)

今奸(姦)孝□□□。(EPT51.452B)

令長吏知之,及鑄錢所依長吏豪彊(強)者名,有無四時言。(EPF22.41)

賊殺吏民及強盜者,有能斬捕渠率(帥),予購錢十萬。(ESC.7A)

第二,從產生之初到現在記錄的都是同一個詞,有 26 組:“鞌、鞍”;“桮、杯”;“湌、餐”;“繪、襘”;“弛、弛”;“疊、疊”;“薰、遳”;“蓋、葢”;“譯、裼”;“昬、昏”;“廄、廐”;“鞮、鎧”;“欬”;“繇,繇”;“帬”;“騂”;“胃”;“隊”;“三、四”;“貰、僨”;“廙、癄、痛”;“絑、袜”;“望、望”;“侮”;“歙、飲”;“僋”和“襍、雜”。這一類中的有的字形並沒有延續使用下去,成為不見於文獻的新字形,由於它們沒有記錄其他詞彙的例證,也就是說從產生之初到現在都只記錄過一個詞,如"襜";"弛";"蓬、逢";"辟";"鞿";"緣、緣";"隊";"僨";"癒、癒";"絑";"侮"和"傖"等15個字形。用例如下:

皁單衣毋(無),鞌(鞍)馬不文,史詰責。(EPT59.58)

鞍馬追逐具當各設備。(EPT65.49)

桮(杯)、鼓諸什◇。(EPT10.33)

取診視,三偶大如小杯,廣二寸。(EPT40.24A)

願君加湌(餐)食永安萬年,為國愛身。(EPT44.4B)

◇頭,絕餐食◇。(EPT51.426A)

入繪(襜)愈(褕),守尉史謹◇。(EPS4C.12)

◇皁襜褕一領直(值)千四百七十。(EPT52.188)

入北第二,橐一封。居延丞印,廿六日寓中◇。弛刑唐陽行。(EPT49.27)

隊(燧)長當著幘,弛(弛)刑迹負薪水。(EPT49.13A)

甲渠鄣守候黨免冠叩頭死罪死罪,奉職數毋(無)狀,罪法重疊身死。(EPF22.286)

服與叠驗,相與◇。(EPT65.244)

◇□甲渠河北塞舉二逢(烽)、燔◇。(EPT50.134A)

匈奴人入塞,天大風,風及降雨,不具蓬(烽)火者,亟傳檄告,人走馬馳以急疾為故。(EPF16.16)

正月乙亥人定七分不侵卒武受萬年卒蓋。(EPT52.83)

湯自言病,令子男殄北休,隊(燧)長詡自代乘隧(燧)。湯葢(蓋)癸酉◇。(EPF22.340)

辟(裼)衣直(值)卅。◇。(ESC.21)

□□□□裼絑(襪)一。(EPT51.387)

禹令卒龐耐行書,夜昬(昏)五分付遮虜置吏辛戎。(EPT65.315)

◇憲夜昏時付城北卒忠◇。(EPT17.19)

廄佐居延安故里上造臧護◇。(EPT65.347)

觻得廐嗇夫欒子恩所貰買甲渠鉼庭隊(燧)卒究科毋尊布一匹。(EPT51.329)

卌餘騎皆衣鎧、負魯(櫓)攻隊(燧)。(EPF16.43)

收失隊(燧)鐵鞮(鎧)、鞮瞀各五。(EST119.1)

三月己亥除,署第四部。病欬(咳)短氣,主亭隧(燧)七所。(EPT68.5)

䜌(蠻)夷人敢有群輩百人以上犯為盜賊者,有能斬捕渠率(帥)一人,賜爵關內侯,錢二百萬。(ESC.6A)

力䜌(蠻)奈何,反遣吏去而從後逐之。(EPF16.51)

布帬(裙)一,衣。(EPT56.86)

車、祭者占牛馬毛物,黃白青駠(騮)以取婦、嫁女、祠祀、遠行、入官、遷徙、初疾◇。(EPT40.38)

◇□內郡蕩陰邑焦里田亥告曰,所與同郡縣□◇◇□死亭東內中東首,正偃,目冒(盲),口吟,兩手捲,足展,(EPT58.46)

大表一,燔一積薪。城北隊(燧)助吏李丹候朢(望)。(EPT68.97)

三十井候官始建國天鳳三(四)年三(四)月盡六月當食者案。(EPT68.207)

建武四年三月壬午朔己亥,萬歲候長憲敢言之。(EPF22.329)

甘露三年二月卒貰賣名籍。(EPT56.263)

第四部綏和二年二月儹買□名◇。(EPT65.157)

◇西安國里孫昌即日病傷寒頭瘜(痛),不能飲食,它如◇。(EPT59.157)

◇□月戊辰朔已巳,兼誠南候長、累虜候長鳳敢言之,迺戊辰病傷寒頭瘜(痛),四節□□□。(ESC.80)

◇辰朔壬午士吏徧叩頭死罪,敢◇傷寒,即日加佝,頭痛煩懣,未◇。(EPT51.201A)

布袜(襪)一。(EPT51.384)

布絉(襪)一兩。(EPT52.93)

大表一,燔一積薪。城北隧(燧)助吏李丹候朢(望)。(EPT68.97)

嚴◇◇軟弱不任候望,斥◇。(EPT68.132)

常為眾所欺侮(侮)。(EPT51.230)

甲日初禁酤酒羣歙(飲)者,◇。(EPT59.40A)

胡虜犯甲渠塞,辨強飲強食,再拜◇(EPF22.835、836)

◇頭瘜(痛)寒熱,飲藥五齊(劑),不"和"偷(愈)。(EPT59.269)

◇射署功勞長吏襍(雜)試。(EPT53.151)

◇絳百匹,雜繒百匹。(EPT52.569)

表一　古今字詞關係一致字形表

慣用字形	《居延新簡》中的字形	慣用字形	《居延新簡》中的字形	慣用字形	《居延新簡》中的字形
鞍	䩕,鞍	褐	䙝	盲	肓
栝	栝,杯	昏	昬,昏	燧	隧

续表

慣用字形	《居延新簡》中的字形	慣用字形	《居延新簡》中的字形	慣用字形	《居延新簡》中的字形
並	並,并	姦	姦,奸	四	亖,四
餐	湌,餐	廐	廏,廐	貰	貰,儥
襜	繪,襜	鎧	韝,鎧	痛	慂,瘛,痛
辭	辤,辭	咳	欬	襪	絉,袜
弛	強,弛	臘	臘,腊	望	朢,望
德	悳,德	鑾	緣,緣	侮	毋
疊	疊,叠	強	彊,強	歙	歙,飲
烽	薰,逢	裙	帬	愈	偸
蓋	葢,蓋	騮	駠	雜	褋,雜

二、古今字詞關係不一致

古今字詞關係不一致的,其實還可以細分為兩類,一類是除了《居延新簡》外。這種字詞對應關係也見於其他傳世文獻的,一種是不見於傳世文獻的字詞對應關係。見於傳世文獻的如"幣:敝①";"辟:避";"稗:粺";"承:乘";"錫:賜";"施:弛";"麤:粗"②;"大:太";"弟:第";"風:諷";"奉:俸";"更:梗";"顧:雇";"朹:簋";"驩:歡";"齊:劑";"賈:價";"絜:潔";"苣:炬";"卷:圈";"康:糠";"梁:粱";"莫:幕";"莫:暮";"罷:疲";"娉:聘";"桼:七";"炅:熱";"矢:屎";"司:伺";"率:帥";"遂:燧";"毋:無";"匈:

① 冒號前面爲該詞在《居延新簡》中的字形,冒號後面爲該詞在今天所使用的字形。餘同。

② 這是唯一一組古今記詞關係不一致中古不同而今同的字形,在《居延新簡》中,表示"糙米;粗糧"用的是"麤",而表示"布帛粗糙;粗劣"用的是"組",相關例证分見書中。

胸”;“脩:修”;“縣:懸”;“以:已”;“俞:愈”;“蚤:早”;“藏:臟”;“箴:針”;“直:值”;“種:腫”一共43組,用例如下:

蘭冠各三,冠皆幣(敝)。(EPT6.73)

詔書:卒行道辟(避)姚(逃),吏私貰賣衣財物,勿為收責。(EPT52.55)

廿八日稗(粺)米七斗,麤米一石三斗。(EPT40.201)①

匈奴人入塞,承(乘)塞中亭隧(燧),舉蓬(烽)燔薪□□□□蓬(烽)火品約。(EPF16.13)

其所共捕得,若斷斬九頭者,皆錫(賜)爵。(ESC.8A)

◇永光元年四月施(弛)刑徒◇。(EPT5.46)

◇□給事大(太)守府◇。(EPT50.115)

弟(第)一,急就奇觚與眾異,◇。(EPT49.50)

蒼頡作書,以教後嗣,幼子承昭,謹慎敬戒。勉力風(諷)誦,晝夜勿置。(EPT50.1A)

◇□遂(燧)長楊赦之八月奉(俸)錢六百。(EPT52.43)

治除熱方:貝母一分,桔更(梗)三分,◇。(EPT10.8)

時粟君以所得商牛黄特齒八歲、穀廿七石予恩顧(雇)就(僦)直(值)。(EPF22.23)

◇入杌(篋)百,千◇。(EPT43.102)

得聞南方邑中起居,心中驩(歡)喜。(EPT44.4A)

◇頭廌(痛)寒熱,飲藥五齊(劑),不偷(愈)。(EPT59.269)

□□為買牛革一,賈(價)錢三百。(EPT51.321)

---

① 爲節省篇幅,同一例句中可能有一個以上的加點字,所以例证排列次序和文中例字排列次序稍有不同,但僅限於同類例证中。

◇□掌酒者,秫稻必齋,麴蘖必時,湛饎必絜(潔)。(EPT59.343)

夜入,燔一積薪,舉塢上二苣(炬)火,毋絕至明。(EPF16.2)

◇治羊卷(圈)者卌人,人食斗三升。(EPT56.123)

◇驚糒多康(糠)負算十。(EPT53.226)

梁(粱)粟二石直(值)二百廿。(EPT56.104)

府移大將軍莫(幕)府書,曰:姦黠吏民作使賓客私鑄作錢薄小,不如法度。(EPF22.38A)

九日,詣部到居延收降亭,馬罷(疲)。(EPF22.189)

關內侯以下至宗室及列侯子,娉(聘)聚(娶)各如令。(EPF22.45A)

新始建國地皇上戊二年桼(七)月盡九月亖(四)時簿。(EPF22.468A)

◇六月辛巳病寒炅(熱)。(EPT56.318)

馬牛矢(屎)少十石。(EPT57.108B)

◇慎出入,遠候司(伺)來人。(EPT48.14B)

賊殺吏民及強盜者,有能斬捕渠率(帥),予購錢十萬。(ESC.7A)

恩德固可毋(無)報哉,臣子之職寧可廢耶!(EPT59.9A)

迺二月壬午病加兩脾雍(臃)種(腫),匈(胸)脅丈(漲)滿,不耐食(EPF22.80)

令脩(修)治社稷,令鮮明。當侍祠者齋械(戒)。(EPF22.161)

鼓常縣(懸)塢户內東壁。(EPF22.331)

◇辭以(已)定,滿三日◇。(EPT5.111)

◇酉卒夏同予藥二齋(劑),少俞(愈)。(EPT52.228)

第四候長樊隆為社市詣官,九月乙酉蚤(早)食入。(EPT59.173)

帶大刀劍及鈹各一,又各持錐小尺白刀箴(針)各一。(EPT68.61-62)

不見於傳世文獻的有"禪:襜";"廖:瘳";"諸:儲";"穉:遲";"組:粗";"苐:弟";"櫝,犢:讀";"渡:度";"咸:貳";"蓬:烽";"凡:鳳";"檄:校";"械:戒";"就:僦";"拘:鉤";"券:帣";"河:苛";"豤:墾";"令:苓";"魯:櫓";"賣:買";"繆:謬";"聚:娶";"鞘:稍";"聑:攝";"隊,燧";"姚:逃";"悪:痛";"誘:秀";"廱,雍:臃";"愈:褕";"於:芋";"城:越";"丈:杖"共34組,用例如下:

布禪(襜)褕一領。(EPT52.93)

第廿三候長悪(痛),庚寅有廖(瘳)。(EPT10.9)

諸(儲)水甖四◇。(EPT6.27)

□皆留穉(遲)失期。職事毋(無)狀,罪當死。(EPT59.541)

安衆侯國男子劉守……初亡時衣白布單衣,組(粗)布,步行。(ESC.9A)

◇所逐驗大逆無道故廣陵王胥御者惠同産苐。(EPT43.92)

◇知櫝(讀)蓬(烽)火品約◇。(EPT52.45)

◇□里上造張憙,萬歲候長居延沙陰里上造郭期,不知犢(讀)蓬(烽)火,兵弩不檠持,憙□◇◇□斥免,它如爰書。(EPT59.162)

不如舊時行錢法渡(度),自政法罰。(EPF22.41)

十月辛酉將屯偏將軍張掖大尹遵尹騎司馬武行副咸(貳)事,試守徒丞、司徒□◇循下部大尉、官縣,承書從事下當用者如詔書。

(EPF22.65A)

公乘居延廣地里年卅二歲,姓孫氏。建武六年正月中除為甲渠城北候長。以通蓬(烽)火、迹◇。(EPF22.355)

三十井當谿隊(燧)始建國天凡(鳳)一年六月守御簿。(ESC.22)

◇□拘(鈎)檄(校)出入,不應法者舉白。(EPT51.649)

令偹(修)治社稷,令鮮明。當侍祠者齋械(戒)。(EPF22.161)

五石券(桊)。(EPT53.144)

便休十五日,門亭毋河(苛)留。如律令。(EPF22.698B)

狠(墾)田以鐵器為本。(EPT52.15)

薑四兩,兩二錢七分,直◇;伏令(苓)四兩,兩(=)三◇。(EPT9.7B)

卌餘騎皆衣鎧、負魯(櫓)攻隊(燧)。(EPF16.43)

又到北部,為業賣(買)肉十斤,直(值)穀一石,石三千。(EPF22.13)

書到,付受與校計,同月出入,毋(無)令繆(謬)。如律令。(EPF22.462A)

謹案:部吏毋(無)嫁聚(娶)過令者。敢言之。(EPF22.690)

鞘(稍)入歲錢□□□。(EPT52.335)

入粟大石廿五石車一兩。居耶(攝)三年三月戊戌◇。(EPT7.10)

木中隊(燧)長徐忠同産姊不幸死,甯日盡,移居延。(EPT50.9)

詔書:卒行道辟(避)姚(逃),吏私貰賣衣財物,勿為收責。(EPT52.55)

◇傷汗寒熱頭恿(痛),即日加煩懣,四支(肢)◇。EPT59.49A

廉吏誘(秀)材、異等。毋(無)。(EPS4T2.43)

□董充,迺三月癸巳病攣右脛,廱(臃)種(腫)◇。(EPT53.14)

迺二月壬午病加兩脾瘫(臃)種(腫),匈(胸)脅丈(漲)滿,不耐食。(EPF22.80)

入繪(襘)愈(褕),守尉史謹◇。(EPS4C.12)

之居延博望亭部采胡于(芋),其□◇。(EPT68.48)

盡丁未積廿九日,毋(無)城(越)塞出入迹。(EPT56.28)

◇□所持鈹,即以疑所持胡桐木丈(杖),從後墨擊意項三下,以辜一旬內立死。(EPF22.326)

表二　古今字词关系不一致字形表

习用字形	《居延新简》中的字形	习用字形	《居延新简》中的字形	习用字形	《居延新简》中的字形
敝	幣	價	賈	攝	聑
避	辟	校	檄	屎	矢
粺	稗	潔	絜	伺	司
襜	禪	戒	械	帥	率
乘	承	僦	就	燧	隊,遂
瘳	廖	鉤	拘	逃	姚
儲	諸	炬	苣	痛	恿
賜	錫	圈	卷	無	毋
遲	稺	帣	券	胸	匈
弛	施	糠	康	修	脩
粗	組	苛	河	秀	誘
太	大	墾	豤	懸	縣
弟	苐	粱	梁	已	以
第	弟	苓	令	臃	廱,瘫
讀	櫝,犢	櫓	魯	褕	愈

续表

习用字形	《居延新簡》中的字形	习用字形	《居延新簡》中的字形	习用字形	《居延新簡》中的字形
度	渡	買	賣	芓	于
貳	咸	摩	磨	愈	俞
諷	風	幕	莫	越	城
烽	蓬	暮	莫	早	蚤
俸	奉	謬	繆	臟	藏
鳳	凡	疲	罷	杖	丈
梗	更	聘	娉	針	箴
雇	顧	七	桼	值	直
簋	杌	娶	聚	腫	種
歡	驩	熱	炅		
劑	齊	稍	鞘		

總體說來,《居延新簡》用字和現代用字稍有區別,2289 個字樣中,有 138 個字形與傳統慣用字不同,占到 6%左右,大部分用字不同的情況都有脈絡可循,或者形體有聯繫:如添加或改換義符,或者整體輪廓相近;或者讀音相同或相近。而在這 138 個字樣中,其中 90 個字樣的通用情況也見於其他傳世文獻中,只有 33 個字樣的通用情況不見於傳世文獻,另外還有 15 個字樣不但傳世文獻不見記載其和其他漢字的通用情況,甚至連字形都不見於傳世文獻,這 48 個字樣占到《居延新簡》中總字樣的 2%,如果考慮到用字頻次的問題,這一比例還會下降,漢字自漢代到今天跨越了近兩千年的時光,使用上的一致性高達 98%,由此可見漢字用字的一貫性和連續性。另外由於本書研究內容局限于《居延新簡》,其內容大多是西北邊塞的文書記錄,有些記錄者的文化水準並不是太高,再加上出土文獻殘斷和字跡模糊的原因,所以一些僅有孤證的字形,不能排除手誤或者簡牘釋讀

錯誤的可能。如擴大研究範圍,和其他大致同時代的出土文獻互證,這種一致性可能更加明顯。

貳、《居延新簡》文字語用斷代研究

本書所調查的是《居延新簡》中的東漢簡牘部分。東漢簡牘的確認方法有:1. 根據紀年簡確認時代,如:建武五年(公元 29 年)五月乙亥朔丁丑,主官史譚敢言之(E.P.T68:1)。建武為東漢光武帝的年號,可以據此確認此為東漢簡。2. 內容系連,後期發掘的漢代簡牘中有一些獨立成冊的內容,如《建武三年候粟君所責寇恩事》,只要其中一簡上有東漢紀年,即可以確認整個冊子都屬於東漢。3. 形制系連,如一簡上書寫兩面甚至多面文字,其中一面有紀年,且每面上的文字筆跡相近,應為同一人書寫,即使內容上看不出關聯,也確認該簡整體屬於東漢簡牘。如:建武六年七月戊戌朔乙卯,甲渠鄣候敢言之。府書曰吏民毋得伐樹木,有無四時言。謹案部吏毋伐樹木(E.P.F22:53A 面)。同簡 B 面:掾譚令史嘉。二者均確認為東漢簡牘。4. 綜合法,綜合運用內容系連和形制系連兩種方法。由於簡牘出土的時候,編繩已經完全朽斷,再加上早期出土簡牘時候的某些考古行為並不專業,錯簡、斷簡都很正常,這時候就要綜合利用內容的相關性和字體、筆跡的相似性和出土探方的一致性來確認其時代。如

建武六年三月庚子朔甲辰,不侵守候長業劾移(E.P.T68:57)

居延獄,以律令從事。(E.P.T68:58)

迺今月三日壬寅,居延常安亭長王閎、閎子男同攻虜,亭長趙(E.P.T68:60)

常及客民趙閎、范翕等五人俱亡,皆共盜官兵。(E.P.T68:59)

上簡由於有明確紀年,可以確認為東漢簡牘,下面兩條簡文的人名和上簡一致,所記內容也大致相同,出土探方相同,筆跡相近,則以下兩簡也確認為東漢簡:

王閎、閎子男同攻虜亭長趙常及客民趙閎、范翕等(E.P.T68:71)

五人俱亡,皆共盜官兵臧(贓)千錢以上,帶大刀劍及鈹各一。(E.P.T68:72)

經整理,《居延新簡》中35個語符用字字樣與傳統習用字①不一致,李運富先生認為"語符的基本單位有'詞音''詞項''詞位''詞族'"。此文所謂"語符"是指"詞位"而言,即同一漢字字符下所轄的所有義項組成某個詞的詞位。所謂傳統習用字以《漢語大詞典》為準,字頭下如註明是"×的古字"、"后多作×"、"通×"、"同×"、"見×"等,則以"×"為傳統習用字。

這35個語符並非僅記錄了35個詞項,從字和詞的對應關係看,有一字一詞,一字多詞兩種關係②。

① 本書研究的目的是為了提高簡牘內容的可釋讀性,溝通古今文字的異同。所以語符用字重點放在了非傳統習用字上,即與現在通行的傳統正體字不一致的字樣上。傳統習用字有時候並非本字,如"欬"和"咳",《說文解字·欠部》:"欬,屰气也。从欠亥聲。"《說文解字·口部》:"咳,小兒笑也。從口亥聲。"邵瑛《說文解字群經正字·卷十七·欬》:"此字經典固無所誤……今作'咳',沿俗譌。"東漢簡牘中表"咳嗽"用的就是本字"欬",但由於"咳"行已久,此處則認為"欬"的傳統習用字為"咳"。"朢"與"望"與此相同。

② 由於一個字可以記錄多個不同的詞,為了更好地顯示該字所記錄的詞的完整情況,只要該字所記錄的詞中有一個用字情況與如今的用字情況不同,則把該字所記錄的所有的詞都羅列出來。

一、一字一詞

一字一詞:《居延新簡》中東漢部分的簡牘中有的雖然也是一個字記錄一個詞,但是字詞對應關係與今天的傳統習用字和詞的對應不同,這樣的用字共有 24 組,列表如下:

表一

字頭	記錄詞項	義值	字際關係①	次數	用例	材料來源
幣	敝	破爛;破舊。	借字本字	1	粟君用恩器物幣(敝)敗,今欲歸恩,不肯受。	EPF22.32
藏	贓	貪污;受賄。	借字本字	1	放又不以死駒付永,永不當負駒。放以縣官馬擅自假借,坐藏(贓)爲盜。	E.P.F22:200
辤②	辭	訴訟的供詞。	借字本字	23	狀辤(辭)曰,居延中宿裡公乘,年五十八歲。	EPT68.107

---

① 字際關係共有借字本字、分化本字、異體本字、本字俗字這四種,本書所謂"本字"指的是字形和詞義能夠統一起來的字形,如《說文》中的正體和或體都認為是本字,另外如"𤎼"和"燧",認為二者都是為"古代邊防夜間報警的火炬。與白晝使用的'烽'相對"這一義位所造的字,都是本字,所以有的詞的本字不止一個。"借字本字"中的"借字"指"字頭"一欄中的字,"本字"指"所記錄詞項"一欄中的字,前者因音同音近被借用,字形和詞義沒有任何聯繫,後者為形義統一的後出本字或已有的本字;"分化本字"指"字頭"一欄中的字和"所記錄詞項"一欄中的字都是本字,但後者是前者分化后的本字,如"莫"和"暮","暮"就是"莫"字在"日落時,傍晚"這個義位上的後出分化本字。正確的表達應該是"本字和分化本字",此處省為"分化本字";"異體本字"指"字頭"一欄中的字和"所記錄詞項"一欄中的字都是形義統一的本字,但形體不同。"本字俗字"僅有一例,即"欬"和"咳",前文已有說明,此處略。

② 按《說文解字》,"辤"籀文字形從辛從台,義為推辭;"辭"籀文字形從𤔔從司,指訴訟的供詞。所以二者按借字本字關係處理,這兩者應該比較早就混而為一了,至少從簡牘看,"辭"從西漢起就寫作"辤"了。

续表

字頭	記錄詞項	義值	字際關係	次數	用例	材料來源
糴	糴	買進穀物。	借字本字	3	又爲粟君買肉，糴(糴)穀三石。	E.P.F22:31
弟	第	用於數字前表示次序。	借字本字	17	到弟(第)三置，爲業糴(糴)大麥二石。	E.P.F22:25
隊	燧	烽火臺。	借字本字	14	建武六年七月丁未，召臨之隊(燧)長徐業詣官，問士吏孫良。	EPF22.270
隋①	隨		借字本字	2	良隋(隨)後出。	EPT68.169
熏	烽	古時邊境報警的煙火。	分化本字	32	候望(望)，見木中熏(燧)有煙不見熏(烽)。	E.P.T 68:86
顧	雇	買勞動力。	借字本字	2	時粟君以所得商牛黃特齒八歲，以穀廿七石予恩顧(雇)就(僦)直(值)。	EPF22.08
昏	昏	天剛黑的時候；傍晚。	異體本字	2	新除第二十九熏(燧)長鄭慶月五日壬子昏(昏)時受遣，癸醜當到。	E.P.F22:357
絜	潔	清潔；乾淨。	借字本字	3	侍祠者齋戒。務以謹敬鮮絜(潔)約省爲故。	EPF22.154
炅	熱	溫度高。與"冷"相對。	借字本字	1	問熏(燧)長孫詡，三月中病苦寒炅(熱)。	EPT4.51A
聚	娶	男子結婚。把女子接過來成親。	借字本字	1	關內侯以下至宗室及列侯子，娉(聘)聚(娶)各如令。	EPF22.45A

① 从表中看，"隋"字早就出现，且其义为"跟从"。"隋"在传世文献(如《淮南子·览冥训》)作姓氏用，而《康熙字典·阜部》"隋"下云"杨坚受封于随，及有天下，以随从辵，周齐奔走不寧，故去辵作隋。"世人误以为先有"隨"字而后有"隋"字，但从东汉简看，疑先有"隋"字，因"姓从主人"一般不能改动，所以传世文献中作姓氏用的"隋"字字形未变，后加义符"辵"强调其"跟从"义，杨坚不过是恢复古本字形体而已。

续表

字頭	記錄詞項	義值	字際關係	次數	用例	材料來源
欬	咳	咳嗽。	本字俗字	1	三月己亥除署第四部,病欬(咳)短氣。	E.P.T68:5
盲	盲	目失明。	借字本字	1	放馬夜冒(盲)不能得還。	E.P.F22:197
娉	聘	女子訂婚或出嫁。	借字本字	1	詔書曰,吏三百石庶民嫁娶毋過萬五千。關内侯以下至宗室及列侯子,娉(聘)聚(娶)各如令。	E.P.F22:45A
隧	燧	古代邊防夜間報警的火炬。與白晝使用的"烽"相對。	借字本字	18	匈奴人晝入三十井候遠隧(燧)以東,舉一蓬(烽),燔一積薪,堠上煙一。	EPF16.05
隊	燧	古代邊防夜間報警的火炬。與白晝使用的"烽"相對。	異體本字	132	臨之蓬(燧)卒樂護,三月食三石三門三升少。	E.P.T52:436
械	戒	齋戒。	借字本字	1	當侍祠者齋械(戒)。	EPF22.161
脩	修	整修;修理。	借字本字	4	令脩(修)治社稷,令鮮明。當侍祠者齋械(戒)。	EPF22.161
庸	傭	雇傭的報酬,工錢。	借字本字	2	時市庸(傭)平賈(價)大男日二斗,爲穀廿石。	E.P.F22:26
蚤	早	早上;早晨。	借字本字	1	將軍令。月生民皆布在田野。以塞候望爲耳目。檄到,恭等令隧長旦蚤(早)跡。士吏候長常以日中跡。	EPF22.167
種	腫	脹痛;痈。	借字本字	2	治痹手足雍(臃)種(腫)方:)迺二月壬午病加,兩脾雍(臃)種(腫),匈(胸)脅丈(漲)滿,不耐食飲,未能視事。	E. P. F22: 80第二行-81

续表

字頭	記錄詞項	義值	字際關係	次數	用例	材料來源
輝	運	運載;搬運。	分化本字	3	恩即取黑牛去,留黄牛,非從粟君借輝(運)牛。	E.P.F22:9-E.P.F22:10

二、一字多詞

一字多詞:所謂一字多詞就是指在《居延新簡》東漢時代的簡牘中,某字所記録的詞不止一個,這樣的字共有 11 組,具體對應關係如下:

罷

用字	記錄詞項	義值	字際關係	數量	用例	材料來源
罷	罷	免去;解除。		3	尉卿使者諸吏旦夕擊鼓。積二歲,尉罷去,候長恭斥免。	E. P. F22: 331 第二行
罷	疲	疲勞;衰弱。	借字本字	4	駒素罷(疲)勞病死。	EPF22.199

渡

用字	記錄詞項	義值	字際關係	數量	用例	材料來源
渡	渡	通過江河。		1	行到遮虜河,水盛浴渡,失亡符水中。	E.P.F22:171
渡	度	法度;規範。	借字本字	1	不如舊時行錢法渡(度),自政法罰。	EPF22.41

賈

用字	記錄詞項	義值	字際關係	數量	用例	材料來源
賈	賈	姓		1	今年八月中候繆訢客男子賈囊持酒◇。	E.P.T20:6
賈	價	價格。	借字本字	3	時市庸(傭)平賈(價)大男日二斗,爲穀廿石。	EPF22.16
賈	價	錢款。	借字本字	18	爲粟君捕魚,盡今年正月,閏月,二月,積作三月十日,不得賈(價)直。	E.P.F22:26

就

用字	記錄詞項	義值	字際關係	數量	用例	材料來源
就	就	求。		1	今言府請令就醫。	E.P.F22:82
就	僦	雇傭。亦指雇傭之費或運費。	借字本字	9	就(僦)賈(價)用牛一頭,穀廿七石。	E.P.F22:29

莫

用字	記錄詞項	義值	字際關係	數量	用例	材料來源
莫	莫	表示勸誡。不要;不可,不能。		1	民作使賓客私鑄作錢薄小,不如法度,及盜發冢公賣衣物於都市,雖知莫譴苛百姓患苦之。	E.P.F22:38A 第二行
莫	幕	泛指軍政大吏的府署。	分化本字	2	府移大將軍莫(幕)府書。	E.P.F22:38A 第一行

謬

用字	記錄詞項	義值	字際關係	數量	用例	材料來源
謬	謬	人名。		1	今年八月中候繆訢(欣)客男子賈蘘持酒◇。	E.P.T20:6
繆	謬	謬誤;差錯。	借字本字	2	校計同月出入,毋令繆(謬)。	EPF22.462A

辟

用字	記錄詞項	義值	字際關係	次數	用例	材料來源
辟	辟	審理。		9	男子郭長入關。檄丁酉食時到府,皆後宮等到,留遲。記到,各推辟界中,定吏主當坐者名。	E.P.F22:151B
辟	避	躲。	借字本字	2	丹騎驛馬一匹,馳往逆辟。未到木中薰(燧)里所,胡虜四步入從河中出,上岸逐丹。	E.P.T68:87-88

匈

用字	記錄詞項	義值	字際關係	數量	用例	材料來源
匈	匈	匈奴:亦稱胡。我國古代北方民族之一。		17	匈奴人晝入甲渠河南道出塞,舉二薰(烽),塢上大表一,燔一積薪。	E.P.F16:3
匈	胸	軀幹的一部分,在頸和腹之間。	借字本字	3	憲以劍擊傷譚匈(胸)一所,騎馬馳南去。	E.P.T68:25

丈

用字	記錄詞項	義值	字際關係	數量	用例	材料來源
丈	丈	長度單位。十尺為一丈。		2	夏侯譚二月祿,布三丈六尺,帛二丈六尺。	E.P.T27:10
丈	脹	身體內壁受到壓迫而產生的不適之感。亦泛指充塞難受的感覺。	借字本字	1	兩脾雍(臃)種(腫),匈(胸)脅丈(脹)滿,不耐食飲,未能視事。	EPF22.80

正

用字	記錄詞項	義值	字際關係	數量	用例	材料來源
正	正	正月:夏曆一年的第一個月。		39	爲粟君捕魚,盡今年正月,閏月,二月,積作三月十日,不得賈(價)直。	11E. P. F22:26
正	證	憑證;證據。	借字本字	1	書曰,恩辭不與候書相應,疑非實。今候奏記府,願詣鄉爰書是正(證),府錄,令明處更詳驗問,治決言。	E. P. F22:30-31

直

用字	記錄詞項	義值	字際關係	數量	用例	材料來源
直	直	正,不歪斜。		1	後複入三十井以內部,累舉堠上直上蓬(烽)。	/E.P.F16:8
直	直	直成:應嘉名也。一般用在表示日期的干支後面,表示該日是做某事的好日子。		1	八月廿六日己巳直成,可祠社稷。	E.P.F22:156

续表

用字	記錄詞項	義值	字際關係	數量	用例	材料來源
直	值	指物品與價錢相當。	借字本字	44	育出牛一頭,黑特,齒五歲,平賈(價)直(值)六十石。	EPF22.07

三、結語

由于出土語料數量較少,且內容單一,再加之斷代明確的限制,書中所統計的語符用字內容有的不能完全反映出該時代某字的全部使用情況,如"聚"字在《居延新簡》東漢部分簡牘文獻中,僅記載了"男子結婚。把女子接過來成親"。一個義項,無關於"會合;聚集"義的用例,這在當時應該是不可能的。

從東《居延新簡》東漢部分簡牘用字情況來看,可能我們現在使用的很多形聲字在當時還沒有産生或者是剛剛産生,其意義和用法也未完全固定。而我們現在看到的傳世文獻,比如漢代的典籍中,該類用字現象並未反映出來,這和書籍傳抄過程中,文字的改寫有很大的關係,這也是出土文獻在文字研究中所發揮的重要作用之一。

從搞調查結果來看,當時的語符用字在表意或聲符表音方面不如傳統習用字清晰,表音方面如"罝"和"盲"①,"罝"的聲符是"罒(網)",但隸書已經和"四"同形,傳統習用字遂變聲符為"亡"。表意方面如"聚"和"娶","隧"和"燧","脩"和"修","種"和"腫"等,後者表意更加清晰。還有 5 組字和傳統正體字相比是過度繁化的,

① 前為東漢簡牘用字,後為傳統習用字,余同。

這些字是“渡”和“度”、“藁”和“烽”、“顧”和“雇”、“械”和“戒”以及“䡓”和“運”。“藁”的傳統習用字簡化了這兩字的聲符,其他4組則是分化後該義項的字形再度回到未分化的本字上,導致該義項未能成功從本字中區分出去。這其中有些字形未能獲得新的義項,從而成為字典裡的死字甚至曇花一現不見於任何傳世文獻,如“藁”、“䡓”和“隊”、“冒”等字,其他字形則獲得了新的義項,成功成為了後起形聲字。可見形聲字的分化並不總是一步到位,完全成功的。。

綜合看上述這35組用字,可以得出以下結論:其一,形聲字的產生是一個較長的過程,很多形聲字產生之初形體不固定,可能數個字形並用,意義也並未完全和字形一一對應起來。其二,《居延新簡》東漢部分簡牘中的漢字表義度不如傳統習用字清晰。其三,可以看到漢字在當時的發展變化,不管是和後代相比的過度繁化,還是簡化相同的符號,還是聲符或義符的更換,都是為了更好地保持漢字的表義性,形成新的形義統一的局面。拿傳統習用字和東漢簡牘用字對比,也可以得出相似的結論。其四,字形的改變有時候是無理據的,這種無理據性可能可以通過更多的語料來尋找出其理據性,也可能本身就是無理據可言的,這和人的主觀性是相應的,但這種無理據性到底在歷史發展中能否立得住腳,則需要我們拭目以待。

叁、《居延新簡》和《說文解字》用字比較

《居延新簡》是1972年至1976年,甘肅文物考古工作者在居延漢代遺址清理發掘出來的漢代簡牘。出土的《居延新簡》中紀年簡

最早為西漢昭帝始元五年(公元前 81 年),最晚為東漢安帝永初五年(公元 111 年)[①],處於西漢中期到東漢初期,《說文解字》為東漢許慎所撰,和帝永元十二年(公元 100 年)始創,建光元年(公元 121 年)由其子許沖進上。雖然《說文解字》曆經兩千年左右的輾轉傳抄,錯誤遺脫之處在所難免,但經過曆代大家校定,大致保持了《說文解字》的原貌,本书以《居延新簡》中的用字與《說文解字》作比較,以出土文獻與傳世文獻二者互證,希望對漢代部分實際用字有所發現,以此就教於大方之家。

據筆者統計,《居延新簡》中共出現漢字 2289 個,其中 2104 個見於《說文解字》[②],比例高達 91.9%。從《居延新簡》看,不見於《說文解字》的漢字中部分也不見於其他傳世文獻或字書,懷疑部分可能是由於字跡模糊而形成的誤釋。還有一部分人名和地名用字也不見於《說文解字》,地名用字如茨和𢔁等:

茂陵至茨置卅五里。EPT59.582

---

① 1982 年又採集到一枚太康四年的紀年簡,是西晉時在該地短暫戍務的遺留,由於沒有其他同時代相關的簡牘,仍然把《居延新簡》的下限定為東漢安帝永初五年。另,《居延新簡》中還有少數的《倉頡篇》、《晏子》異文,其內容產生的時代並不同與《居延新簡》產生的時代,但由於數量極少,故忽略不計。

② 本書對是否見於《說文解字》的標準定得比較寬泛:1. 字形方面,如果《說文解字》的字頭、或體或解說中出現過該字形,則認為該字見於《說文解字》。或體如创為“刅”的或體,兆為“𠨘”的或體,如“雜”字頭下《說文解字》有“從衣集聲”的解說,則認為“褋”字於《說文解字》中出現過;“叠”字頭下《說文解字》中明確說明“叠”字上面原來是三個“日”字,新莽時字形改為從三個田,則“疊”字視為在《說文解字》中出現過的字。另外如果構件相同,僅構件所處的具體位置不同,也視為同一個字,如“峩”和“峨”、“檠”和“橵”等。2. 字義方面。如果記錄的是同一個詞,又普遍被認為是同一個字的不同寫法,只要其中一種寫法見於《說文解字》,則認為該字見於《說文解字》。如“嫂”和“嫂”、“巷”和“㟅”等。3. 特殊情況。如“姊”字,《居延新簡》中既有“姊”,也有“姉”。《說文解字》雖然現在的字頭作“姊”,但明確說明該字“從女𦍒聲”,字隸定應做“閚”,与“姉”字形相近,查傳世文獻中,漢代以前無“姉”字,該字形僅見於《楊子雲集》(同樣的內容在《方言》中則作“姊”)、《潛夫論》、《管子》和《呂氏春秋》等基本著作中,疑為“閚”字漏寫一筆。也視為在《說文解字》中出現過的字。

胥次至小張掖六十里。EPT59.582

人名用字如穉和𠊎等：

◇□武賢、司馬如昌行長史事，千人武彊行丞事，敢告部都尉卒人謂縣，寫重如◇卒人。守卒史穉、守屬奉世。EPT51.202

◇三泉里公乘召𠊎年卅三。能不宜其官，換為候史◇。EPT51.520

許慎認為文字的字形和意義是有聯繫的，所謂"倉頡之初作書，蓋依類象形，故謂之文，其後形聲相益，即謂之字"。[①] 到了漢代，為了書寫的方便或者習慣，很多字形都有了變化，字形和意義之間的聯繫已經不是那麼密切了。許慎作《說文解字》的本意是用來說明漢字字形和意義之間的聯繫，扭轉漢代人根據當時的字形猜測漢字字義的情況，如"馬頭人為長"之類的說法。可以說《說文解字》很好地保存了漢字的本義以及與本義相關的字形，從《居延新簡》來看，我們可以說雖然漢代去古已遠，但漢代的實際用字還是與《說文解字》保持了高度的一致的，這也可以從側面證明《說文解字》曆經千年輾轉傳抄，其基本風貌還是被很好地保存了下來。本書試從以下兩方面分析一下二者用字的不同，從中可以看出漢代的用字已經發生了一些變化，而許慎對這些不同的字形的處理，在今天對我們仍有指導作用。

第一，與《說文解字》相比，漢代實際用字的規範度不高，同一個詞可以用數個字來記錄，它們有的是字形相近，有的是字音相近，有的是漢代的簡化字，還有一些是人為的因素（如上文提及的"疊"和

① （漢）許慎：《說文解字·序》，中華書局，1963 年。

"疊")。同一個詞的記錄方式中,可能既有從字形方面的相似性出發來作的記錄,也有從字音方面的相似性出發的。如"襜褕"、"繪愈"和"襌褕";"轖"、"襪"和"絊";"鎧"和"韃";"辭"和"辤";"歓"和"飲";"亖"和"四"等。

《居延新簡》中,同一個詞可以有幾個不同的寫法,它們所表示的意思是一樣的,而在《說文解字》中僅出現了其中的一個寫法。如"襜褕"是一種長度過膝的衣服,有單衣和夾衣兩種,樣式有直裾和曲裾,是一種非正式場合穿的服裝,比較寬鬆。在《居延新簡》中,這種衣服寫作"襜褕",或"繪愈",或"襌褕"。如下例:

布襜褕一領,衣。EPT56.69

入繪愈,守尉史謹◇。EPS4C.12

布襌褕一領。EPT52.93

從《居延新簡》來看,三者是同一種服裝,"襜褕"和"繪愈"二者字形相近,聲符相同,而"襜"和"襌"二者義符相同,聲符"詹"和"單"讀音相近。許慎《說文解字》中該詞作"襜"和"褕",不見從其它偏旁的寫法。另外如"鎧"在《居延新簡》中有"韃"和"鎧"兩種寫法,《說文解字》中則僅有"鎧"字,如:

收失隊鐵韃鞮瞀各五。EST119.1

鐵鎧五;鐵鍉瞀五。EPT5.17

辭在《居延新簡》中也有"辭"和"辤"兩種寫法,另外如"亖"和"四"、"歓"和"飲"等,也是同樣的情況。

第二,與《說文解字》相比,《居延新簡》中的很多字形都是《說文解字》中的或體或訛體。

到了漢代,為了書寫的方便或者習慣,一些字形都有了變化,大部分是作了簡化,字形和許慎所要尋找的造字之初的字形都有了變化,這和上面一類的情況有所不同,如果不指出漢代的實際字形,那麼使用字書的人有可能會不知道其中的對應關係,而許慎作《說文解字》的本義決定了《說文解字》中的所立的部分字頭和漢代實際用字會有所不同,對這一類漢字許慎是怎麼處理的呢。從《居延新簡》看,他既沒有放棄自己的原則,一味按照當時人所使用的漢字而曲為之解,鬧出"馬頭人為長"的笑話,也沒有閉門造車,一味復古,不顧漢字形體已經發生衍變的客觀事實。他字頭立的是自己認為是正體的字形,一般來說這個字形可以很好的反映漢字音義之間的聯繫,同時巧妙的用或體和訛體的形式反映了漢代實際的用字現狀,很好的解決了這個問題。出現在《居延新簡》中的或體或訛體多達 29 個(見表一),從中我們可以看出漢字一直處於變化中,也許我們很難判斷這種變化是好還是壞,但是我們不能否認漢字的變化性。許慎的這種處理方法對我們現在編撰字典辭書等工具書時仍有很大的參考價值。

表一　《居延新簡》中所見《說文解字》或體和訛體一覽表

《居延新簡》字形	《說文解字》字形	說明	《居延新簡》字形	《說文解字》字形	說明
襍	雜	或體	篋	匧	或體
磨	摩	訛體	畝	晦	或體
煮	鬻	或體	塊	凷	或體
繇	䌛	或體	參	曑	或體
脈	衇	或體	霍	靃	或體
蜚	蠹	或體	詢	訽	或體
羈	覊	或體	泠	淦	或體
焦	爑	或體	釜	鬴	或體

续表

《居延新簡》字形	《說文解字》字形	說明	《居延新簡》字形	《說文解字》字形	說明
流	㳅	或體	創	刅	或體
豉	枝	或體	由	繇	或體
兆	兆	或體	疊	疊	或體
婿	壻	或體	褌	幝	或體
罔	网	或體	昏	昬	或體
全	仝	或體	夙	㸚	訛體
緩	緩	或體			

從《居延新簡》中我們還可以看出,雖然對《說文解字》的研究已經持續了千年,甚至形成了蔚為大觀的“說文學”,但是對《說文解字》中的內容還是有很好的研究的必要的。如“纒”字,《說文解字》釋為:“粗緒也。從糸璽聲。”“絁”是它的俗體。《居延新簡》中用字與《說文解字》相同,作“纒”。可以說最晚在新簡所處的時代,這個字還是寫作“纒”的。“纒”是一個形聲字,而“絁”則無法分析字形,漢字中沒有“㐌”這個偏旁,偏旁相同的如“施”字從㫃,“拖”字《說文解字》作“拕”,從手它聲。可以說我們沒有辦法對“絁”用傳統的六書進行分析,而且徐鉉明確說明:“今俗別作絁,非是。”而《漢語大詞典》中僅見俗體“絁”,不見正體,這不能不說是一個遺憾。

肆、試論《居延新簡》的辭書學價值

出土文獻的辭書學價值體現在多個方面,如增補詞義或義項、提前書證、補充失收字詞,確立字頭等,另外,由於曆史悠久,同一個字或詞在不同曆史時期可能出現不同的書寫方式,對於這種一對多的記錄方式,如何確定其對應關係和判斷其大致的出現時間和先後順序,這對於辭書編撰者來說是一個很大的考驗,而出土的不同時期的文獻,由於其真實保留了當時的書寫記錄方式,相較於經過傳抄和修改的傳世文獻來說,有很大的優勢,這一點正被大多數的出土文獻所證實,今以居延新簡中的"恿"字和"纏"字為例談一下這一問題,並以此為契機,思考當代的"書同文"問題,以就教於大方之家。

"恿"字為"勇"之別體這一用法見於漢代的辭書和秦漢時期的出土文獻,如《說文解字・力部》:"恿,古文勇從心。"明確說明"恿"為"勇"的別體。出土的秦漢時期的文獻也驗證了這一點,如睡虎地秦墓竹簡《為吏之道》:"怒能喜,樂能哀,智能愚,壯能衰,恿能屈,剛能柔,仁能忍。"銀雀山漢墓竹簡《孫子兵法・勢》:"亂生於治,脅(怯)生於恿,弱生於強。"而在《居延新簡》中,"恿"和"勇"兩字都出現了,"恿"字出現三次,不過不是作為"勇"的別體,而是作為"痛"的別體。用例如下:

◇傷汗寒熱頭恿(痛),即日加煩懣,四支(肢)◇。EPT59.49A

◇辰到累胡迎受四年戍卒,即日病頭恿(痛)。EPT58.28

敞言脅恿(痛)。EPT51.7

傳世文獻中,"恿"作為"痛"的別體僅見于宋代的字書中。《集韻・東韻》:"恫、痌、恿:《說文解字》:'痛也。'一曰呻吟。或作痌、恿。"戴侗《六書故》也認為恫別作痌、恿。《漢語大詞典》可能因為沒有實際用例,未收"恿"的這一詞義,《漢語大字典》收了該義項,例證即為《集韻》。武威醫簡中,"痛"也寫作"恿",如:

心腹恿(痛),吞之;嗌恿(痛),吞之。血府恿(痛),吞之,摩之。

《武威醫簡/63》

居延新簡中還有一個處於“恿”和“痛”之間的過渡字形，作“廣”，也可以從側面證明“恿”釋為“痛”應該無誤，用例如下：

◇頭廣(痛)寒熱，飲藥五齊(劑)，不偷(愈)。(EPT59.269)

從“廣”和從“疒”在傳世文獻中也有相混，如“廢”與“癈”，又如“瘇”，《康熙字典》“瘇”下云：“㕒字原從廣從垂作，恐是㕒字之訛。”可見該字有三種寫法，一從“疒”，一從“厂”，還有一從“广”。

由以上用例推測，“恿”為“勇”的別體，可能產生在漢代之前，到了漢代，“恿”有了新的用法，成為“痛”的別體。推測其大致變化過程應為恿→廣→㾪→痛，由於從“廣”和從“疒”二形在傳世文獻中也有相混現象，且痛和“疒”有關，後來“㾪”取代了“廣”，成為從疒恿聲的後起形聲字，“恿”從心是表示該字和心有關，如今有了新的義符疒，且二者都從“用”得聲，從漢字簡省的原則出發，“心”完全可以省略。許慎的《說文解字》由於其目的是為了說明文字從古到今(此處“今”指許慎所處的時代)的發展變化，所以許慎只保留了“恿”為“勇”的別體這一早已有之的用法，漢代產生的新用法則忽略未提。

正是由於有了出土的文獻，我們才可以更好地研究像“恿”這類字的發展變化的過程，才有可能形成更加系統的漢字史。

辭書中立為字頭的字，原則上應該是造字理據充分的字或者是優先考慮曆代的正字，而在現有的辭書中，有些字的字頭還是值得商榷的。如“纆”字，《說文解字》釋為“粗緒也。從糸璽聲”。“絁”是它的俗體。《居延新簡》中用字與《說文解字》相同：

《急就篇》弟(第)八，絳緹繮[1]紬絲◇。/EPT49.39

可以說最晚在新簡所處的時代，這個字還是寫作“繮”的。“繮”是一個形聲字，而“絁”則無法分析字形，漢字中沒有“㐌”這個偏旁，偏旁相同的如“施”字從㫃也聲，“拖”字《說文解字》作“拕”，從手它聲。可以說我們沒有辦法對“絁”用傳統的六書進行分析，對“繮”字，徐鉉明確說明“今俗別作絁，非是”。而《漢語大詞典》中僅見俗體“絁”，不見正體，這不能不說是一個遺憾。從這一點我們還可以看出，雖然對《說文解字》的研究已經持續了千年，甚至形成了蔚為大觀的“說文學”，但是對《說文解字》中的內容還是有很好的研究的必要的。

文字改革或者說“書同文”可以說是曆朝曆代都比較重視的一項文化和政治活動，如何做到在不破壞漢字系統性的前提下，儘量做到書寫的方便性和識讀的明確性是一個兩難的選擇，筆劃繁多則區別性增加，識讀容易；反之則書寫簡單，識讀困難。二者之間的平衡殊難把握，而在此基礎上，還要兼顧漢字的系統性。此前漢字簡化受到詬病，很大程度上可以說是因為沒有很好的把握漢字的這一特點，導致出現腦和瑙、揀和諫並存的情況。出土文獻中也出現了很多的異體字，尤其是一些形聲字，比如咳和欬、裙和帬、昏和昬等，僅居延新簡中就出現了39對這樣的異體字。漢代的今古文之爭以及統治者採取的“罷黜百家，獨尊儒術”的統治政策，這一切都大大推動了文字訓詁學的發展，出現了《說文解字》、《方言》和《釋名》這樣劃時

① 今天我們看到的《急救篇》中該字作“絓”，顏師古注：“紬之尤粗者曰絓，茧滓所抽也。”該字下無文獻用例，或者說該字的這一用法僅出現在傳世《急救篇》中，筆者懷疑是在傳抄過程中形成的訛字，正確應該作“繮”或“絁”。具體訛變過程尚不清楚。

代的語言學著作。我們不能不説漢代很重視語言文字工作,而就在這樣的情況下,漢代的出土文獻還存着大量的異體字,這很值得我們思考。我們是否可以據此推測當時文字的實際使用情況,或者説實際使用的文字和規定的正體字之間可能有一定的距離。在現行情況下,為了實現大陸和港澳臺三地在文字書寫上的統一,我們能否在印刷體上統一採用傳統正體字,而在手寫體上採取繁簡並存的情況,或者説允許異體字的存在和使用,至於最後到底是哪個字採用了傳統的正體寫法,或者採用了簡化的寫法,則有待於時間的甄别。採取這一措施,既可以做到書面上的"書同文",增加港澳臺和大陸之間的文化凝聚力,不管是香港的"占中",還是台灣的"台獨",除了經濟和政治上的因素,筆者認為隨着老一代從大陸過去的移民的淡出社會活動,新一代土生土長的港澳臺同胞對大陸的感情已經轉淡,而對傳統文化的認同這一共同點如果我們能夠把握好,也許有助於更好地解決祖國統一的問題。這一政策也可以照顧到大陸用字的實際情況,畢竟如果使用行政命令讓高達十億以上的民眾迅速改變其慣用的書寫字體,人為造成大批"文盲",也是很不現實的,而繼續保持這種所謂的"學術層面"和"百姓日用層面"二分的漢字書寫方式,筆者認為並不是長久之計。

附錄：詞語索引

說明：

1. 每頁按音序豎行排列。

2. 每一詞語後面的數字為其在正文中的頁碼。

C

D

F

G

H

R

S

T

W

X

Y

Z

參考文獻

壹、著作部分

1. 甘肅省文物考古研究所編,薛英羣、何雙全、李永良注:《居延新簡釋粹》,蘭州大學出版社,1988年。

2. 甘肅省文物考古研究所、甘肅省博物館、文化部古文獻研究室、中國社會科學院歷史研究所編:《居延新簡》,文物出版社,1990年。

3. 甘肅省文物考古研究所、甘肅省博物館、中國文物研究所、中國社會科學院歷史研究所編:《居延新簡——甲渠候官》,中華書局,1994年。

4. 中國簡牘集成編輯委員會(分冊主編初師賓、張德芳):《中國簡牘集成》(9—12冊),敦煌文藝出版社,2001年。

5. (清)翟云升:《隸書大字典》,北京出版社,1997年。

6. 陳建貢、徐敏:《簡牘帛書字典》,上海書畫出版社,1991年。

7. 陸錫興:《漢代簡牘草字編》,上海書畫出版社,1989年。

8. 陳夢家:《漢簡綴述》,中華書局,1980年。

9. 薛英羣:《居延漢簡通論》,甘肅教育出版社,1991年。

10. 李振宏、孫英民:《居延漢簡人名編年》,中國社會科學出版社,1997 年。

11. 汪桂海:《漢代官文書制度》,廣西教育出版社,1999 年。

12. [日]永田英正著,張學鋒譯:《居延漢簡研究》,廣西師範大學出版社,2007 年。

13. [日]大庭脩著,徐世虹譯:《漢簡研究》,廣西師範大學出版社,2001 年。

14. 李天虹:《居延漢簡簿籍分類研究》,科學出版社,2003 年。

15. 李振宏:《居延漢簡與漢代社會》,中華書局,2003 年。

16. 何雙全:《簡牘》,敦煌文藝出版社,2004 年。

17. 吉仕梅:《秦漢簡帛語言研究》,巴蜀書社,2004 年。

18. 沈剛:《居延漢簡詞語匯釋》,科學出版社,2008 年。

19. 裘錫圭:《古代文史研究新探》,江蘇古籍出版社,1992 年。

20.《漢語大詞典》編輯委員會:《漢語大詞典》(全三冊),漢語大詞典出版社,1997 年。

21.《漢語大字典》編輯委員會:《漢語大字典》(四卷本),湖北辭書出版社、四川辭書出版社,2001 年。

22.《十三經注疏》,中華書局,1980 年。

23.(漢)許慎:《說文解字》,中華書局,1963 年。

24.(漢)劉向:《戰國策》,上海古籍古籍出版社,1978 年。

25.(漢)揚雄:《太玄經》,上海古籍古籍出版社,1990 年。

26.(漢)張仲景:《金匱要略》,人民衛生出版社,1978 年。

27.(漢)張仲景:《傷寒論》,中華書局,1991 年。

28.(明)李時珍:《本草綱目》,商務印書館,1930 年。

29.（明）宋應星:《天工開物》,廣東人民出版社,1976 年。

30.（明）朱載堉:《樂律全書》,書目文獻出版社,1988 年。

31.（清）王念孫:《廣雅疏證》,江蘇古籍出版社,2000 年。

貳、論文部分

1. 俞偉超:《略釋漢代獄辭文例—— 一份治獄材料初探》,《文物》1978 年第 1 期。

2. 肖亢達:《"粟君所責寇恩事"簡冊略考》,《文物》1978 年第 1 期。

3. 方詩銘:《釋"秦胡"——讀新出土居延漢簡"甲渠言部吏毋作使屬國秦胡盧水士民"書札記》,《中國曆史博物館館刊》1979 年第 1 期。

4. 徐元邦、曹延尊:《居延出土的"侯史廣德坐不循行部"檄》,《考古》1979 年第 2 期。

5. 薛英羣:《居延〈塞上烽火品約冊〉》,《考古》1979 年第 4 期。

6. 甘肅居延漢簡整理小組:《"塞上烽火品約"釋文》,《考古》1979 年第 4 期。

7. 伍德煦:《居延出土〈甘露二年丞相御史律令〉簡牘考釋》,《甘肅師大學報》1979 年第 4 期。

8. 徐苹芳:《居延、敦煌發現的〈塞上烽火品約〉——兼釋漢代的烽火制度》,《考古》1979 年第 5 期。

9. 陳仲安:《關於"粟君責寇恩簡"的一處釋文》,《文史》（第七輯）1979 年 12 月。

10. 裘錫圭:《新發現的居延漢簡的幾個問題》,《中國史研究》

1979 年第 4 期。

11. 傅振倫:《東漢建武塞上烽火品約考釋》,《考古與文物》1980 年第 2 期。

12. 徐元邦、曹延尊:《居延新出土的甘露二年"詔所逐驗"簡考釋》,《考古與文物》1980 年第 3 期。

13. 初仕賓:《居延漢簡〈責寇恩事〉的幾個問題》,《考古與文物》1981 年第 3 期。

14. 馬明達:《居延漢簡〈相劍刀〉冊初探》,《敦煌學輯刊》1983 年第 3 期。

15. 伍德煦:《新發現的一份西漢詔書——〈永始三年詔書簡冊〉》,《西北師院學報》1983 年第 4 期。

16. 甘肅省博物館組:《〈永始三年詔書〉簡冊釋文》,《西北師院學報》1983 年第 4 期。

17. [日]永田英正:《試論居延漢簡所見的候官》,见《簡牘研究譯叢》第一輯,中國社會科學出版社,1983 年。

18. 吳仍驤、餘堯:《居延新獲建武秦胡冊再析》,《西北師院學報》1984 年第 4 期。

19. 甘肅居延考古隊:《居延漢代遺址的發現和新出土的簡冊文物》,见《漢簡研究文集》,甘肅人民出版社,1984 年。

20. 初仕賓:《漢邊塞守禦器備考略》,见《漢簡研究文集》,甘肅人民出版社,1984 年。

21. 初仕賓:《居延烽火考述》,见《漢簡研究文集》,甘肅人民出版社,1984 年。

22. 吳礽驤:《漢代烽火制度探索》,见《漢簡研究文集》,甘肅人民出版社,1984 年。

23. 薛英羣:《漢代官文書考略》,见《漢簡研究文集》,甘肅人民出版社,1984 年。

24. 徐樂堯:《居延漢簡所見的邊亭》,见《漢簡研究文集》,甘肅人民出版社,1984 年。

25. 羅鎮嶽:《試析西漢男子"屯戍一歲"與"戍邊三日"》,《中國史研究》1984 年第 1 期。

26. 初師賓、肖亢達:《居延簡中所見漢代〈囚律〉佚文考》,《考古與文物》1984 年第 2 期。

27. 朱紹侯:《西漢的功勞閥閱制度》,《史學月刊》1984 年第 3 期。

28. 何雙全:《塞上烽火品約詮釋》,《考古》1985 年第 9 期。

29. 薛英羣:《居延新獲〈永始三年詔書〉冊初探》,见《秦漢史論叢》第三輯,陝西人民出版社,1986 年。

30. 薛英羣:《居延新簡官文書選釋》,《蘭州社會科學》1986 年第 4、5 期。

31. 許青松:《"甘肅二年逐驗外人簡"考釋中的一些問題》,《中國曆史博物館館刊》1986 年第 8 期。

32. 徐元邦、曹延尊:《居延漢簡中所見的騎士》,见《中國考古學研究——夏鼐先生考古五十年紀念論文集》,1986 年。

33. 裘錫圭:《再談甘露二年御史書》,《考古與文物》1987 年第 1 期。

34. [日]市川任三:《論西漢的張掖郡都尉》,见《簡牘研究譯叢》第二輯,中國社會科學出版社,1987 年。

35. [日]永田英正:《從簡牘看漢代邊郡的統制制度》,见《簡牘研究譯叢》第二輯,中國社會科學出版社,1987 年。

36. [日]大庭脩:《論漢代的論功升遷》,见《簡牘研究譯叢》第二輯,中國社會科學出版社,1987 年。

37. 連劭名:《居延漢簡中的“有方”》,《考古》1987 年第 11 期。

38. 薛英羣:《居延漢簡中的“秋射”與“署”》,《史林》1988 年第 11 期。

39. 李均明:《關於漢代亭制的幾個問題》,《中國史研究》1988 年第 3 期。

40. 徐文巨集:《漢簡所見烽燧系統考核制度》,《貴州師大學報》1988 年第 4 期。

41. 何雙全:《竇融在河西》,《西北史地》1988 年第 3 期。

42. 李均明:《簡牘所反映的王莽改制》,见《秦漢史論叢》第四輯,陕西人民出版社,1989 年。

43. 李均明:《漢簡所見“行書”文書述略》,见《秦漢簡牘論文集》,甘肅人民出版社,1989 年。

44. 薛英羣:《居延漢簡職官考》,见《秦漢簡牘論文集》,甘肅人民出版社,1989 年。

45. 何雙全:《〈漢簡 · 鄉里志〉及其研究》,见《秦漢簡牘論文集》,甘肅人民出版社,1989 年。

46. 張俊民:《〈建武三年候粟君所責寇恩事〉冊經濟考略》,见《秦漢簡牘論文集》,甘肅人民出版社,1989 年。

47. 徐樂堯:《居延漢簡所見的市》,见《秦漢簡牘論文集》,甘肅人民出版社,1989 年。

48. [日]永田英正著，東山、謝新平譯:《論新出居延漢簡中的若干冊書》，见《秦漢簡牘論文集》，甘肅人民出版社，1989 年。

49. 謝桂華:《漢簡和漢代的取庸代戍制度》，见《秦漢簡牘論文集》，甘肅人民出版社，1989 年。

50. 張俊民:《〈居延新簡〉釋文例補——簡牘文字補釋方法芻議》，《西北史地》1991 年第 4 期。

51. 吳榮曾:《漢簡中所見的刑徒制》，《北京大學學報》1992 年第 2 期。

52. 徐世虹:《漢簡與漢代法制研究》，《内蒙古大學學報》1992 年第 2 期。

53. 陳乃華:《從漢簡看漢代地方基層官吏的管理》，《山東師大學報》1992 年第 3 期。

54. 薛英羣:《說馳刑簡》，《西北史地》1992 年第 2 期。

55. 徐世虹:《居延新簡法律佚文考》，《政法論壇》1992 年第 3 期。

56. 李均明:《漢代甲渠候官規模考(上)》，《文史》1992 年第 34 輯。

57. 李均明:《漢代甲渠候官規模考(下)》，《文史》1992 年第 35 輯。

58. 趙沛、王寶萍:《西漢居延邊塞休吏制度》，《西北史地》1993 年第 3 期。

59. 劉軍:《甲渠塞臨木部侯長考——兼論候長的職責》，见《簡帛研究》第一輯，法律出版社，1993 年。

60. [日]永田英正:《“候史廣德坐罪行罰”檄考》，《簡帛研究》

第一輯,1993 年。

61. 唐曉軍:《漢代居延地區的政權組織》,《西北史地》1993 年第 3 期。

62. 汪貴海:《從漢簡看漢人逃亡匈奴之現象》,《史學月刊》1993 年第 6 期。

63. 于振波:《漢代官吏的考課時間與方式》,《北京大學學報》1994 年第 5 期。

64. 羅慶康:《〈居延新簡〉所記的西漢物價研究》,《安徽史學》1994 年第 2 期。

65. 趙沛:《居延漢簡見西漢時期西北邊塞日常勤務制度》,《西北史地》1981 年第 2 期。

66. 趙沛:《居延漢簡所見"兵簿""被兵簿"兼論居延邊塞兵器配給》,《西北史地》1994 年第 4 期。

67. 李振宏:《從居延漢簡看漢代的戍卒管理制度》,《河南大學學報》1995 年第 1 期。

68. 胡文輝:《居延新簡中的〈日書〉殘文》,《文物》1995 年第 4 期。

69. 尚民傑:《從〈日書〉看十六時制》,《文博》1996 年第 4 期。

70. 高恒:《漢簡中所見法律論考》,见《簡帛研究》第二輯,法律出版社,1996 年。

71. 徐世虹:《漢劾制管窺》,见《簡帛研究》第二輯,法律出版社,1996 年。

72. 張建國:《居延新簡粟君責寇恩民事訴訟個案研究》,《中外法學》1996 年第 5 期。

73. 卜憲羣:《秦漢公文文書與官僚行政管理》,《曆史研究》1997年第4期。

74. 蔣非非:《漢代功次制度初探》,《中國史研究》1997年第1期。

75. 羅見今:《〈居延新簡——甲渠候官〉中的月朔簡年代考》,《中國科技史料》1997年第3期。

76. 陳乃華:《〈居延新簡五鳳四年三月奉祿簿〉的年代學意義》,《山東師大學報》1997年第6期。

77. 何雙全:《甘肅簡牘的發現與整理》,《中國典籍與文化》1997年第3期。

78. 卜憲羣:《秦漢公文文書與國家行政管理》,《文史知識》1998年第8期。

79. 徐世虹:《居延漢簡中的"毋狀"與"狀辭"》,见《出土文獻研究》第四輯,1998年。

80. 趙平安:《漢簡中有關印章的資料》,见《簡帛研究》第三輯,廣西教育出版社,1998年。

81. 高恒:《漢簡牘中所見令文輯考》,见《簡帛研究》第三輯,廣西教育出版社,1998年。

82. 徐世虹:《漢令甲、令乙、令丙辨正》,见《簡帛研究》第三輯,廣西教育出版社,1998年。

83. 王廷洽:《居延漢簡印章資料研究》,《青海師範大學學報》1999年第3期。

84. [韓]韓延錫:《居延新簡釋文校補》,《重慶師院學報》1999年第3期。

85. 魏德勝:《居延新簡、敦煌漢簡中的日書殘簡》,《中國文化研究》2000 年春之卷。

86. 羅見今:《關於居延新簡及其曆譜年代的對話》,《內蒙古師大學報》2000 年第 2 期。

87. 張建國:《粟君責寇恩簡冊初探》,《考古與文物》2000 年第 1 期。

88. [日]羽田明:《天田辨疑》,《文博》2000 年第 5 期。

89. 何雙全、陳玲:《漢簡所見刑徒的輸送與管理》,见《秦漢史論叢》第八輯,雲南大學出版社,2001 年。

90. 李振宏:《小議居延漢簡中的"私去署"問題》,《鄭州大學學報》2001 年第 5 期。

91. 徐世虹:《漢代民事訴訟程式考述》,《政法論壇》2001 年第 6 期。

92. 韓若春:《烽燧考辨》,《咸陽師範學院學報》2001 年第 4 期。

93. 李振宏:《漢代屯戍生活中的古典人道精神》,《曆史研究》2001 年第 5 期。

94. 汪貴海:《漢簡叢考(一)》,见《簡帛研究》第四輯,廣西師範大學出版社,2001 年。

95. 陳玲:《居延漢簡所見刑徒的輸送與管理》,见《簡帛研究》第四輯,廣西師範大學出版社,2001 年。

96. 高恒:《漢簡中所見舉、劾、案驗文書輯釋》,见《簡帛研究》第四輯,廣西師範大學出版社,2001 年。

97. 吳礽驤:《河西漢代驛道與沿綫古城小考》,见《簡帛研究》第四輯,廣西師範大學出版社,2001 年。

98. 于振波:《居延漢簡中的隧長與候長》,见《簡帛研究》第四輯,廣西師範大學出版社,2001 年。

99. 羅見今、關守義:《〈居延新簡——甲渠候官〉中與朔閏表不合諸簡考釋》,见《簡帛研究》第四輯,廣西師範大學出版社,2001 年。

100. [日]吉村昌之:《居延甲渠塞的部隧設置》,见《簡帛研究》第四輯,廣西師範大學出版社,2001 年。

101. [日]鵜飼昌男:《〈始建國天鳳三年當食者案〉冊書之考察》,见《簡帛研究》第四輯,廣西師範大學出版社,2001 年。

102. [日]鷹取祐司:《居延漢簡劾狀冊書的復原》,见《簡帛研究》第四輯,廣西師範大學出版社,2001 年。

103. [日]藤田高夫:《秦漢罰金考》,见《簡帛研究》第四輯,廣西師範大學出版社,2001 年。

104. [日]陳力:《〈居延新簡〉相利善刀劍諸簡選釋》,《考古與文物》2002 年第 6 期。

105. 張國豔:《居延新簡辭詞彙札記》,《青海師專學報》2002 年第 2 期。

106. 謝桂華:《漢簡所見律令拾遺》,《紀念林劍鳴教授史學論文集》,2002 年。

107. 李均明:《簡牘所反映的漢代訴訟關係》,《文史》2002 年第三輯。

108. 孟志成:《漢簡所見候長和隧長的待遇》,《西北成人教育學報》2002 年第 1 期。

109. 陳練軍:《試析〈居延新簡〉中的動量詞》,《龍岩師專學報》2002 年第 5 期。

110. 李孝林、孔慶林:《簡牘中兵物管理史料研究》,《重慶工學院學報》2003 年第 5 期。

111. 魏燕利:《源於簡牘制度之漢字例證》,《甘肅教育學院院報》2004 年第 2 期。

112. 李炳泉:《漢代的"將屯"與"將田"小考》,《史學月刊》2004 年第 4 期。

113. 賈麗英:《從居延漢簡看漢代隨軍下層婦女生活》,《石家莊師範專科學校學報》2004 年第 1 期。

114. 吳超:《天田與土河》,《敦煌研究》2004 年第 5 期。

115. 方孝坤:《候官職能述補》,《敦煌研究》2004 年第 5 期。

116. 王慶憲:《從兩漢簡牘看匈奴與中原之間的經濟文化交流》,《中央民族大學學報》2004 年第 3 期。

117. 陳近朱:《〈居延新簡〉中物量詞和稱數法探析》,華東師範大學 2004 年碩士畢業論文。

118. 陳東旭、李國慶:《從居延漢簡看漢代居延地區社會經濟》,《內蒙古文物考古》2005 年第 2 期。

119. 安忠義:《漢簡〈守禦器簿〉詞彙例釋五則》,《南京師範大學文學院學報》2005 年第 2 期。

120. 汪桂海:《漢簡所見社與社祭》,《中國曆史文物》2005 年第 2 期。

121. 趙浴沛:《漢代居延地區社會治安初探》,《河南省政法管理幹部學院學報》2005 年第 4 期。

122. 李均明:《簡牘法制史料概説》,《中國史研究》2005 年增刊。

123. 沈剛:《居延漢簡中的習字簡述略》,《古籍整理研究學刊》2006年第1期。

124. 尹華君:《淺談漢代的醫學證明——病書》,《秘書》2006年第1期。

125. 肖賢彬:《據居延漢簡討論漢代動補式問題》,《內蒙古大學學報》2006年第2期。

126. 張曉東:《居延漢簡所見南陽戍卒》,《和田師範專科學校學報(漢文綜合版)》2006年第2期。

127. 劉麗琴:《居延漢簡所見秋射制度》,《和田師範專科學校學報(漢文綜合版)》2006年第2期。

128. 安忠義:《从汉简等资料看汉代的食品加工技术》,《魯東大學學報》2006年第3期。

129. 肖從禮:《敦煌、居延漢簡中的數詞和數量表示法》,《敦煌學輯刊》2006年第3期。

130. 黄敬愚:《簡牘所見西漢馬政》,《南都學壇》2006年第3期。

131. 馬怡:《漢代的計時器及相關問題》,《中國史研究》2006年第3期。

132. 王鴻國:《漢代居延的邊防設施》,《陽關》2006年第4期。

133. 特日格樂:《簡牘所見漢匈關係史料概述》,《內蒙古大學學報》2006年第4期。

134. 趙沛:《居延漢簡所見邊軍的現金管理和軍官的俸金》,《甘肅社會科學》2006年第5期。

135. 孫其斌、楊瑞龍、張參軍:《從〈居延漢簡〉、〈居延新簡〉看〈傷寒論〉》,《甘肅中醫》2006年第7期。

136. 黄今言:《居延漢簡所見西北邊塞的財物“拘校”》,《史學月刊》2006 年第 10 期。

137. 劉金華:《邊地漢簡醫方補録》,《隴右文博》2006 年第 1 期。

138. 劉金華:《試論〈居延新簡〉“相劍刀冊”》,《隴右文博》2007 年第 2 期。

139. 張忠煒:《〈居延新簡〉所見“購償科别”冊書復原及相關問題之研究——以〈額濟納漢簡〉“購賞科條”為切入點》,《文史哲》2007 年第 6 期。

140. 劉金華:《漢“相劍刀冊”略説》,《中國曆史文物》2008 年第 3 期。

141. 曹遊佳:《居延新簡中糧倉的經濟監督》,《重慶理工大學學報(社會科學版)》2010 年第 3 期。

142. 朱穎華:《居延新簡之會計管理制度》,《重慶理工大學學報(社會科學版)》2010 年第 3 期。

143. 方孝坤:《漢代候官的訴訟職能——基於居延新簡的考察》,《武漢大學學報(哲學社會科學版)》2011 年第 1 期。

144. 周祖亮、方懿林:《居延新簡所記醫藥資訊述略》,《中醫文獻雜誌》2011 年第 2 期。

145. 孔祥軍:《居延新簡“建武三年十二月候粟君所責寇恩事”冊書復原與研究》,《西域研究》2012 年第 4 期。

146. 路方鴿:《〈居延新簡〉語詞劄記》,《西南交通大學學報(社會科學版)》2013 年第 1 期。

147. 路方鴿:《〈居延新簡〉詞語札記四則》,《燕山大學學報(哲學社會科學版)》2013 年第 3 期。

148. 馬克冬、張顯成:《〈居延新簡〉軍備用語及其價值研究》,《河北北方學院學報(社會科學版)》2013 年第 6 期。

149. 馬克冬、張顯成:《〈居延新簡〉所記屯戍資訊及其價值考論》,《敦煌研究》2014 年第 2 期。

150. 陳立正:《居延新簡所見“禽子”即墨家弟子禽滑厘試說》,《蘭州大學學報(社會科學版)》2014 年第 2 期。

責任編輯:洪　瓊

圖書在版編目(CIP)數據

居延新簡詞語文字研究/葛紅麗 著. —北京:人民出版社,2018.11
ISBN 978-7-01-019154-6

Ⅰ.①居…　Ⅱ.①葛…　Ⅲ.①居延漢簡-詞語-研究②居延漢簡-古文字-研究　Ⅳ.①K877.54

中國版本圖書館 CIP 數據核字(2018)第 068124 號

居延新簡詞語文字研究

JUYAN XINJIAN CIYU WENZI YANJIU

葛紅麗　著

人民出版社 出版發行
(100706　北京市東城區隆福寺街 99 號)

環球東方(北京)印務有限公司印刷　新華書店經銷

2018 年 11 月第 1 版　2018 年 11 月北京第 1 次印刷
開本:710 毫米×1000 毫米 1/16　印張:23.75
字數:250 千字

ISBN 978-7-01-019154-6　定價:79.00 元

郵購地址 100706　北京市東城區隆福寺街 99 號
人民東方圖書銷售中心　電話 (010)65250042　65289539